Z 19782

Paris
1824-1826

Descartes, René

Œuvres de Descartes, précédées de l'éloge de René Descartes par Thomas

janvier   **Tome 11**

z 19782

OEUVRES
DE DESCARTES.
TOME ONZIÈME.

DE L'IMPRIMERIE DE LACHEVARDIERE FILS,
rue du colombier, n° 30, a paris.

OEUVRES

DE DESCARTES,

PUBLIÉES

PAR VICTOR COUSIN.

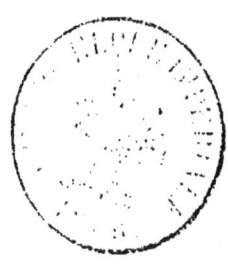

TOME ONZIÈME.

A PARIS,

CHEZ F. G. LEVRAULT, LIBRAIRE,

RUE DE LA HARPE, N° 81;

ET A STRASBOURG, RUE DES JUIFS, N° 33.

M. DCCC. XXVI.

ce 3.e iour d'Avril 1622

Je soubsigné m'oblige a Monsieur M.e Pierre Descartes conseiller du Roy au Parlement de Bretaigne mon frere de ne vendre point les biens compris en la procuration qu'il m'a donnée ce iourd'huy a moindre pris que par la somme de huict mil escus scavoir dix mil livres la maison et iardin de la ville de Poictiers et quatorze mil livres les terres sises a Auaille, si ce n'est par son consentement et au cas que ie vende les d. choses de rapporter la d. somme ou plus grande si ie la pouuois recevoir de la vendition des d. biens au total des successions de defunctes damoiselles Jehanne Sain mon ayeulle J. Brochard ma mere et J. Brocheurd dame d'Archangé ma tante venans a partage. fait a Rennes ce troisiesme iour d'Avril mil six cens vingt deux. RENE DESCARTES

AVANT-PROPOS.

Ce volume contient tous les ouvrages de Descartes qui n'avoient pas encore été traduits en françois.

Le premier de ces écrits est une lettre de Descartes à Voet, qui parut à Amsterdam, chez Elzevir, 1643, in-12. C'est une réfutation de deux libelles, l'un de Voet lui-même et l'autre d'un de ses écoliers, auquel Descartes ne daigna pas répondre, mais qu'il fit assigner et condamner par-devant un tribunal. Il n'y a rien là de fort important pour nous.

Mais les deux ouvrages qui suivent, savoir, *les Règles pour la direction de l'esprit*, et *la Recherche de la vérité par les lumières naturelles*, égalent en force et surpassent peut-être en lucidité les *Méditations* et le *Discours sur la méthode*. On y voit encore plus à découvert le but fondamental de Descartes et l'esprit de cette révolution qui a créé la philosophie moderne et placé à jamais dans la pensée le principe de toute certitude, le point de départ de toute recherche régulière. On les diroit écrits d'hier, et composés tout exprès pour les besoins de notre époque.

Cependant ces deux monuments admirables n'ont pas même été aperçus d'un seul historien de la philosophie, et restoient ensevelis dans des *Opera posthuma Cartesii*, qui parurent à Amsterdam en 1701, cinquante ans après la mort de Descartes. Ils y sont en latin, comme tout le reste. Mais étoit-ce là leur forme première? De qui les tient le libraire qui les a publiés? Pourquoi M. Clerselier, qui se chargea de mettre au jour les papiers de Descartes, et auquel on doit le *Traité de la lumière*, le *Traité de l'homme* et les *Lettres*, s'il trouva ces deux ouvrages dans les papiers que lui remit l'ambassadeur de France à Stockholm, ne les a-t-il pas publiés lui-même, ou du moins ne les a-t-il pas mentionnés quelque part? Assurément leur authenticité n'est pas plus douteuse que celle des Méditations, et la main de Descartes y est empreinte à chaque ligne. Mais on auroit désiré plus de lumières et de détails positifs sur deux ouvrages aussi importants. Nous en sommes réduits à quelques mots de Baillet; c'est la seule autorité que cite l'éditeur hollandois, nous la rapportons textuellement :

« Parmi les ouvrages que les soins de M. Chanut ont fait échoir à M. Clerselier, il n'y en a point de plus considérable, ni peut-être de plus achevé que le traité latin qui contient des *règles pour conduire notre esprit dans la recherche de la vérité*. C'est celui des manuscrits de M. Descartes à l'impression duquel il semble que le public ait le plus d'intérêt.... Il divise en deux classes tous les objets à notre connoissance : il appelle les uns *propositions simples* et les autres *questions*. Les maximes relatives aux *propositions simples* consistent en douze règles. Les *questions* sont de deux sortes ; celles que l'on conçoit parfaitement, quoiqu'on en ignore la solution, et celles que l'on ne conçoit qu'imparfaitement. Il avoit entrepris d'expliquer les premières en douze règles, comme il avoit fait des propositions simples, et les dernières en douze autres règles ; de sorte que tout son ouvrage divisé en trois parties devoit être composé de trente-six règles pour nous conduire dans la recherche de la vérité. Mais en perdant l'auteur, on a perdu toute la dernière partie de cet ouvrage et la moitié de la seconde. »

« Nous avons aussi le commencement d'un ouvrage (coté *Q* à l'inventaire) écrit en françois, trouvé parmi les papiers que M. Descartes avoit portés en Suède sous le titre de *la Recherche de la vérité par la lumière naturelle, qui, toute pure et sans emprunter le secours de la religion ni de la philosophie, détermine les opinions que doit avoir un honnête homme sur toutes les choses qui peuvent occuper sa pensée.* C'est un dialogue dont l'auteur avoit dessein de nous donner deux livres.... Dans le premier livre on s'entretenoit de toutes les choses qui sont au monde, les considérant en elles-mêmes ; dans le second l'on devoit s'entretenir de toutes les choses, selon qu'elles se rapportent à nous et qu'elles peuvent être regardées comme vraies ou fausses, comme bonnes ou mauvaises. »

Baillet dit donc positivement que les *Règles pour la direction de l'esprit* étoient en latin, comme on pouvoit le conjecturer d'après un passage de cet ouvrage ¹ ; mais que le traité sur la *recherche de la vérité par les lumières naturelles* étoit en françois. Et en effet, il semble presque nécessaire qu'un traité présenté sous la forme du dialogue, pour être plus familier et plus vulgaire, ait été écrit en langue vulgaire ; le contraire eût été une espèce de contre-sens. Mais comment Baillet savoit-il cela? avoit-il vu le manuscrit françois, et qu'est devenu ce manuscrit? Le libraire hollandois, qui faisoit une édition toute latine, a-t-il détruit le manuscrit pour donner plus de valeur à la traduction qu'il publioit, ou ce manuscrit est-il encore enfoui quelque part dans les cartons de quelque libraire d'Amsterdam? Ce sont là des questions que nous laisserons résoudre au hasard et au temps.

Après les deux ouvrages précédents viennent quelques pensées sur la *génération des animaux et les saveurs*. L'éditeur dit qu'il les donne en latin, comme on les lui a remis ; quant à leur authenticité, il avoue qu'il n'a pas d'autre raison d'y croire que la parole de la personne de laquelle il les tient, sans dire quelle est cette personne, et un passage de

¹ P. 212, 213, *Je considère seulement quel sens ces mots ont en latin.*

la lettre de Descartes (l. 53 du t. III de l'ancienne édition), où il dit qu'il s'occupe d'un traité sur les animaux, qu'il n'a pas encore achevé. Pour nous, nous n'hésitons pas à rejeter l'authenticité de ce fragment plus que médiocre, où les idées les plus communes et souvent les plus fausses se font à peine jour à travers un style sans clarté et sans grandeur. Le texte est corrompu en beaucoup d'endroits, et nos efforts pour en tirer un sens raisonnable ont presque toujours échoué contre l'obscurité ou l'absurdité de l'original, tout-à-fait indigne d'être attribué à Descartes.

Sur le fragment d'algèbre qui termine ce volume, il n'y a pas plus de lumières que sur les écrits précédents; mais il a été trouvé authentique par des juges habiles. Bien des fautes le déparoient, que nous avons corrigées, sans en avertir, quand elles étoient évidentes; nous en avons signalé quelques unes quand elles étoient plus importantes; nous en aurions découvert davantage, si nous eussions voulu vérifier avec plus de scrupule tous les calculs de Descartes. Chaque mathématicien qui voudra étudier ce précieux fragment du père

de la géométrie moderne le fera pour son compte;
nous nous sommes borné à reproduire le texte
déjà donné.

Enfin, pour satisfaire cette curiosité si naturelle
qui recherche les moindres traces d'un homme
de génie, et croit retrouver quelque chose de lui
jusque dans son écriture, nous publions le *fac
simile* d'un billet autographe de Descartes, que
nous devons à l'amitié de l'un de ses plus proches
descendants, M. le marquis de Château-Giron,
et nous espérons que cette attention ne sera pas
mal reçue par les amateurs d'autographes, car ce
billet, en lui-même insignifiant, est pourtant la
seule trace qui reste de l'écriture de Descartes.

Ce onzième volume est le dernier. Notre travail
est terminé, et la France a enfin une édition françoise des OEuvres complètes de celui qui a tant fait
pour sa gloire. Puisse ce monument, consacré à
Descartes et à la France, servir à rappeler mes compatriotes à l'étude de la vraie philosophie, de cette
philosophie dont Descartes a été, dans l'humanité,
un des plus illustres interprètes, qui, sévère et
hardie en même temps, sans sortir des limites de

l'observation et de l'induction, atteint si haut et si loin, et qui partant de la conscience de l'homme, c'est-à-dire de la pensée, ne l'abandonne plus et la retrouve partout, dans la nature comme dans l'âme, dans les moindres détails comme dans les plus grands phénomènes de l'existence universelle : *Je pense, donc je suis.*

Paris, ce 20 septembre 1826.

VICTOR COUSIN.

OUVRAGES

TRADUITS

EN FRANÇAIS

POUR LA PREMIÈRE FOIS.

LETTRE DE RENÉ DESCARTES

A GISBERT VOET,

Sur deux livres récemment publiés à Utrecht par Voet, l'un sur la Confrérie de Marie, l'autre sur la Philosophie cartésienne.

ARGUMENT.

Depuis que j'ai fait connoître par quelques essais la philosophie que je regarde comme véritable et comme utile à l'humanité, plusieurs gens de lettres, surtout parmi ceux qui passent pour les plus habiles et les plus savants, m'ont exhorté à la perfectionner, et à la publier en entier : plein de déférence pour leur opinion, je regarde cependant comme un témoignage plus fort en faveur de ma doctrine l'acharnement de quelques hommes, nourris dans les disputes des écoles, qui par leurs calomnies s'efforcent de l'accabler dans sa naissance. Les opinions philosophiques ont toujours été libres; beaucoup d'hommes ont erré dans la science de la nature, sans que personne en souffrît : si je me trompe après eux, ce sera sans péril pour le genre humain; mais si par hasard j'ai trouvé la vérité, j'aurai rendu un grand service. Voilà pourquoi sans doute les amis de la vérité, dans l'espérance foible et douteuse de la trouver dans mes écrits, m'invitent à les publier; mais je ne vois point par quels motifs d'autres personnes attaquent mes opinions avec tant d'aigreur, si ce n'est qu'obligées d'y donner leur assentiment, elles craignent que la vérité reconnue ne décrédite les controverses scolastiques, qui sont le fond de leur doctrine. Comme elles ne m'opposent point de raisons, mais des personnalités, je me dispense de leur répondre; toutefois

Gisbert Voet ne m'accuse pas seulement, comme les autres, d'erreur et d'ignorance; il me charge d'imputations si odieuses, et m'attaque d'une manière si perfide, que je ne puis garder le silence.

L'année dernière, il publia, au nom de l'académie d'Utrecht, dont il étoit alors recteur, un jugement par lequel il condamnoit ma philosophie, sous prétexte *qu'elle conduisoit à des opinions fausses et absurdes, contraires à la théologie orthodoxe.* Je fus obligé d'insérer ce jugement dans un écrit que j'avois alors sous presse, en y joignant une réfutation et un tableau des vertus de Voet : il m'opposoit non des raisons, mais son autorité; je voulois montrer quelle valeur on devoit y attacher, et l'obliger de produire ces opinions fausses et absurdes contraires à la théologie orthodoxe, qu'il prétendoit être les conséquences de ma philosophie. Car s'il n'est pas permis de demander compte de leurs jugements à ceux qui ont en main le souverain pouvoir, du moins celui qui ose condamner un homme sur lequel il n'a aucun droit, et qui refuse de lui faire connoître, sur sa demande, les motifs de sa condamnation, se déclare par cela seul calomniateur. J'attendois donc de Voet une réponse où il montrât ces opinions contraires à la théologie orthodoxe, et où il repoussât le soupçon de calomnie, lorsqu'on publia pour lui un gros livre intitulé : *Philosophie cartésienne*, ou *Méthode admirable de la philosophie nouvelle de René Descartes*. Mais cet ouvrage parut sous le nom d'un de ses disciples, professeur de philosophie à Groningue, et au lieu de preuves ou d'excuses de son premier écrit, il ne contient que de nouvelles calomnies encore plus odieuses. Sans parler de l'insolence et de la bassesse de ses injures, il ne m'accuse de rien moins que *d'enseigner l'athéisme perfidement et d'une manière insensible;* et il donne pour toute preuve de ce qu'il avance que j'ai écrit contre les athées, et que bien des gens s'imaginent que je les ai solidement réfutés.

Jamais la calomnie ne fut plus évidente et moins excusable. C'est ce qui m'impose la nécessité de la combattre par cet écrit, et d'implorer publiquement la protection des magistrats contre les outrages d'un calomniateur. En effet, comme il est payé par l'état pour instruire la jeunesse, et qu'il est professeur d'une académie, si, tout coupable qu'il est, il restoit impuni, on croiroit qu'il est soutenu par l'autorité de ceux qui lui permettent de remplir ces fonctions. Aucun corps, aucune république n'est déshonorée, parcequ'il s'y trouve un coupable; car si partout il y a des lois et des magistrats, c'est que partout il peut se commettre des crimes; et il faut louer ceux qui les punissent aussitôt qu'ils sont connus. Il y a quelques mois cent quarante-quatre pages, composant les six premières feuilles de ce libelle, m'ayant été envoyées d'Utrecht, où je savois que Voet en surveilloit la publication, j'y répondis à mes heures de loisir. L'impression fut ensuite interrompue à cause du livre sur la Confrérie de la Vierge, dont Voet pressoit davantage la publication, désirant qu'il parût avant le synode gallo-belge, tenu dernièrement à la Haye, où il croyoit qu'il seroit question du fait qu'il avoit attaqué. J'ai pensé qu'il étoit de mon devoir d'examiner également cet ouvrage aussitôt qu'il fut mis au jour. J'ai évité avec le plus grand soin d'aborder la question religieuse dont il traite, et qui est étrangère à ma croyance, afin de ne point donner à mon adversaire un sujet de crier au scandale; mais j'ai profité des moyens qu'il m'offroit de démontrer sa malice et ses mensonges. Voet ne me combat que sous le masque: tantôt il lâche un de ses disciples, tantôt un autre, afin de n'être pas responsable de ce qu'ils auront écrit, et cependant d'y prêter l'appui de son autorité auprès de ceux qui, considérant qu'il est ministre de l'église, et que par conséquent il doit être honnête homme et ennemi du mensonge, ne croiront pas qu'il eût souffert que ses disciples, écrivant en son nom et de concert avec lui, m'intentassent de si graves accusations, si je ne les méritois pas : j'ai donc cru nécessaire de rabaisser cette autorité dont il use si mal, en faisant connoître par quelques traits sa conduite, sa doctrine et ses mérites, d'abord pour me délivrer de ses calomnies, et ensuite dans l'intérêt public; car ce n'est pas moi seulement qu'elles attaquent. Je m'inquiète peu des plaintes absurdes par lesquelles je prévois qu'il tâchera de me rendre odieux, en disant que j'attaque en lui les autres théologiens, et que je me fais juge des controverses de sa religion; tous ceux qui me liront en reconnoîtront la fausseté, et verront au contraire avec quel soin j'ai évité d'y donner lieu. Bien plus, ayant appris ces jours derniers que ses partisans répandoient que le synode gallo-belge avoit rendu un jugement en sa faveur, j'ai examiné attentivement s'il n'y avoit pas dans cet écrit quelque point qu'il eût condamné : mais ayant lu tous les articles du synode où il est question de la confrérie de la sainte Vierge, loin d'y rien trouver qui favorisât Voet, j'ai reconnu qu'ils renfermoient sa condamnation formelle. Le synode dit, art. 24, qu'il n'approuve pas qu'un de ses prédicateurs *ait soutenu l'affirmative de la question, de son propre mouvement, et sans demander l'avis du synode*, bien qu'il y ait été invité par ceux dont il a pris la défense; et il donne pour raison, non qu'il juge la cause mauvaise, non qu'il la trouve défendue par de mauvais moyens et des injustices, mais *que cette question regarde toutes les églises en général*. Par le même motif, art. 25, il en renvoie la décision à un synode général dans chaque pays, quoique l'église de Bois-le-Duc lui eût demandé de prononcer un jugement. Il est donc évident qu'il ne peut approuver que Voet, *de son propre mouvement, et sans demander l'avis du synode*, ait soutenu publiquement la négative, non pour défendre, mais pour diffamer, et que seul il fût plus hardi que tout le synode gallo-belge. Et il ne faut pas croire que cette assemblée ait plutôt favorisé la négative que l'affirmative, parcequ'elle a conseillé au nom des anciens de l'église de rester étrangers à cette controverse; car elle ajoute, *à cause du scandale qui en résulte pour quelques uns*; cette crainte du scandale suffit ordinairement pour détourner les hommes pieux de certaines actions où ils ne voient pas même l'ombre du mal. La question de l'église de Bois-le-Duc comprenoit sans distinction la confrérie de la Vierge, les chapitres de chanoines et les autres sociétés qui portent le nom de quelques saints, telles qu'on en voit un grand nombre dans ce pays, sans scandale pour personne; le synode, dans sa réponse, n'a fait aucune différence entre cette société et les autres, et le livre même de Voet n'en établit pas d'importantes: cependant ces autres sociétés sont moins exposées *à scandaliser quelques uns*, parcequ'on y est plus habitué. Enfin, après le livre sur la Confrérie de la Vierge, la fin du livre sur la philosophie cartésienne fut imprimée; j'ai cru devoir y répondre spécialement. C'est ainsi que, croyant écrire une lettre, l'abondance de la matière a produit un livre. Je l'ai divisé en neuf parties, afin que chacune pût se lire à part, et peut-être avec moins d'ennui.

Dans la première, je réponds à l'introduction du livre sur la Philosophie cartésienne, dans laquelle l'auteur a voulu faire l'énumération sommaire de mes vices.

Dans la seconde, je récompense M. Voet, en racontant quelques unes de ses actions qui m'ont d'abord fait connoître ses vertus.

Dans la troisième, je parcours le premier et le second chapitre du même livre sur la Philosophie cartésienne.

Dans la quatrième, j'expose mon sentiment sur l'usage des livres et la doctrine de Voet.

Dans la cinquième, je traite brièvement des autres chapitres de ce livre, c'est-à-dire du reste des deux premières sections.

Dans la sixième, j'examine le livre de la Confrérie de la Vierge.

Dans la septième, je considère les mérites de M. Voet, et l'exemple de charité chrétienne et de probité qu'il a donné dans cet ouvrage.

Dans la huitième, je reviens au livre sur la Philosophie cartésienne, et j'en réfute la préface (que je n'avois pas encore vue) et la troisième section.

Dans la neuvième, je réponds à la quatrième et dernière section du même livre, et je montre en même temps que ses auteurs sont coupables de la calomnie la plus odieuse et la plus inexcusable.

RENÉ DESCARTES

A M. GISBERT VOET.

Depuis long-temps on m'avoit annoncé que vous prépariez un nouvel ouvrage contre moi : je viens enfin d'en recevoir les six premières feuilles, et l'on m'assure qu'il y en a un beaucoup plus grand nombre sous presse. Mais, d'après le peu de pages que j'ai parcourues aussitôt, il m'est facile de voir que je n'aurai pas besoin de consacrer beaucoup de temps à l'examen de cet écrit, ni peut-être même d'attendre qu'il ait entièrement paru, pour pouvoir en porter mon jugement et vous le faire connoître. Je lirai donc ces six feuilles à mes heures ordinaires de loisir; et tous les passages que j'y trouverai dignes de remarque, je les noterai ici dans l'ordre même où la lecture me les présentera.

PREMIÈRE PARTIE.

De l'introduction du livre faussement intitulé : *Philosophie cartésienne*.

Je n'ai point encore entre les mains la feuille qui doit contenir le titre tout entier ; elle n'est point imprimée : peut-être, ainsi qu'il arrive ordinairement, ne le sera-t-elle que la dernière. Mais comme je vois en tête de chaque page que vous intitulez votre livre *Philosophie cartésienne*, je crains que l'on ne pense que vous avez voulu, en agissant de la sorte, tromper le lecteur, et lui vendre votre ouvrage à la place de celui qu'il attend de moi, sous un titre à peu près semblable, mais assurément sur un tout autre sujet. Vous ne devez donc pas trouver mauvais que je fasse promptement paroître cette lettre, pour instruire le public de votre dessein.

Vos sept premières pages n'offrent que des lieux communs contre les novateurs, et un éloge d'Aristote. Je ne vois là rien de remarquable, si ce n'est peut-être qu'à la page 2 vous vous plaignez que certains théologiens, *par un amour immodéré de la paix, détruisent toute orthodoxie et toute religion*, comme si l'amour de la paix étoit un péché capital et habituel aux théologiens ; l'amour de la paix, que, pour moi, je regarde comme la plus grande, la plus véritablement chrétienne de toutes les vertus. *Heureux les hommes pacifiques*, monsieur Voet; mais, tant que vous chercherez ainsi des querelles, vous ne serez point heureux.

A la page 8 vous commencez à parler de moi, et c'est de la manière suivante : *Telle est la présomption de ces nouveaux Titans, que tout récemment un d'eux, qui ne comprend même pas, et je puis le prouver, les termes de la philosophie péripatéticienne, a osé s'exprimer ainsi, dans une lettre pleine de bouffonneries et de mensonges, adressée à Dinet*[1]. « Bien plus, dit-il, je pose en fait qu'il n'est pas une seule question résolue d'après les principes particuliers à la philosophie péripatéticienne dont je ne puisse démontrer que la solution est vicieuse et fausse. Que l'on en fasse l'essai, que l'on me propose, non pas toutes les questions ainsi résolues (je regarderois comme tout-à-fait inutile d'employer beaucoup de temps à une pareille occupation), mais un petit nombre de questions choisies; et je tiendrai ma promesse. » — *En entendant parler de la sorte cet ignorant ennemi des lumières, ne seroit-on pas tenté de le renvoyer* [2] *à Anticyre ?* — D'après un tel début, tout le monde concevra facilement que votre intention n'est pas

[1] Voyez tom. XI, lettre Ire.
[2] Le texte porte : *Hunc tenebrionem cum porculo Anticyras ablegandum.*

d'épargner ici les injures, que je suis loin d'être de vos amis, et que par conséquent on ne doit ajouter aucune foi à tout ce que vous débiterez sur mon compte, à moins de témoignages irrécusables ou de raisons péremptoires. Qu'il fût vrai, comme vous vous engagez à le prouver, que je ne comprends même pas les termes de la philosophie péripatéticienne, peu m'importeroit assurément : car ce seroit plutôt une honte à mes yeux d'avoir donné à cette étude trop de soin et d'attention. Cependant, comme vous ne citez aucun de ces termes dont je me sois servi à contre-sens, on ne vous croira pas; surtout quand on vous verra, à la page suivante, sortir de votre sujet pour aller reprocher à M. Regius, professeur distingué de la faculté de médecine, et votre collègue, d'avoir donné à une plante un nom qui ne lui appartenoit pas. Cette remarque, vous l'avez déjà faite mille fois, et vous la faites encore plus bas, pages 37, 38 et 43, et toujours à tort, d'après l'opinion de quelques personnes : suivant elles, ce qui a donné lieu à ce conte de votre part, c'est que M. Le Roy, en assignant le nom dont il s'agit à une espèce d'ellébore, a suivi l'autorité de Dodonœus, et que je ne sais quel demi-savant, rencontrant dans un autre ouvrage un autre nom pour la même plante, s'est imaginé, d'après cela, que M. Regius s'étoit trompé. Grand crime vraiment, que de différer de quelqu'un sur le nom d'une plante! Qui ne sait qu'il n'est peut-être pas une seule herbe qui n'ait plusieurs noms, et qu'à cet égard les plus célèbres botanistes sont rarement d'accord entre eux? A vous voir soutenir avec tant de chaleur une pareille accusation, chacun pensera, du moins je le crains, qu'il y a quelque chose de vrai dans ce que l'on a dit de vous, *que vous parliez de toutes choses avec une grande assurance, mais aussi avec une grande ignorance.* Lorsque ensuite on viendra à savoir tout le bruit que vous avez fait pour cette seule expression *être par accident,* à laquelle le même professeur avoit donné dans une thèse un sens un peu différent de celui qui est adopté dans les écoles ; lorsqu'on saura l'empressement avec lequel vous avez saisi cette occasion d'écrire contre lui les thèses les plus virulentes, et de les débattre publiquement pendant trois jours consécutifs ; lorsqu'enfin on connoîtra le soin que vous avez eu de placer ce mot dans le titre même de ces thèses, et votre ardeur à le faire condamner comme hérétique par la faculté de théologie, quoiqu'il ne fût nullement répréhensible, et qu'au contraire, ainsi que M. Regius l'a très bien démontré dans sa réponse, il ne s'en fût servi que pour plaire aux théologiens; alors, dis-je, on ne doutera plus que, si vous aviez trouvé dans mes ouvrages la plus petite expression à reprendre, vous n'eussiez pas manqué de la signaler dès le commencement de votre livre, pour inspirer au lecteur quelque confiance en vos autres assertions; ou du moins vous en auriez fait mention plus bas, au chapitre v de la IIe partie, où vous revenez sur ce sujet, mais toujours sans rien citer. Si j'insiste tant sur ce point, c'est afin que vous sachiez bien qu'aucun homme de sens ne tiendra compte des injures que vous me prodiguez, s'il ne les voit appuyées, soit à la page même qui les contient, soit dans les passages précédents, de quelque preuve au moins vraisemblable ; car on sait que vous ne négligez pas les plus foibles raisons, lorsque vous pouvez en apporter quelques unes.

Ainsi, quand vous prétendez que ma lettre au révérend père Dinet est un tissu de bouffonneries et de mensonges, le lecteur ne voit là qu'une injure, parceque vous ne lui montrez nulle part quels sont ces mensonges et ces bouffonneries; et de tous mes ouvrages, effectivement, celui où je me suis le plus efforcé de me montrer grave et vrai, est, sans contredit, cette lettre que j'adressois à un homme de la plus haute considération, et pour qui je professe un respect tout particulier.

Vous croyez, d'un autre côté, me faire beaucoup de tort, en rappelant que j'ai dit dans cette lettre que les principes de la philosophie péripatéticienne ne donnent aucune solution dont le vice et la fausseté ne puissent être démontrés. Mais vous manquez ici de votre habileté ordinaire, vous trahissez la cause que vous voulez défendre, vous confirmez mes propres paroles, puisque vous ne mettez sous les yeux du public aucune solution de ce genre dont je n'aie pu prouver la fausseté, et que pour toute réfutation vous me traitez d'ignorant et de sot; et cependant on sait assez que provoquer vos adversaires et leur poser des questions est pour vous un plaisir que vous ne vous refusez guère. C'est encore ainsi que plus bas, page 88, vous citez une seconde fois mes paroles, et que vous les réfutez uniquement par des injures. Que résultera-t-il de là? Que les personnes les moins instruites finiront par découvrir toute la pauvreté de la philosophie vulgaire : peut-être ont-elles déjà ouï dire souvent qu'elle étoit pour beaucoup de personnes un objet de mépris; mais, vous entendant sans cesse, vous et les vôtres, la vanter comme la connoissance des choses divines et humaines, comme le fondement de toutes les autres sciences, elles n'avoient jamais soupçonné sans doute qu'elle fût assez misérable pour ne pouvoir nous conduire à la connoissance d'une seule vérité. Aujourd'hui, qui doutera que, si elle en renfermoit une seule, cette vérité n'eût été mise en avant, ou par vous dans ce passage de votre livre, ou par quelqu'un des pères de la société de Jésus? C'est à leur supérieur qu'a été adressée la lettre d'où vous avez tiré les paroles rapportées plus haut; ces pères ne manquent assurément pas d'instruction, vous le savez; et jusqu'ici pourtant ils ont gardé le silence. Quant aux savants, depuis long-temps ils ont tous reconnu qu'aucune démonstration rigoureuse ne peut être basée sur les principes de la philosophie péripatéticienne; et, comme ils verront que mon assertion se réduit à ce que je m'engage de prouver le vice de tout raisonnement construit d'après la méthode d'Aristote, loin de m'accuser d'une présomption trop grande, ils ne douteront pas un instant que je ne puisse facilement tenir ma promesse. En effet, la solution d'une question ne consiste pas dans la conclusion seulement, mais encore et surtout dans les prémisses; or, si la conclusion n'est pas bien déduite de ces dernières, quoique par hasard elle puisse être vraie, la solution n'en sera pas moins vicieuse et fausse.

Vous dites ensuite, à la même page 8, en parlant de ma philosophie, que *j'ose la jeter à la tête de quelques oisifs, qui n'ont jamais rien étudié, qui ne savent rien, et de quelques hommes qui se sont toujours occupés d'affaires publiques*; et à la page 9, vous ajoutez que, *plus timide qu'un daim, et ne me sentant de courage que dans les ténèbres de ma retraite, je me suis servi d'un certain médecin pour essayer sérieusement d'introduire dans une université récemment établie, mais déjà célèbre, mes niaiseries jusqu'alors stériles, et, en quelque sorte, avortées, et pour les présenter, au mépris de toute la philosophie ancienne, comme la véritable et pure philosophie.* Puis de là vous vous jetez sur ce médecin, pour lui reprocher, ainsi que je viens de le dire, le nom qu'il a donné à une plante. Enfin, vous terminez ainsi sur mon compte : *En faveur de la jeunesse, qui ne doit point ignorer les attaques auxquelles est en butte son maître Aristote, et dans l'intérêt des autres personnes, que ce fourbe cherche à abuser et à induire en erreur, on a jugé à propos de mettre au grand jour la philosophie de ce plaisant réformateur, dont les ouvrages ne sont bons qu'à faire rire de pitié.* A cela, je ne réponds qu'un mot, c'est que vous vous trompez grossièrement, si vous croyez que j'aie jamais jeté ma philosophie à la tête de qui que ce soit. *Nous savons,* dites vous, page 12, *toute la puissance qu'exercent des gestes habiles et une langue flatteuse.* Vous pouvez le savoir, vous qui prêchez et qui enseignez. Mais moi, j'habite la campagne; je m'éloigne, autant qu'il m'est possible, de la société des hommes; je ne tends des piéges à la crédulité de personne; jamais je n'ai eu de disciples, jamais je n'ai cherché à en avoir, je l'ai plutôt évité. Je dirai plus :

M. Regius étoit depuis long-temps professeur, et il enseignoit la doctrine que vous m'accusez d'avoir voulu introduire dans votre université par son moyen, que je ne lui avois pas encore parlé. Si donc je lui avois appris quelque chose, ce ne pouvoit être que par les ouvrages que j'avois déjà publiés : et, en cela, il a montré une grande force d'intelligence, puisque dans ces écrits je n'ai point développé mon système de philosophie; j'en ai seulement donné, si je puis dire, quelques échantillons, afin que chacun pût juger s'il lui convenoit d'en connoître le reste : de cette manière, au moins, si je ne pouvois être utile, je ne faisois de tort à personne; et tout le monde devoit me savoir quelque gré de ma façon d'agir. (Voy. les premières pages de mon Discours de la méthode et la fin de la lettre au père Dinet.) Et certes, jusqu'ici, ces premiers essais m'ont attiré la bienveillance de trop de personnages distingués, pour que je puisse me repentir de les avoir fait paroître. En entrant avec vous dans ces détails, mon intention est que vous sachiez bien qu'il n'y a qu'un moyen d'attaquer mes opinions, c'est de les examiner dans les ouvrages que j'ai publiés, et de montrer ce que vous y trouvez de condamnable ou de faux. Les sophismes, les mensonges ne peuvent trouver place ici : les livres dont je parle sont entre les mains du public; quiconque le veut peut les examiner à loisir et les critiquer. Mais supposer qu'ils contiennent tout autre chose que ce qu'ils contiennent en réalité, ou m'attribuer, sans vouloir consulter les écrits dont je me reconnois auteur, d'impertinentes opinions qui ne sont nulle part énoncées dans ces écrits, c'est ce que tout le monde appellera une calomnie.

Toutefois, ainsi que vous le dites page 10, *avant d'exposer successivement et par ordre les mystères de cette nouvelle et orgueilleuse philosophie, vous devez tracer le portrait de celui qui en est le fondateur.* Je ne peux que vous approuver : car, dans ma lettre au père Dinet, j'ai rapidement énuméré toutes les qualités qui vous distinguent; et vous ne faites qu'user de votre droit en me rendant aujourd'hui la pareille. Je vous verrai avec plaisir passer en revue mes défauts; et s'il en est quelques uns que mes amis me dissimulent, ou qu'ils n'aperçoivent pas, aveuglés qu'ils sont par leur attachement pour moi, c'est de vous que je les apprendrai, pour mon plus grand bien : les injures par lesquelles vous avez débuté dans cet ouvrage ne me donnent pas lieu de craindre que la bienveillance vous fasse omettre une seule des découvertes que vous aurez faites en ce genre.

Vous commencez donc en ces termes : *Son nom, quelque temps tenu secret, et qu'il a révélé lui-même, est René Descartes; son pays est la France, le flambeau de l'Europe savante. Au dire de quelques autres personnes, il est d'une naissance illustre, ou du moins il est noble.* Quant à cet avantage, que le hasard peut accorder aux méchants et aux sots, je ne le lui envie pas. Jusque là, vous n'avancez rien qui puisse me faire déshonneur. Car si d'une famille distinguée on voit sortir quelquefois des méchants et des sots, vous ne voulez pas en conclure, je pense, que l'on doit moins estimer celui qui a reçu le jour de parents honnêtes que le malheureux qui, fils d'un goujat, et né dans une taverne, n'a fait son apprentissage de vertu et de piété qu'au milieu des filles de joie et des valets d'une armée.

Vous continuez ainsi : *Nous verrons les avantages de cette noblesse, lorsqu'il aura un fils légitime ; car pour ceux qu'il a eus, dit-on, jusqu'à présent, ils ne seront plus tard que les témoins malheureux de la noblesse de leur père.* Ces paroles n'ont aucun sens, puisque la noblesse du père ne peut aggraver en rien la condition des fils naturels. Quant à moi, si j'en avois, je ne le nierois pas : il y a peu de temps encore que j'étois jeune ; je suis homme, je n'ai point fait vœu de chasteté, et n'ai jamais prétendu passer pour plus sage que les autres. Mais comme je n'en ai pas, votre phrase signifie tout simplement que je suis célibataire ; et je ne dois pas m'étonner que, répétant sans cesse, comme vous faites, que le plus grand des miracles est un ecclésiastique conservant sa chasteté dans le célibat, vous n'ayez pas voulu me croire supérieur en sagesse à un ecclésiastique.

Mais voyons la suite : *Nous serions les premiers, dites-vous, à louer les qualités de son esprit, s'il ne travailloit lui-même à les obscurcir. On ne peut nier en effet qu'il n'ait assez d'esprit naturel. Il ne faut pas toutefois le regarder comme un dieu, ainsi que voudroient le persuader aux ignorants ses aveugles sectateurs, à moins que ce ne soit quelque Jupiter artisan de honteuses débauches. Qui ne sait que c'étoient aussi des gens d'esprit ou des fourbes, et cependant des insensés et des furieux, ces hommes que l'histoire a flétris, Épicure, Marcion, Aphon, Tayanobus, Manès, Lucien, Mahomet, David Georgius, Machiavel, Jules-César Vanini, Campanella, Godefroy de la Vallée, François Davidson, Socin, Anselme de Parme, D. Faust, Henr. Cornelius Agrippa, R. Lipman de Mulhausen, Jean Torrentius, quoique ce dernier fût d'ailleurs un peintre médiocre et illettré, et une foule d'autres, tous hommes de peu de valeur et de mauvais aloi* (ἄνδρες ὀυτιδανοὶ et πονηροῦ κόμματος). *L'esprit seul ne rend pas parfait, et souvent il est en mauvaise compagnie.* Que résulte-t-il de tout ce bavardage? Une seule chose : vous avouez que je ne manque pas absolument d'esprit, et que plusieurs personnes veulent bien faire quelque cas de moi : ce que du reste vous exprimez avec votre malignité ordinaire, en supposant qu'elles me représentent partout comme un dieu. Je n'examine pas si *fourbe* et *homme d'esprit* sont bien des mots synonymes, si l'esprit peut seul rendre parfait : il me suffit qu'il ne rende pas plus imparfait; et c'est ce que vous accorderez, je pense.

Vous ajoutez encore, page 11 : *Au reste, je ne saurois apprendre au public à quelle occasion notre homme d'esprit a commencé à philosopher. Si toutefois il étoit permis de se livrer à une conjecture assez vraisemblable, je dirois qu'il est né sous l'étoile d'Ignace de Loyola. Celui-ci en effet jeta les premiers fondements de l'ordre superstitieux des jésuites lorsqu'après avoir reçu mainte blessure à la guerre il désespéra d'y obtenir quelque couronne murale ou navale; l'autre, désespérant de même, après un court apprentissage du métier des armes, d'atteindre au grade de maréchal de France ou de lieutenant général, et soutenu de quelque connoissance, assez mince sans doute, des sciences mathématiques, s'est mis à faire une nouvelle philosophie, ce qu'il a regardé probablement comme un nouveau moyen de parvenir à la gloire. Peut-être eût-il essayé de détrôner la superstition, si, trop convaincu de sa foiblesse, cet homme, d'un tempérament indomptable*[1],

---

[1] Le texte : *Vir fibulæ aut cuculli impatiens.*

n'eût pas craint que la violence de ses honteuses passions ne vînt trahir son hypocrisie. Tout ceci, d'après votre propre aveu, n'est qu'une suite de vos conjectures, c'est-à-dire un recueil de toutes les méchancetés que vous avez pu inventer sur mon compte. Il nous est donc impossible d'en rien conclure, si ce n'est que vous êtes un peintre, ou, si vous voulez, un poëte bien malheureux dans ses conceptions : car, en donnant ainsi à votre imagination la liberté de tout oser, vous eussiez dû en vérité trouver des calomnies plus ingénieuses, et qui servissent mieux vos desseins contre moi.

Vous passez enfin, page 12, à ceux que vous appelez les sectateurs de ma philosophie; et pour dire que je veux paroître en avoir quelques uns, vous vous exprimez avec cette rare élégance : *Le fondateur de la nouvelle philosophie veut nous faire croire qu'il a trompé quelques personnes, et qu'il les a entraînées à l'acropole* (ἀκρόπολιν) *de la folie.* Ce ne seroit donc pas assez pour vous de traiter de dupes et d'insensés ceux qui approuvent une partie de mes opinions: vous supposez encore, pour donner plus de vraisemblance à vos discours, que je tiens moi-même ce langage; puis vous vous livrez à de grossières invectives contre ces prétendus disciples. Mais, je le répète, je n'ai point encore publié de système de philosophie qui puisse avoir des sectateurs; et quant à ceux qui, d'après mes premiers essais, ont préjugé favorablement de l'ouvrage entier, ils sont trop au-dessus de vos attaques pour que j'aie besoin de les défendre.

(Je prie le lecteur d'observer que, lorsque ces premières pages ont été écrites, je ne me doutois nullement que la *Philosophie cartésienne* dût paroître sous un autre nom que celui de Voet. Depuis, je n'y ai rien changé, parceque ce livre, comme je le prouverai évidemment plus bas, n'en est pas moins son ouvrage.)

Examinons un peu, s'il vous plaît, ce que contient cette première partie de votre livre, où vous aviez dessein de tracer mon portrait, et de passer en revue, sinon tous mes défauts, du moins les plus remarquables. Je l'ai rapporté ici tout entière; et le lecteur peut juger maintenant si je mérite les épithètes dont il vous a vu précédemment me gratifier avec tant de libéralité. Voici en effet le résultat de toutes vos recherches sur mes défauts : je suis François de nation, je sors d'une famille honorable, je ne manque pas absolument d'esprit, je vis dans le célibat, et, soutenu par quelque connoissance des mathématiques, je travaille à un nouveau système de philosophie, dont plusieurs personnes ont déjà conçu d'assez heureuses espérances. Et d'un autre côté cependant vous me traitez tour à tour de bouffon, d'ignorant ennemi des lumières, de sot, d'homme plus timide qu'un daim, de philosophe absurde, dont les ouvrages ne sont bons qu'à faire rire de pitié, de menteur, d'imposteur, et tout cela dans les deux premières pages de votre livre : n'est-il pas probable que nous trouverons dans les pages suivantes des injures plus nombreuses encore, et peut-être plus indignes? Si de tels discours s'échappoient de la bouche d'une femme ivre ou d'un cabaretier en colère, on en riroit: mais quand on les voit écrits et imprimés par un théologien, premier pasteur de son église, qui affecte la réputation d'homme pieux et dévot, qui devroit être pour ses frères un modèle, je ne dirai pas de douceur, d'humilité, de patience, de charité (vous dédaigneriez peut-être ces vertus de la vieille église), mais au moins de modération, de calme, de gravité; certes, je ne vois pas comment on pourroit les excuser.

Quand bien même, effectivement, la philosophie contre laquelle vous déclamez avec tant de violence seroit mauvaise, ce que vous n'avez encore démontré nulle part, ce que vous ne démontrerez jamais, peut-on supposer qu'elle soit assez perverse et assez dangereuse pour mériter à son auteur les plus atroces injures? La philosophie que je recherche, ainsi que tous ceux qui ont conçu pour elle une noble passion, est la connoissance des vérités qu'il nous est permis d'acquérir par les lumières naturelles, et qui peuvent être utiles au genre humain : il n'est pas d'étude plus belle, plus digne de l'homme ; il n'en est point qui puisse mieux servir notre bien-être ici-bas. La philosophie dominante, au contraire, celle que l'on enseigne dans les écoles et les universités, n'est qu'un amas confus d'opinions, pour la plupart douteuses, comme le prouvent les discussions auxquelles elles donnent lieu chaque jour, et entièrement inutiles, comme une longue expérience ne l'a que trop appris. Qui a jamais pu, en effet, tirer quelque utilité de la *matière première*, des *formes substantielles*, des *qualités occultes*, et autres choses de ce genre? Il est donc peu raisonnable, de la part des personnes qui ont étudié ces opinions, incertaines de leur aveu même, de concevoir tant de haine et d'envie contre ceux qui s'efforcent de trouver quelque chose de plus certain. Sans doute, en fait de religion, toute tentative d'innovation est odieuse : chacun croit sa religion instituée par Dieu même, qui ne sauroit se tromper; et dès lors on croit qu'il ne peut y être fait aucun changement, si ce n'est en mal. Pour la philosophie, c'est tout autre chose : on avoue que l'homme n'en a encore qu'une connoissance très imparfaite, qu'elle est susceptible de nombreux perfectionnements : il est donc glorieux ici de se placer au rang des novateurs. Peut-être allez-vous dire que vous êtes loin de blâmer les savants qui ont fait quelque découverte en philosophie, mais que moi je n'ai rien découvert, ce que pourtant j'espère bien que vous ne prouverez jamais. Eh bien! soit, que je n'aie rien découvert : falloit-il pour cela m'accabler d'injures, et ne méritois-je pas plutôt de l'indulgence et quelque avis amical? Croyez-moi, monsieur Voet, tout lecteur éclairé reconnoîtra qu'en écrivant cet ouvrage, vous étiez tellement possédé de la rage de nuire, que vous n'avez plus aperçu, ni ce qui convenoit à votre position et à votre caractère, ni ce qui étoit vrai, ni même vraisemblable.

DEUXIÈME PARTIE.

Des actions de Voet qui m'ont appris à connoître quelles étoient ses vertus.

Mais comme il est rare que l'on se déchaîne ainsi contre quelqu'un sans motif, je vais, pour ne point paroître aux yeux du lecteur vous en avoir jamais donné le moindre sujet par ma faute, raconter brièvement tout ce qui s'est passé jusqu'à ce jour entre vous et moi. Jamais je ne vous ai parlé, que je sache; je ne vous connois même pas de vue, et je ne pensois pas plus à vous que je ne pense à ceux qui ne sont point encore, quand pour la première fois on m'apprit que vous me traitiez habituellement d'athée, et que le professeur Regius, qui enseigne, comme on le sait, une doctrine assez conforme à la mienne, étoit en butte de votre part aux attaques les plus injustes. Ce rapport me fit prendre des renseignements sur la réalité du fait, ainsi que sur votre caractère et sur les motifs qui pouvoient vous déterminer. Quant au fait, il n'étoit point douteux : vos thèses contre M. Regius avoient déjà paru, et peu de temps après fut publiée votre fameuse sentence de condamnation contre la nouvelle philosophie. Quant à votre caractère, on me dit que vous montriez beaucoup d'exactitude et d'assiduité dans l'exercice de vos fonctions, comme ministre et comme professeur; que vous prêchiez, que vous enseigniez, que vous disputiez plus souvent qu'aucun de vos collègues; que votre air grave, votre voix, vos gestes, tout en vous annonçoit une piété singulière; que vous portiez enfin l'ardeur de votre zèle pour la vérité et la pureté de votre religion jusqu'à reprendre avec une extrême sévérité, surtout dans les riches et les puissants, non seulement les fautes les plus légères, mais encore ce que généralement on ne regarde pas comme des fautes; jusqu'à disputer et à déclamer avec une incroyable véhémence contre quiconque ne partageoit pas vos opinions. D'après de pareils témoignages, j'eusse été tenté d'admirer en vous un prophète ou un apôtre, si l'injustice avec laquelle vous me rangiez au nombre des athées n'avoit laissé quelque doute dans mon esprit. D'un autre côté, on voit chaque jour les plus honnêtes gens se tromper, en accordant trop de confiance aux rapports d'autrui, ou en jugeant par eux-mêmes avec trop de légèreté. Une triste alternative se présentoit donc à moi : ou vous étiez effectivement un saint homme, peut-être du reste peu éclairé ; ou vous étiez (pardonnez si je ne trouve pas d'expression moins dure pour dire la vérité) un grand hypocrite. Car, avec tous les talents que l'on s'accordoit à vous reconnoître, il me sembloit que rien ne pouvoit être médiocre en vous, ni les vertus, ni les vices. Depuis, j'ai vu clairement ce que je devois penser à votre égard, et c'est votre conduite envers M. Regius qui a fait cesser mon incertitude. J'ai appris en effet comment, à peine nommé recteur de l'université, vous lui aviez tout-à-coup témoigné plus d'amitié que jamais, comment vous aviez fait en sorte qu'il pût, à peu près à volonté, soutenir des thèses publiques, ce qui n'avoit jamais lieu précédemment sans une permission spéciale du magistrat ; car, suivant l'usage, deux de ses collègues, professeurs de physique et de médecine, voyoient avec peine qu'il enseignât une doctrine toute différente de la leur, et craignoient que ces discussions publiques ne vinssent accréditer de plus en plus la nouvelle philosophie. J'ai appris comment M. Regius, plein de reconnoissance pour tant de bonté, avoit poussé la déférence envers vous au point de ne livrer à l'impression aucune des thèses qu'il publia à cette époque, c'est-à-dire de celles où il développoit son système entier de physiologie, sans vous les remettre les unes après les autres, en vous priant de les lire, de les examiner et de les corriger. Vous ne pouvez nier ce fait : vous avez marqué vous-même, de votre propre main, le petit nombre de passages que vous désapprouviez ; il a fait tous les changements qui vous sembloient convenables, et je ne doute pas que vos notes ne se trouvent encore dans ses papiers. Mais quelle a été dernièrement ma surprise, lorsque, m'adressant à lui pour avoir des renseignements plus précis sur cette circonstance, ainsi que sur quelques autres qu'il doit mieux connoître que personne, je n'ai reçu qu'une lettre tout-à-fait laconique, où il s'excuse de ne pouvoir répondre à mes questions. J'ai demandé à un autre de mes amis l'explication de cette singulière conduite : j'ai su qu'on étoit allé dire à M. Regius qu'un des magistrats de la ville lui faisoit un crime de certaines anecdotes publiées sur votre compte dans ma lettre au père Dinet, et qui, suivant l'opinion générale, ne pouvoient venir que de lui seul. Pour moi, il m'est impossible d'ajouter foi à un pareil bruit. Qui croira jamais que vous ayez assez de pouvoir dans une ville où vous êtes étranger, pour y diffamer publiquement qui bon vous semblera des citoyens les plus anciens et les plus honorables, pour y prononcer contre eux de fausses sentences de condamnation, sans qu'il leur soit permis, je ne dis pas de se plaindre hautement de tant d'outrages, mais même d'en déposer secrètement le récit dans le sein de l'amitié? Certes, une telle pensée n'a jamais pu se présenter à l'esprit de vos magistrats; je les connois tous, ou pour m'être entretenu quelquefois avec eux, ou du moins de réputation : leur prudence et leur équité les défendent de ce soupçon injurieux. D'ailleurs, les faits mêmes prouvent le contraire : depuis cette époque vos magistrats ont augmenté pour la seconde fois les honoraires de ce professeur. Je croirois donc assez volontiers que c'est vous qui avez eu le soin de faire parvenir jusqu'à M. Regius ce rapport mensonger, dans l'espérance que ce savant, peu timide assurément, mais plein de déférence et de respect pour les magistrats de sa ville natale, refuseroit désormais de me raconter toutes les honteuses intrigues dont vous vous sentez coupable envers lui.

Je continue. Vous aviez examiné les thèses où M. Regius exposoit tout son système de physiologie, et vous n'aviez exprimé aucune désapprobation. Peu de temps après, il en composa quelques autres : comme elles ne contenoient rien d'important qu'il n'eût avancé déjà dans celles que vous aviez vues, il ne jugea pas qu'elles méritassent de vous être présentées avant leur publication. Mais, saisissant avec une sorte d'empressement un mot, un simple mot, qui s'y trouvoit dans un sens un peu différent de celui des écoles, vous prîtes de là occasion de l'attaquer ouvertement. Peu de jours avant la discussion de ses dernières thèses, quelques uns de ses auditeurs vinrent l'avertir que les vôtres se préparoient à troubler la séance. Il alla vous trouver, vous fit part de l'avis qu'on lui avoit donné, et vous pria d'employer tous les moyens qui étoient en votre pouvoir, comme recteur de l'université, pour prévenir tout désordre. Quoique alors vous eussiez vu les thèses dont il s'agit, rien de votre part ne lui laissa soupçonner, durant cette entrevue, qu'elles continssent des passages, suivant vous, répréhensibles. Cependant le jour de la séance étoit arrivé : lorsqu'on en fut venu à la thèse sur *l'être par accident,* il y eut d'abord quelques instants de silence, sans doute pour donner au proposant le temps d'énoncer ses preuves; puis, tout-à-coup, et sans que rien y donnât le moindre prétexte, la salle retentit de clameurs et d'applaudissements dérisoires. Et vous qui présidiez l'assemblée en qualité de recteur, immobile, et tel qu'un roc au milieu des tempêtes et pas autrement

<small>Quàm si dura silex aut stet marpesia cautes.</small>

vous ne fîtes pas la moindre tentative de la voix, du geste, ou du regard, pour apaiser le tumulte. Je m'en étonne pourtant : car, quelque agréable que fût pour vous ce désordre, il étoit de votre devoir de feindre le contraire; et je ne vois pas ce qui a pu vous faire ainsi rester immobile, si ce n'est la certitude que les turbulents obéiroient au plus léger signe de votre volonté. Apprenant alors que vous l'accusiez d'avoir offensé la théologie par cette expression d'*être par accident*, M. Regius se rendit chez vous; il vous assura qu'il étoit prêt à faire telle correction que vous jugeriez à propos, et à déclarer publiquement qu'il n'avoit jamais eu l'intention, comme c'étoit effectivement la vérité, et comme il l'a démontré depuis dans sa réponse à vos thèses, de blesser en rien votre religion; et cette même déclaration, il l'a répétée en présence de plusieurs autres théologiens, vos collègues : mais vous n'en avez pas moins, aussitôt après, publié contre lui des thèses qui devoient être soutenues pendant trois jours, et vous avez eu le soin de placer dans le titre même cette expression d'*être par accident*, cherchant à faire croire ainsi qu'elle étoit condamnée comme hérétique par la faculté de théologie ; et pourtant dans lesdites thèses vous n'avez attaqué les opinions de M. Regius que relativement aux formes substantielles, au mouvement de la terre, à la circulation du sang, et à d'autres questions semblables qui concernent la physique et la médecine, mais nullement la théologie ; et dans ces différentes opinions, cependant, vous n'y aviez rien trouvé à reprendre, lorsque les thèses où elles étoient développées avoient été soumises à votre examen et à vos corrections. Ce n'est pas tout : j'ai appris encore que vous aviez fait composer, par je ne sais qui de vos disciples, un poëme en l'honneur de vos thèses, ou que du moins vous en aviez permis l'impression ; que cet ouvrage avoit été distribué sous vos yeux dans toute l'université ; que l'on y désignoit clairement M. Regius par ces mots, *O regium factum*, etc. ; et qu'il y étoit accablé des plus odieuses injures. J'ai appris enfin tous les autres détails que renferme ma lettre au P. Dinet. Dans toute cette conduite, je l'avoue, je n'ai pu trouver la moindre preuve de cette rare piété que l'on vantoit en vous ; car il n'est pas possible d'en douter, ou vous avez d'abord témoigné à M. Regius une fausse amitié pour le surprendre plus facilement lorsqu'il ne seroit plus sur ses gardes, et qu'il croiroit n'avoir rien à craindre de vous; ou, si votre amitié pour lui étoit sincère, vous l'avez indignement trahie dès que vous avez aperçu l'occasion favorable de lui nuire. L'une ou l'autre conduite est également odieuse; et vous ne pouvez apporter ici pour excuse un prétendu zèle religieux. Quelque grandes en effet que pussent être ses erreurs (et il n'en avoit commis aucune), quelle étoit cette piété, cette charité chrétienne, ce zèle ardent qui vous portoit à ne pas vouloir l'écouter, lorsqu'il venoit de lui-même vous promettre de faire toutes les corrections que vous désireriez, et à le livrer pendant trois jours, contre tout droit, toute justice et toute bienséance, à la dérision du public: de sorte que, si tout eût réussi comme vous l'espériez, il eût été privé de sa place et déshonoré sans avoir aucune faute à se reprocher, et par le seul effet de vos calomnies? Le recteur peut-il donc dans votre université soutenir, sans la permission du magistrat, des thèses publiques dans une faculté qu'il ne professe pas? Peut-il y diffamer celui de ses collègues qu'il lui plaira de choisir, et, qui plus est, prononcer, au nom de l'université entière, une sentence de condamnation contre les principes enseignés par ce professeur? Je m'attends que vous allez dire que le magistrat vous avoit ordonné de déclarer votre avis sur la doctrine de M. Regius. Mais il n'avoit point ordonné, il n'avoit point voulu que vous le fissiez paroître comme une sentence régulière et définitive. Ce qu'il vouloit étoit très sage : c'étoit que, puisque vous portiez plainte contre la doctrine de votre collègue, vous missiez d'abord en avant toutes vos raisons, que celui-ci y répondît ensuite, et qu'enfin, les deux parties entendues, comme le veut la justice, le magistrat prononçât entre elles. Votre conduite au contraire est inexcusable : de toutes vos accusations vous n'avez apporté aucune preuve de quelque valeur, vous n'en aviez aucune; et néanmoins vous n'avez pas hésité à condamner, et sans l'entendre, un de vos collègues, sur qui vous n'aviez nullement ce droit : car, sachez-le bien, dans cette cause où il s'agit de la nouvelle philosophie, ni vous, ni aucun autre de ceux qui enseignent l'ancienne philosophie ou les sciences qui en dépendent, comme la théologie scolastique et la médecine, vous ne sauriez être des juges compétents : vous ne pouvez être qu'accusateurs ou accusés. M. Regius croit ses opinions plus conformes à la vérité que les opinions aujourd'hui dominantes; vous qui ne voulez pas, qui ne pouvez pas peut-être apprendre cette doctrine nouvelle, vous niez son assertion. A qui s'en rapporter ici? ce ne sera ni à vous ni à lui, mais à ceux qui, neutres dans cette querelle, auront écouté et examiné les raisons des deux parties. Ce qu'il y a de plus singulier, sans contredit, c'est de vous entendre dire dans cet arrêt dont nous venons de parler, *que vous rejetez cette nouvelle philosophie* (c'est la mienne et celle de M. Regius), *à cause de ses conséquences fausses, absurdes et contraires à la théologie orthodoxe;* et cependant vous n'avez pu citer une seule de ces conséquences, quoique, dans le conseil de l'université, un des professeurs de droit, qui désapprouvoit cet arrêt, vous ait expressément demandé des preuves de ce que vous avanciez. M. Regius avoit, au contraire, dans sa réponse à vos thèses, démontré de la manière la plus évidente que ses principes philosophiques s'accordoient beaucoup mieux avec la théologie que les principes reçus dans les écoles. Comme tous ces faits m'étoient connus, ainsi que beaucoup d'autres (il m'est impossible de tout dire), vous ne devez pas vous étonner que j'en aie parlé, par occasion, dans une lettre qui étoit alors sous presse : je n'avois pas de moyen plus simple et plus doux de repousser tout le mal que vous aviez voulu me faire. Et d'ailleurs, dans cette lettre que j'adressois à un des Pères de la société de Jésus, que vous ne pouvez nommer sans ajouter aussitôt une injure, eût-il été bien convenable de vous faire des compliments? A part cela, je n'ai jamais rien fait, jamais rien tenté contre vous, qui ait pu m'attirer votre ressentiment; et la virulence avec laquelle vous vous exprimez ici sur moi n'est vraiment pas méritée de ma part. Mais peut-être votre inimitié a-t-elle quelque autre motif que nous fera connoître la suite de votre ouvrage.

TROISIÈME PARTIE.

Des chapitres I et II de la *Philosophie Cartésienne*.

Vous dites, au commencement de votre premier chapitre, que tout le monde n'est pas capable d'entendre ma philosophie; et aux pages 14 et 15 vous vous exprimez ainsi : *Pour faire éclater sa candeur et sa bonne foi, mais en réalité pour pouvoir attribuer toutes ses erreurs à de malheureux disciples, dont il accusera l'intelligence bornée, il vient, dès l'entrée de son cours de philosophie, nous déclarer, de l'air et du ton grave d'un homme d'importance, que tous les esprits ne sont pas en état de s'élever à la hauteur de ses sublimes mystères.* Où et quand, je vous le demande, m'avez-vous entendu prononcer ces paroles d'un air grave? Je le répète, je ne prêche point, je ne suis point professeur. Vous les avez sans doute tirées de mes écrits. Vous citez la quatrième partie de mes réponses aux objections. (*Médit.*, p. 289, édit. d'Elzév.) J'y ai dit en effet que *les sujets traités dans la première méditation et dans les autres* (c'est-à-dire *les cinq suivantes*) *n'étoient pas à la portée de tous les esprits*. Mais cette citation n'est pas en votre faveur, elle est plutôt contre vous; car de ce que je parlois ainsi en particulier de ces premières méditations, qui renferment une très petite partie de la philosophie, et en même temps la partie la plus difficile, vous eussiez dû en conclure qu'il n'en seroit pas de même de l'ouvrage entier. J'avouerai volontiers cependant que tout le monde ne sera pas capable de la comprendre; et si je ne l'ai dit nulle part, ce n'est pas que ce ne soit la vérité, c'est que la chose m'a paru superflue. Quelle est donc la science, l'art, le genre de connoissance quelconque, que tous les hommes puissent saisir avec une égale facilité? Mais vous, que concluez-vous de là? que je veux attribuer à de malheureux disciples toutes les erreurs de ma philosophie. Ne sait-on pas que je n'ai jamais rien fait connoître de ma philosophie que par des écrits publics? et ira-t-on aussi attribuer à mes disciples les erreurs contenues dans ces écrits?

Vous en venez, page 17, aux *épreuves auxquelles sont soumis les esprits dans cette nouvelle école d'orgueil*. Et vous ajoutez: *Il y en a cinq, que nous allons examiner successivement dans ce chapitre et dans les quatre suivants*. Puis, à la page 18, vous prétendez que la première consiste à *oublier, s'il peut (le futur disciple), tout ce que ses autres maîtres lui ont appris.* Et vous avez eu soin de faire imprimer ces mots en caractères différents, afin qu'ils parussent tirés de mes propres ouvrages, c'est-à-dire des pages 16 et 17 du Discours de la méthode, ou de la page 32 de mes réponses à la septième partie des objections, ou bien encore des pages 7, 21, 23 et 24 du même livre, passages que vous aviez tous cités peu auparavant : mais dans tous ces passages, non plus que dans aucun autre de mes écrits, je n'ai parlé d'oublier ce que l'on avoit appris auparavant; j'ai seulement conseillé de se dépouiller de ses préjugés. Le lecteur pourra juger d'après cela quelle confiance il doit avoir en vos citations. Autre chose est effectivement de renoncer à des opinions adoptées sans réflexion, c'est-à-dire de cesser de leur donner son assentiment, ce qui dépend toujours de notre volonté, ou de les oublier, ce qui n'est presque jamais en notre pouvoir. Mais comme les premières thèses que vous avez publiées dans votre université traitoient des préjugés, et que vous avez reconnu mainte et mainte fois que chacun de nous devoit s'efforcer de les rejeter entièrement, il n'eût été guère convenable de venir me reprocher d'avoir écrit dans le même sens que vous : aussi avez-vous mieux aimé m'attribuer quelque autre chose qui fournît une plus ample matière à vos accusations.

Tout le reste du chapitre ne mérite pas la moindre remarque; il prouve seulement que si vous ne montrez dans cet ouvrage ni honnêteté, ni bonne foi, vous n'y montrez pas plus d'habileté et de logique naturelle, puisque vous prêtez à un homme qui, suivant vous-même, ne manque pas d'esprit, des sottises et des absurdités vraiment incroyables. Je vous vois, à la page 22, rapporter les paroles de l'épître de l'apôtre saint Judes, sur *ceux qui condamnent avec exécration ce qu'ils ignorent*. Il n'est personne qui, sachant la manière dont vous attaquez ma philosophie, ne retourne aussitôt ces paroles contre vous. Vous n'avez jamais lu ma philosophie, puisque je ne l'ai pas encore publiée : vous ne pouvez donc la connoître.

Dans le deuxième chapitre, page 27, vous nous indiquez la seconde règle à laquelle doivent s'astreindre les disciples de mon école, que vous appelez les *initiés aux mystères de la folie*. Selon vous ils jurent de ne faire désormais aucun usage des livres; mais dans quels écrits avez-vous trouvé ce serment, de qui le tenez-vous, d'où l'avez-vous tiré ? c'est ce que vous ne dites nulle part, c'est ce que vous ne pouvez dire, et assurément vous ne négligeriez pas d'apporter vos preuves, si vous en aviez quelques unes; car ici même et à la page suivante vous citez deux passages de mes écrits, qui du reste ne tiennent en rien au sujet, et pour vous en servir vous ne craignez pas d'en altérer le sens. Le premier est tiré de ma lettre au P. Dinet, page 163, où je disois que *l'on ne pouvoit se plaindre qu'un homme qui n'étoit pas encore vieux fît attendre trop long-temps ce que les autres philosophes n'avoient pu faire en tant de siècles.* Et vous, vous m'interpellez en ces termes : *Croit-il donc qu'un homme qui n'est pas encore vieux, ainsi qu'il le dit en parlant de lui-même dans sa lettre à Dinet, page 193, puisse avoir une connoissance exacte et certaine de toutes choses?* J'ai écrit, il est vrai, ces mots, *un homme qui n'est pas encore vieux;* mais le reste de la phrase ne m'appartient pas. Vous auriez pu facilement, par cet ingénieux moyen, tirer aussi de mes écrits le serment dont nous venons de parler; par exemple, j'ai tracé quelque part dans la même lettre ces mots, *les ouvrages des auteurs;* vous aussitôt vous eussiez fait cette phrase : *Ils jurent de ne jamais lire les ouvrages des auteurs, comme il le dit lui-même dans sa lettre à Dinet,* page 200.

C'est avec la même bonne foi, et tout aussi à propos, que vous citez à la page suivante un autre passage, dans lequel je rappelois que *j'avois autrefois travaillé à une méthode propre à résoudre toutes les difficultés que présentent les sciences.* Et voici ce que vous dites : *Il n'en est pas plus capable de résoudre toutes les difficultés que présentent* les sciences (*comme René Descartes, le plus ridicule des fanfarons, se vante de pouvoir le faire, dans son épître dédicatoire. Médit.*, page 5, édit. d'Elzév.). Est-ce donc la même chose de dire que l'on travaille à une méthode pour parvenir à tel ou tel but, ou de se vanter d'y parvenir facilement?

QUATRIÈME PARTIE.

De l'usage des livres et du savoir de Voet.

Si vous eussiez voulu savoir ma véritable opinion sur les livres, vous n'aviez qu'à consulter mon Discours de la méthode, à la page 7, vous y auriez vu que j'ai dit en termes exprès que nous retirons de la lecture des bons ouvrages autant de profit que de la conversation des grands hommes qui en ont été les auteurs, et peut-être même davantage, puisque ceux-ci nous offrent dans leur composition, non pas toutes les pensées qui se présentent à leur esprit, ainsi qu'il arrive dans un entretien familier, mais bien seulement leurs pensées choisies; et peut-être aussi eussiez-vous retiré de ce passage une utilité personnelle, en considérant, dans un sens contraire, que la lecture trop fréquente des méchants livres n'est guère moins nuisible que la société des méchants: car, autant que je peux en juger d'après les écrits que vous avez publiés, vos lectures habituelles se composent principalement de trois sortes d'ouvrages, que la réflexion que nous venons de faire vous eût appris à ne toucher que rarement et avec précaution. La première sorte est celle des livres pervers et futiles, que je réunis dans la même classe, parcequ'il est impossible qu'un livre entièrement futile ne renferme pas quelque mélange de perversité; or tout ce qu'ont écrit les athées ou les incrédules, tous les rêves absurdes de la cabale et de la sorcellerie, les ouvrages des imposteurs de tout genre, vous voulez paroître les avoir lus; et à dire vrai, pour quelques uns d'entre eux, vous le prouvez sans réplique, en intercalant dans vos écrits des raisonnements qui leur appartiennent tout entiers. La seconde espèce est celle des livres de controverse, dont souvent les auteurs, par esprit de parti, regardent comme un acte de piété de s'accabler mutuellement d'injures. Quant à ceux-ci, vous en citez un si grand nombre, que, n'en eussiez-vous lu que le quart, vous auriez encore passé la plus grande partie de votre vie au milieu des disputes et des querelles. Je ne dis pas sans doute que tous ces ouvrages soient mauvais : ceux qui combattent pour la vérité, qui n'attaquent que le vice, sont dignes de nos éloges. Je crois cependant qu'on ne doit point en faire un trop fréquent usage : telle est en effet la foiblesse atta-

chée à la nature humaine, que nous défendre le
mal, c'est quelquefois nous exciter à l'aimer. Je ne
prétends pas non plus qu'il ne soit jamais utile à
des théologiens, ou à d'autres personnes, de connoître les mauvais livres qui paroissent, lorsqu'ils
sont chargés de les réfuter ou de les corriger;
mais cela n'arrive que rarement; et de même que
l'on ne visite jamais un hôpital de pestiférés uniquement par plaisir, de même un homme véritablement pieux n'ira jamais, dans le seul désir de
passer pour avoir une immense lecture, nourrir
habituellement son esprit de mauvais livres. Ils
apportent toujours avec eux quelque funeste con-
tagion. J'en fais dans ce moment une triste expérience: il m'a fallu, pour écrire cette lettre, parcourir quelques uns de vos ouvrages; mon style
en a pris aussitôt une âpreté qu'il m'est presque
impossible d'adoucir, et c'est à ce titre que je réclame l'indulgence du lecteur, s'il trouve que je
m'exprime ici avec un peu plus d'incorrection
et de dureté que de coutume. La troisième classe
de vos livres favoris se compose de lieux communs, de commentaires, d'abrégés, d'index, et
d'autres recueils de ce genre, qui ne contiennent
que des pensées détachées de différents auteurs.
Je ne les mets pas au rang des mauvais livres,
je ne crois pas qu'il faille les dédaigner tout-à-fait;
cependant ils ne sont bons, suivant moi, qu'à rap-

peler à notre mémoire ce que nous avons précédemment appris dans les ouvrages classiques dont ils sont extraits. Négliger les véritables sources, et s'adresser, si je puis parler ainsi, à ces misérables ruisseaux, c'est vouloir ne puiser qu'une eau trouble, en d'autres termes, renoncer à toute instruction solide. Ce qu'il y a d'important et d'utile dans les livres des génies supérieurs ne consiste pas en telle ou telle pensée que l'on peut en extraire, le fruit précieux qu'ils renferment doit sortir du corps entier de l'ouvrage; et ce n'est pas de prime-abord et par une seule lecture, mais peu à peu, par une lecture attentive et souvent répétée, que nous nous pénétrons sans nous en apercevoir des idées de ces grands hommes, que nous les digérons, que nous les convertissons en quelque sorte en notre propre substance. Pour vous, l'usage journalier que vous faites des lieux communs, des commentaires, des lexiques, et autres livres semblables, se reconnoît facilement aux nombreuses citations que l'on en remarque dans vos écrits. Je ne puis malheureusement dire qu'il en soit de même de ces auteurs du premier ordre, où se trouvent renfermées toutes les connoissances que l'on peut acquérir par la lecture. Vous les citez aussi quelquefois, il est vrai, mais la plupart du temps assez mal à propos, et presque toujours pêle-mêle avec d'autres écrivains d'un rang tout-à-fait inférieur; en sorte que vous semblez ne les avoir pas lus, et vous être contenté de prendre leur texte dans quelque compilateur. Il y a plus : il est difficile qu'après avoir long-temps reposé sur des coussins parfumés on ne conserve point quelque chose de leur douce odeur ; l'étude assidue des grands maîtres doit laisser de même dans le style quelque chose de leur perfection. Eh bien! pardonnez à ma franchise, j'ai lu plusieurs de vos ouvrages, et je n'y ai jamais aperçu une seule pensée qui ne fût basse ou commune, une seule qui annonçât l'homme d'esprit ou le savant. Observez que je dis le savant et non l'érudit ; car si par le mot d'érudition vous entendez tout ce que l'on peut apprendre dans les livres, le mauvais comme le bon, je conviendrai facilement que vous êtes un grand érudit. Ne sais-je pas que vous avez lu, et tous les contes que l'on a débités sur le Léviathan, et toutes les sottises impies de je ne sais quel Bonaventure de Périers, et cent autres chefs-d'œuvre de cette espèce? Mais, moi, je ne donne le nom de savant qu'à l'homme qui, par de longues études, par des efforts continuels, a su perfectionner son esprit et son cœur. Et la science, telle que nous la définissons ici, ce n'est point, je pense, en lisant indistinctement toute espèce de livres que l'on peut l'acquérir: c'est en ne lisant que les livres excellents en chaque genre, et encore faut-il y revenir à plusieurs fois; c'est en conversant, lorsque nous le pouvons, avec ceux qui ont déjà mérité le nom de savant; c'est en fixant sans cesse nos regards sur la vertu comme sur un divin modèle; c'est en travaillant sans nous décourager à la recherche de la vérité. Quant à ceux qui vont puiser la science dans les recueils de lieux communs, dans les index et les lexiques, ils peuvent en peu de temps remplir leur mémoire de beaucoup de choses; mais ils n'en deviennent ni plus éclairés, ni meilleurs : au contraire même, comme il n'y a dans ces sortes d'ouvrages aucun raisonnement suivi, que tout y est décidé par l'autorité, ou prouvé par de courts syllogismes, on y apprend bientôt à s'en rapporter également à tous les auteurs, quels qu'ils soient, à ne faire entre eux aucune distinction, si ce n'est toutefois celle que peut commander l'esprit de parti; l'on perd ainsi peu à peu l'habitude de faire usage de la raison naturelle, et on lui en substitue une autre tout artificielle et sophistique. Car, sachez-le bien, le véritable usage de la raison, sans lequel il n'y a ni science, ni bon sens, ni sagesse, ne consiste pas à faire ou à retenir des syllogismes isolés, mais à embrasser d'une manière exacte et complète toutes les idées qui peuvent servir à la connoissance de la vérité que l'on recherche; et comme le plus souvent il est impossible d'exprimer ces idées par des syllogismes, à moins d'en lier plusieurs entre eux, il est malheureusement certain que ceux qui ne procèdent que par syllogismes isolés laissent presque toujours échapper quelque partie de ce tout dont il falloit saisir l'ensemble d'un même coup d'œil; ils s'accoutument ainsi à l'irréflexion, et voient diminuer peu à peu le bon sens que leur avoit donné la nature; et comme d'un autre côté ils se croient très savants, parcequ'ils ont beaucoup retenu de ce qu'ont écrit les autres, et qu'ils y ajoutent une entière confiance, ils se gonflent d'une arrogance ridicule, et tout-à-fait pédantesque: si en outre ils viennent à lire habituellement des livres pervers, futiles et des ouvrages de controverse, alors de toute nécessité, et quand bien même ils n'auroient pas naturellement un mauvais cœur et un esprit très borné, ils deviendront, grâce à ce genre d'étude, méchants, sots et dangereux. Cependant, il faut le dire, ce qui contribue le plus à les rendre tels, c'est le caractère. Les diverses espèces de livres dont j'ai parlé sont souvent confondues; dans un même auteur on voit quelquefois réunis le mauvais, le frivole, le bon, soit que tout lui appartienne en propre, soit qu'il en ait tiré une partie d'autres écrivains; et les lecteurs y puisent selon leur caractère, semblables à l'abeille ou à l'araignée, qui du suc des fleurs retirent, l'une son miel, l'autre son venin. C'est ainsi que l'étude rend meilleurs et plus éclairés ceux qui sont portés au bien, plus méchants et plus sots ceux qui n'ont de penchant que pour le mal. Et l'une des marques les plus certaines qui puissent servir à les distinguer les uns des autres, ce sont les ouvrages qu'ils préfèrent, chacun cherchant toujours le livre qui a le plus de rapport avec son caractère. Mais ils ont encore bien d'autres traits distinctifs : ceux-ci sont arrogants, entêtés, irascibles; ceux-là ne s'enorgueillissent jamais, ils connoissent toute la foiblesse de l'homme, ils regardent comme peu de chose ce qu'ils savent, et pensent que ce qu'ils ignorent est bien plus considérable : aussi se montrent-ils pleins de candeur et de docilité, et toujours prêts à accueillir avec reconnoissance toutes les vérités qui leur étoient inconnues. Comme ils savent que ce n'est point par la lecture seule que l'on peut acquérir la véritable science, ils joignent à la lecture la méditation, l'usage des affaires du monde, et la fréquentation des hommes; en un mot, ils ne restent pas continuellement ensevelis dans les livres : aussi le vulgaire ignorant n'a-t-il pas une haute idée de leur science. S'ils vivent dans une condition privée, où ils restent entièrement ignorés, où ils n'ont d'autre réputation que celle de bons pères de famille et d'hommes de bon sens; et c'est ainsi que souvent les plus grands génies sont dérobés aux regards du monde. S'ils entrent dans les affaires publiques, on ne tarde pas à reconnoître en eux un esprit éclairé et un noble caractère, mais on attribue ces qualités moins à l'étude qu'à la nature. Enfin, s'ils sont appelés à remplir quelques fonctions dans l'enseignement public, il faut qu'avec une prudente insouciance ils évitent de paroître supérieurs à leurs collègues : c'est le seul moyen d'échapper à leur jalousie et à leur haine. Ceux, au contraire, qui ont beaucoup et toujours mal étudié, ont ordinairement si peu de bon sens, que, quand ils ont le malheur d'être d'une basse condition, et qu'ils n'ont pas su faire leur fortune à l'aide de leurs connoissances dans les lettres, la multitude les méprise et dit qu'ils sont devenus fous à force de lire. Mais si dans leur jeunesse, et avant d'avoir pu être appréciés, ils ont obtenu quelque place de professeur ou de ministre, ils peuvent sans aucune peine acquérir la réputation de savant et le crédit qui en est la suite. D'abord il y a toujours parmi le peuple un préjugé en faveur de celui que le magistrat, ou toute autre personne préposée à cet effet, choisit pour instruire les autres. Puis, entre tous ceux qui ont été ainsi choisis, il est impossible que la multitude ne regarde pas comme le plus savant l'orateur qui parle avec le plus de confiance, qui prétend en savoir le plus, celui enfin que ses collègues louent le plus souvent et le plus volontiers : trois conditions qui se rencontrent presque toujours dans nos ignorants docteurs. En effet, comme ils ne sont pas dirigés par la raison, mais bien seulement par l'autorité, tout ce qu'ils trouvent dans les auteurs qu'ils ont pris pour guides est pour eux une chose certaine et démontrée, et ils le répètent avec assurance ; en second lieu, ne sachant pas ce qu'un savant peut ignorer sans déshonneur, et persuadés que la science universelle est renfermée dans les livres, ils veulent paroître savoir tout ; enfin, ne louant eux-mêmes que leurs pareils, ils en sont loués à leur tour ; ils le sont aussi quelquefois par des hommes de talent, qui, jaloux d'une autre personne plus instruite, espèrent diminuer sa réputation, en lui préférant ceux-ci et en leur prodiguant des éloges exagérés. Ils se voient donc honorés du nom de savants, d'abord par le peuple seul, puis peu à peu par des gens plus instruits, qui, ne les connoissant pas par eux-mêmes, s'en rapportent à ce que l'on dit autour d'eux. Et certes, si parmi ces docteurs il s'en trouve un qui soit plus laborieux, plus actif, plus ardent, plus bavard que les autres, et qui soit habitué à manier la dialectique des sophistes, comme je sais que vous l'êtes ; qui à la fois enseigne dans l'université et prêche dans l'église, comme vous faites depuis long-temps; qui, au lieu d'attaquer dans ses sermons les vices ordinaires à l'humanité, se déchaîne perpétuellement contre les adversaires de sa religion et contre les moindres actions des riches, et qui par des discours virulents ou des plaisanteries ridicules excite en tout sens les passions de son auditoire, comme j'ai appris que vous faisiez presque toujours; qui propose fréquemment des thèses dans l'université, qui invite les savants d'une opinion contraire à venir les combattre, et qui, s'ils ne viennent pas (et ils ne doivent jamais venir, s'ils ne veulent être accueillis par des sifflets et des huées), s'enorgueillisse et chante victoire, comme on sait que vous avez fait dernièrement; qui publie volumes sur volumes, mais dans un style si barbare, et entrecoupé de tant de citations, que personne, ne pouvant les lire sans dégoût, n'examine s'ils sont bons ou mauvais, comme il est arrivé à plusieurs des vôtres; qui enfin attaque, comme un ennemi mortel, quiconque lui résiste en la moindre chose ou même se contente de ne pas l'applaudir; qui s'efforce de le diffamer et dans ses sermons et dans ses écrits, moyen dont vous vous êtes servi pour forcer plusieurs personnes à garder le silence sur votre compte, ou même à vous louer; un tel homme, dis-je, et la chose est naturelle, doit parvenir au faîte de la réputation et du crédit, et s'y maintenir, tant que personne n'aura découvert les moyens qui l'ont porté si haut. Mais lorsque, aveuglé par l'excès de son bonheur, il offensera tant de personnes que quelques unes sentiront la nécessité de lui arracher le masque qui le couvre, lorsqu'il commettra tant d'erreurs que les plus ignorants les reconnoîtront facilement, alors il seroit bien étonnant que l'on ne vît pas s'écrouler la réputation et la puissance qu'il avoit usurpée. Quand bien même en effet cet homme seroit cher à la plupart de ses auditeurs dans l'église, et de ses disciples dans l'université, s'ils remarquent une fois combien il peut leur faire de mal, ils concevront tous pour lui une profonde aversion.

Je m'écarte de plus en plus, il est vrai, du sujet que je m'étois proposé en commençant cette quatrième partie. Mais peut-être ne vous en plaindrez-vous pas. Lorsqu'en effet j'aurai encore ajouté quelques mots sur les sermons et sur l'instruction de la jeunesse, vous trouverez ici, renfermé dans un même paragraphe, tout ce que j'ai à dire sur votre érudition et votre habileté. Je continue donc. Les sermons du docteur dont je viens de tracer le portrait plaisent ordinairement à la multitude. Nous aimons naturellement les émotions vives, non seulement celles qui portent à la joie, mais encore plus celles qui attristent l'âme. Voilà pourquoi la tragédie réussit au théâtre pour le moins autant que la comédie, voilà pourquoi les anciens se précipitoient en foule aux jeux du cirque, pour y voir leurs semblables cruellement déchirés par des bêtes féroces, c'est pourquoi enfin, lorsqu'un prédicateur excite ses auditeurs à la colère et à la haine contre d'autres hommes, surtout contre des hommes riches et puissants, auxquels les dernières classes de la société ne sont que trop disposées à porter envie, ou contre des hommes d'une religion différente, que l'on hait déjà comme la cause de toutes les guerres, il a beau ne rien dire de remarquable, ne rien dire de bon, et souvent même son auditoire ne rien comprendre à la question : qu'il parle avec assurance, avec chaleur, et avec abondance; qu'il mêle à son discours de nombreuses injures, exprimées en style bas, ridicule, extraordinaire, et il sera mieux écouté par la multitude dévote, plus aimé, plus admiré, que d'autres beaucoup plus éloquents, mais qui, au lieu d'appeler sa haine sur les vices d'autrui, l'exhorteroient à se corriger des siens. Ces derniers traiteroient un sujet qui lui déplaît toujours, l'autre ne l'entretient que de ce qui lui plaît. C'est probablement une grande jouissance pour une populace sans méchanceté, je crois, mais malheureusement très ignorante, de pouvoir quelquefois se livrer à une pieuse indignation, à une pieuse haine contre les nobles et les riches : car tout ce qu'elle fait à la persuasion ou à l'exemple d'un tel homme est à ses yeux un acte de piété. Elle entend dire à ses disciples qu'il est auteur d'un grand nombre d'ouvrages, et qu'il a cent fois vaincu ses adversaires dans des disputes publiques : elle ne peut donc douter qu'il ne soit le plus savant des hommes, incapable qu'elle est de juger de ces matières. Elle croit de même que la violence de ses sermons, que son audace à censurer les principaux citoyens de la ville lui est inspirée par la piété la plus sincère et par un zèle digne des anciens prophètes. Elle le prend en conséquence pour conseiller et pour guide, quand il lui faut résister aux premières classes de l'état, ou combattre contre les ennemis de sa religion ; et tout ce qu'il désirera qu'elle fasse, elle est prête à le faire avec ardeur. Est-il bien utile pour cette cité de renfermer dans son sein un prédicateur qui puisse exercer une pareille influence? Ce n'est point à moi à examiner cette question ; ceux qui sont à la tête des affaires peuvent seuls la décider. Je n'examine pas davantage s'il convient de livrer à un auditoire sans instruction des controverses subtiles qui n'importent nullement à leur salut ; je n'examine pas s'il est possible que des sermons lui en donnent une idée bien juste et bien exacte ; ni si l'on peut dire que le peuple reçoit une instruction véritable de ces docteurs moins occupés à exposer leurs preuves qu'à outrager les per-

sonnes; ni enfin s'il est conforme à la piété, à
l'humanité même, de haïr un de nos semblables,
parcequ'il est d'une religion différente de la nôtre.
Mais ce que nous pouvons affirmer, c'est que tout
mouvement de colère et de haine, quelque légitime qu'en soit la cause, est toujours nuisible à
celui qui l'éprouve. Telle est en effet notre nature,
que nous prenons promptement l'habitude du
mal ; et celui qui s'est une fois laissé aller à la
colère pour un motif légitime est par cela même
plus disposé à s'y livrer une autre fois à tort et
sans raison. De pauvres femmes entendent à l'église un homme dont elles admirent la sagesse et
la sainteté, déclamer, disputer, lancer mille invectives contre d'autres hommes ; le plus souvent
elles ne comprennent pas ce dont il s'agit. Elles
croient n'avoir rien de mieux à faire que d'imiter
pieusement leur prédicateur, et d'exciter en elles-
mêmes les passions dont il se montre animé :
aussi, de retour dans leurs maisons, les voit-on
chercher querelle pour le moindre sujet à tous
ceux qui les entourent. Les hommes n'en rapportent pas de meilleurs fruits, ceux surtout qui, comprenant tant bien que mal le sujet de ces controverses, ne peuvent s'empêcher quelquefois de s'en
entretenir avec des parents ou des amis d'une autre
religion (et dans ce pays c'est un cas qui se présente à chaque instant dans la société) ; de là nais-

sent les disputes, les inimitiés; de là quelquefois, parmi les dernières classes, on en vient aux coups. Je pourrois ajouter que souvent les dissensions publiques et les guerres n'ont pas d'autre origine, et que ceux-là sont toujours les plus exposés, qui, pleins de confiance en la sagesse de ces dangereux docteurs, ont suivi tous leurs conseils. Mais il y a peu de prédicateurs de ce genre; et je ne pense pas qu'un seul puisse inspirer tant de craintes, pourvu toutefois qu'il n'ait pas beaucoup de disciples qui lui ressemblent et qui viennent prêcher après lui.

J'ignore entièrement de quelle manière vous instruisez les jeunes gens confiés à vos soins, et je n'ai jamais eu la curiosité de prendre des renseignements à ce sujet; mais la lecture de vos ouvrages m'a mis à même de découvrir les moyens dont vous vous servez, et qui vous donnent auprès de la multitude ignorante la réputation de savant : ils sont de nature à pouvoir facilement être saisis par les esprits les plus vulgaires, et à faire beaucoup d'hommes capables de s'élever à votre niveau, mais jamais au-dessus. Le premier de ces moyens est cette dialectique puérile, à l'aide de laquelle les sophistes d'autrefois, sans posséder aucune instruction solide, dissertoient et disputoient avec une admirable abondance sur quelque sujet que ce fût. Elle se subdivise en trois parties :

l'une contient les lieux communs où l'on doit puiser ses preuves; la seconde, les formes de syllogismes dont on doit revêtir ces preuves pour leur donner une plus grande apparence de force; la troisième, les distinctions qui nous servent à éluder les arguments de notre adversaire. Assurément tous ceux qui ont une imagination vive mais peu de jugement, comme la plupart des jeunes gens, peuvent en quelques jours se familiariser avec cette méthode. Rien, en effet, n'est plus facile que de considérer séparément le nom de l'objet dont il s'agit, sa définition, son genre, son espèce, ses similitudes, ses différences, ses contraires, ses accessoires, ses antécédents, ses conséquents, et tous les autres lieux que l'on trouve ordinairement dans les *topiques*. Lorsqu'ils veulent seulement discourir, ils n'ont qu'à débiter à tort et à travers tout ce que leur fournit successivement chacun de ces lieux; s'ils veulent soutenir et prouver une opinion, quelque invraisemblable qu'elle soit, ils pourront toujours tirer des mêmes sources une foule de preuves, sinon bien fortes, du moins qui feront nombre; si enfin il faut disputer, ils sauront les habiller convenablement en syllogismes. C'est encore de la même manière qu'ils répondront à toute espèce d'objections, pourvu qu'ils soient munis de vingt à trente distinctions, telles qu'on peut en faire dans un même objet successivement considéré sous les rapports direct et indirect, spéculatif et pratique, extérieur et intérieur, et autres semblables, qui trouveront leur place dans toutes les questions, pourvu que l'on sache s'en servir hardiment et sans aucune honte. Mais si l'emploi de ce moyen est facile aux jeunes gens, ou à toute autre personne dont l'imagination est la faculté la plus active, il est certainement très difficile pour quiconque a du jugement ou du bon sens. En effet, toutes les preuves, toutes les réponses aux objections, qui, ne pouvant être tirées de la considération du sujet en lui-même, sont uniquement puisées dans ces lieux communs, sont presque toujours futiles et ridicules. Mais comme il n'y a que très peu d'auditeurs qui puissent en remarquer le vide et la nullité, surtout dans les questions de la philosophie d'aujourd'hui, où il est rare que l'on en donne de meilleures, ceux qui se servent habilement de ce moyen parviennent sans peine à une certaine réputation de savoir et d'esprit; et c'est là ce qui rend cette méthode si funeste, non seulement aux hommes d'un âge mûr, mais encore et surtout aux jeunes gens: ils en prennent l'habitude, s'enorgueillissent de cette réputation si facilement acquise, et gâtent entièrement leur raison naturelle, que l'âge eût, sans cela, mûrie et perfectionnée de plus en plus.

Le second moyen dont je remarque l'emploi

dans vos ouvrages est celui qui vous met en état de composer sur un sujet quelconque des ouvrages que les ignorants regardent comme des chefs-d'œuvre de science. Ce moyen, comme le premier, peut être mis en usage par vos disciples, sans qu'il soit besoin de la moindre instruction ; il suffit qu'ils parcourent les index de différents livres, surtout de ceux où l'on trouve de nombreuses citations d'autres livres; et, après avoir rassemblé pêle-mêle tout ce qu'ils auront rencontré dans ces recueils sur le sujet qu'ils ont à traiter, ils disposeront ces matériaux, quels qu'ils soient, suivant l'ordre des lieux communs, en ayant soin d'y ajouter les noms de tous les auteurs dont ils auront emprunté quelques pensées, et des auteurs mêmes qui sont loués par les premiers. Ainsi, par exemple, veulent-ils écrire sur l'athéisme, ils copieront d'abord tout ce qui se trouve dans leurs compilations de relatif à la signification de ce mot; dans un second paragraphe, ils mettront les synonymes; dans un troisième, les espèces ou degrés ; et ainsi de suite, les causes, les effets, les accessoires, les signes, les contraires, etc. De cette manière, il n'est pas de mot tiré d'un de leurs auteurs, quelque peu important qu'il soit, auquel ils ne trouvent une place dans leur ouvrage. Ils pourront aussi y passer en revue tous les hommes qui auront été cités comme athées; et s'ils ont lu quelques uns de leurs écrits, ils pourront en transcrire des arguments tout entiers, et même raconter à leur sujet des contes ou des historiettes, sans la moindre utilité. De plus, s'ils en veulent secrètement à quelqu'un, ils pourront, avec toute liberté, mettre au nombre des signes ou des causes de l'athéisme ce qu'ils sauront sur son compte, ou du moins ce que l'on en raconte. Peu importe que ces actions ou ces opinions soient honorables et éloignent de lui toute espèce de soupçon : ils sauront bien y ajouter de leur propre fonds quelque chose qui leur donnera l'apparence du mal. Ainsi, portent-ils de la haine à quelqu'un qui ait la réputation d'avoir un peu d'esprit, mais de faire peu de cas de la philosophie péripatéticienne, de lire rarement les ouvrages qui l'enseignent, de travailler à une méthode particulière pour faciliter la recherche de la vérité, et d'en avoir même déjà publié quelques essais ; aussitôt ils diront que *tous les athées sont des hommes d'esprit, d'un talent supérieur, et initiés aux mystères de la nature*; et ils mettront au nombre des causes de l'athéisme *la dangereuse méthode de ceux qui, se contentant en quelque sorte d'eux-mêmes et de leurs facultés naturelles, veulent fonder sur cette base toutes les connoissances humaines*; ils y mettront encore *la prétendue liberté en philosophie, la promesse chimérique d'un perfectionnement et d'un renouvellement général de toutes les sciences; l'espérance follement présomptueuse d'établir des méthodes admirables et jusqu'alors inouïes, des dogmes, des règles*, et mille autres choses semblables, qui pourront leur servir plus tard à prouver que leur ennemi est un athée, appuyant ainsi une calomnie par d'autres calomnies. Qu'importe qu'ils se contredisent, en disant dans un endroit que *dépouiller l'esprit de tous ses préjugés, et en faire, pour ainsi dire, comme une table rase, c'est le préparer à la doctrine de l'athéisme;* et, dans un autre endroit, que *l'idée de Dieu est innée en nous*, d'où il suit que les préjugés ne font qu'obscurcir cette idée, et qu'en débarrasser l'esprit c'est la rendre plus distincte et plus nette. Qu'importe que l'on puisse, par leurs propres paroles, les convaincre eux-mêmes d'athéisme, comme lorsqu'ils disent que *les prétendues réfutations de l'athéisme, qui ont paru dans des livres sans talent, ne sont qu'un moyen subtil et dangereux dont se servent les athées pour répandre leur venin;* tandis qu'eux-mêmes, d'un autre côté, publient des livres sans talent, où l'on ne trouve pas un mot qui combatte l'athéisme, et où il y a beaucoup de passages qui pourraient en propager les principes? Ainsi ils nous disent que la plupart des athées sont doués d'un génie supérieur; ils nous en donnent plusieurs exemples, rapportent les principales preuves dont ils ont appuyé leur doctrine, et ne les réfutent nulle part. Ils doivent seulement prendre une précaution, qui du reste est très facile pour des ignorants, c'est de ne mettre dans leur ouvrage, soit d'eux-mêmes, soit d'un de leurs auteurs, rien de remarquable, rien qui puisse instruire le lecteur. Il leur est sans doute permis, à propos d'une question sans importance et qui n'exigeroit que quelques mots pour être résolue, de discourir longuement, et d'employer toute leur dialectique à y jeter de l'embarras et de l'obscurité. Mais quand ils en viendront à la question principale, à celle de l'existence de Dieu, qu'ils reconnoissent à la vérité qu'on ne doit point la passer sous silence, ni la prouver par la seule autorité de l'Écriture sainte, qu'il faut surtout la démontrer par la méthode philosophique, qu'ils se gardent cependant d'en rien faire ; qu'ils imitent les mauvais médecins qui, dans leur ignorance des remèdes les plus simples et les meilleurs, accablent leurs malades sous une multitude de médicaments inutiles ou dangereux ; que de même, une fois arrivés au véritable sujet de leur ouvrage, ils déclarent qu'*une foule de connoissances sont nécessaires pour résister à l'athéisme ; qu'outre une étude approfondie des saintes écritures, il faut posséder parfaitement la science universelle des universaux, surtout la métaphysique, la pneumatique, la physique, l'astronomie générale, la géographie, l'optique, la théorie des sons, de la pesanteur, etc., et de plus la connoissance des sciences particulières, l'histoire ancienne et moderne;* et qu'enfin ils nous dressent un long catalogue de livres contre l'athéisme, dans lequel ils placeront quelques uns des auteurs qu'ils ont signalés, un instant auparavant, comme suspects de ces affreux principes : en observant avec soin toutes ces conditions, ils composeront des ouvrages parfaitement semblables aux vôtres, ainsi que pourront s'en convaincre ceux qui auront le courage de parcourir le traité que vous avez publié sur l'athéisme, et qui est divisé en quatre livres, ou tout autre écrit de votre façon. Mais qu'on n'aille pas s'imaginer qu'ils en seront plus estimables : ce seroit se tromper grossièrement. Je pourrois encore exposer quelques autres moyens que vous employez pour composer de gros volumes, plus remplis d'injures que de science; mais comme ils touchent plutôt à votre caractère qu'à votre savoir, je n'en parlerai pas ici.

CINQUIÈME PARTIE.

Du troisième chapitre de la *Philosophie Cartésienne*, et des suivants jusqu'à la page 144.

Jusqu'à présent je n'ai pu douter que votre intention ne fût de vous déclarer l'auteur du livre intitulé *Philosophie cartésienne*, d'abord parceque les six premières feuilles m'ont été envoyées comme étant de vous, que les épreuves, je le sais, étoient corrigées chez vous, mais surtout parceque le style est bien évidemment vôtre; car vous seul savez donner à l'invective des formes si variées et si énergiques; et que le motif qui a dicté l'ouvrage, c'est-à-dire le désir de réfuter ma lettre au père Dinet, le seul à peu près de mes écrits qui soit cité dans ces feuilles, vous est tout-à-fait personnel. Aucun autre, en effet, fût-il cent fois votre ami, ne ressentiroit au sujet de cette lettre une si violente colère ; et depuis long-temps, dans votre sénat académique, quand vous exhortiez vos collègues à soutenir l'arrêt que vous aviez lancé au nom de l'académie, vous avez déclaré publiquement que dans cette occasion vous ne manqueriez pas à votre cause, c'est-à-dire que vous écririez contre moi. Cependant comme l'auteur dit, page 35, qu'*il enseigne au fond de la Belgique ;* qu'il vous appelle, page 57, *un maître qu'il doit révérer toute sa vie à l'égal d'un père*, je ne serai pas assez impoli pour affirmer à cet égard autre chose que ce que vous voudrez que l'on croie. Je chercherois même à m'excuser de vous avoir attribué ce qui précède. Mais comme celui qui se déclare auteur du livre est votre élève, que ce livre s'imprime non dans le fond de la Belgique où il nous dit qu'il enseigne, mais sous vos yeux, personne ne vous croira moins responsable des erreurs qu'il renferme que si vous vous en étiez déclaré l'auteur. Du moins si quelques personnes pouvoient croire que vous avez montré plus de respect pour les convenances en ne publiant que sous un nom d'emprunt des injures indignes d'un théologien, peut-être auroient-elles plus mauvaise idée de votre probité, quand elles verront que vous avez mis dans vos diffamations contre moi, non pas seulement de la colère et de l'emportement, mais du calcul et de la ruse. En attendant, pour vous prouver que j'ai cru devoir quelque chose à votre nom, je n'examinerai plus chaque chapitre séparément et en détail, mais je parcourrai tout le reste d'un seul trait, et je dirai sommairement ce que j'en pense.

L'auteur paroît avoir rassemblé dans la première section tout ce qu'il avoit pu trouver alors contre notre philosophie; car, dans la seconde, il s'efforce de réfuter les objections, ou en d'autres termes de répondre à ce qu'on peut dire pour la défendre. Cette première section contient cinq chapitres. Dans le premier l'auteur prétend que je prescris à mes disciples de tout oublier; dans le second, que je leur fais déclarer la guerre aux livres. On a déjà vu jusqu'à quel point ces deux assertions étoient fondées. Dans le troisième, il dit que je veux m'en faire admirer, adorer même, comme un autre Pythagore, et que j'exige de leur part une croyance aveugle à tout ce que je leur enseigne; dans le quatrième, que je leur donne les plus grandes espérances, que je leur promets la solution de tous leurs doutes; dans le cinquième, que je leur inspire du mépris pour tout le monde, et la plus haute estime pour eux-mêmes. Il n'est personne qui ne puisse juger combien toutes ces accusations sont vraisemblables. La seconde section, du moins depuis le commencement jusqu'à la page 144, la dernière que j'aie lue, comprend six chapitres. Il prétend, dans le premier, qu'il est inutile de faire sonner si haut l'ancienneté de notre philosophie; dans le second, qu'il est tout aussi inutile d'en préconiser l'évidence; dans le troisième, qu'il ne sert à rien de vanter les progrès de nos élèves; dans le quatrième, que nos attaques contre la philosophie régnante se bornent à des disputes de mots; dans la cinquième, que nous ne pouvons la combattre, parceque nous n'en connoissons pas les termes. Quand tout cela seroit vrai, on n'en sauroit conclure qu'il faut rejeter notre philosophie. Il dit ensuite, au commencement du sixième chapitre, *que la nouvelle philosophie cartésienne a cinq pierres de touche pour reconnoître la vérité de toutes ses décisions et de ses dogmes : l'expérience, le raisonnement, l'algèbre, la géométrie et la mécanique ;* et dans le même chapitre il disserte contre l'expérience, qui, dit-il, ne nous est d'aucun secours; dans le septième, contre le raisonnement; dans le huitième, contre la géométrie et l'algèbre; dans le neuvième, contre la mécanique, mais toujours avec tant de sagacité, qu'un lecteur éclairé ne peut se défendre, en le lisant, d'avoir bonne opinion de notre manière de philosopher. Enfin, dans le dixième chapitre, il veut montrer par quelle tactique je fais valoir mes opinions. Il me reproche de jeter en avant un simple exposé de faits que je donne pour une démonstration, *d'accorder beaucoup à l'évidence d'une proposition*, et de forger des hypothèses. Mais ce ne sont là que les idées qu'il voudroit faire passer pour les miennes, c'est-à-dire tout ce que lui-même et ses auxiliaires ont pu imaginer de plus mauvais; quant aux preuves, il n'en apporte aucune, aucune du moins dont le premier venu ne puisse au premier coup d'œil reconnoitre la foiblesse et la nullité absolue.

C'est ainsi que, dans le second chapitre de la seconde section, en distinguant l'évidence de raisonnement et l'évidence de proposition, et en m'accordant fort longuement la première, il veut donner à penser par cela seul qu'il me nie légitimement la seconde; et, dans le chapitre cinq, pour prouver que M. Regius et moi nous ignorons les termes de la philosophie péripatéticienne, il se borne à citer un passage où M. Regius parle ainsi de lui-même : *J'ai depuis long-temps, sinon approfondi, du moins passablement appris la philosophie des écoles;* et ce mot, *passablement*, il le commente depuis la page 102 jusqu'à la page 106, parcequ'il soutient que ce n'est pas passablement, mais parfaitement et à fond, qu'il faut la connoître. Souvent, au lieu de preuves, il m'adresse des questions, c'est-à-dire qu'il s'amuse à plaisanter. Par exemple, page 45, il me demande en général une solution facile et claire de quelque question philosophique ; aussitôt il s'objecte à lui-même que je m'imagine en avoir donné quelques unes dans mes ouvrages d'astronomie, et, sans prendre la peine d'examiner ces solutions, il se borne à dire qu'*il ne faut pas ajouter foi à un charlatan qui se fait avec une vanité insupportable le héraut de sa propre gloire.* Or, comme cette manière de répondre s'appliqueroit aussi bien à toutes les solutions nouvelles que je pourrois donner, ce seroit sottise de ma part que de daigner répondre à une seule de ses questions.

Je ferai cependant une seule observation, c'est qu'il résulte évidemment de toute la marche du livre que le seul but de l'auteur est de ruiner mes opinions philosophiques et de réfuter ce que j'ai dit de vous dans ma lettre au père Dinet. Mais que cependant il se tient dans les généralités, dans les suppositions, système ordinaire des calomniateurs, sans jamais rien préciser, excepté dans trois passages, dont le premier a trait à ce que j'ai dit de vous, et les deux autres à mes opinions. Le premier de ces passages est à la page 118, où il me conteste la vérité de ce syllogisme : *Ce dont l'idée est en moi a une existence réelle.* Mais ces mots, je ne les ai jamais écrits nulle part, ils n'ont aucune forme de syllogisme, je n'ai jamais rien pensé qui en approche, et il ne cite pas l'endroit d'où il les a tirés. L'autre est à la page 124, où il nie que *dans la conception d'une chose quelconque soit contenue son existence ou possible ou nécessaire.* En quoi il ne prouve que son ignorance. Qui ne sait, en effet, que par le mot *chose* on entend une *entité* réelle, que *entité* dérive d'être ou d'existence, que les choses naturelles sont appelées par les philosophes des *essences*, parceque nous ne les pouvons concevoir qu'avec *l'être* ou *l'existence?* et ce qu'il ajoute est absurde quand il dit que je suppose Dieu *trompeur :* car, quoique dans ma première méditation j'aie parlé d'un être menteur qui seroit tout-puissant, je n'entendois aucunement parler du vrai Dieu, puisque, comme mon adversaire le dit lui-même, il est impossible que le vrai Dieu soit menteur : et si on lui demande d'où il sait que cela est impossible, il doit répondre qu'il le sait parceque cela implique contradiction dans l'idée ; en d'autres termes, parceque cela ne peut se concevoir, tellement que l'argument dont il se sert pour me combattre suffit pour ma défense.

Le passage qui vous concerne est aux pages 57 et 58, où il croit réfuter parfaitement ce que j'avance des auteurs que vous citez, *qu'ils prouvent plus souvent contre vous que pour vous;* et voici comment il me réfute. Supposant que je ne lis aucun livre, il dit que je n'ai pu le savoir que d'un autre, et il me somme de nommer celui qui me procure mes citations. Mais si l'on veut examiner dans vos écrits quelles longues listes d'auteurs vous citez quand il n'y a rien à prouver; et quand vous auriez besoin de preuves, combien vous en citez peu qui ne soient ou sans nom ou d'une autre religion que vous, tellement que leur autorité, surtout en matière de foi, parle toujours contre vous, ou du moins prouve fort peu en votre faveur; et enfin, combien de fois, au lieu de raisons que l'on a droit d'attendre de vous-même, vous renvoyez le lecteur à d'autres livres, et souvent à des livres qu'il est impossible de se procurer, et cela pour avoir l'air de dire quelque chose quand vous ne dites rien, ce que je regarde comme la plus forte preuve contre vous; on reconnoîtra que j'étois suffisamment autorisé à dire ce que j'ai dit, même sans avoir consulté un seul des auteurs que vous citez : car, puisque les citations n'ont de valeur que pour confirmer l'assertion à l'appui de laquelle on les présente, toutes les fois qu'elles n'atteignent pas ce but, elles parlent contre celui qui les emploie, puisqu'elles accusent, ou sa mauvaise foi si elles sont fausses, ou son ignorance et sa pédanterie si elles ne viennent pas à propos. Et que diriez-vous si j'ajoutois que dans votre Philosophie cartésienne je n'ai pas trouvé jusqu'à présent un seul passage de mes écrits qui ne prouve évidemment contre l'auteur qui le cite, parcequ'ils sont tous ou bien altérés, comme je l'ai prouvé déjà pour le plus grand nombre, ou étrangers à ce que vous voulez prouver? Vous diriez que vous n'en êtes pas l'auteur, et que je ne l'avois pas encore vue quand j'écrivis cette phrase qui vous a blessé. Mais enfin si j'ajoutois que j'avois lu du moins la réponse de M. Regius à vos thèses, que j'y avois trouvé des passages de l'Écriture sainte que vous aviez cités en faveur des formes substantielles, citations auxquelles il a très ingénieusement répondu en se bornant à donner textuellement les passages que vous n'aviez fait qu'indiquer en chiffres; par exemple, vous aviez cité les Proverbes, chapitre xxx, paragraphes 24, 25, 26, 27 et 28, et il y a trouvé ces paroles : *Il y a quatre choses sur la terre qui sont très petites, et qui sont plus sages que les sages mêmes : les fourmis, ce petit peuple qui fait sa provision pendant la moisson ; les lapins, cette troupe foible, qui établit sa* demeure dans les rochers ; les sauterelles, qui n'ont pas de roi, et qui toutefois marchent toutes par bandes ; le lézard, qui se soutient sur ses mains et demeure dans le palais du roi ; et certes il n'y a pas dans toute l'Écriture sainte un seul verset que vous ne puissiez citer tout aussi à propos, car dans tous on nomme quelque objet matériel à qui vous supposez une forme substantielle. Mais ils ne prouvent pas plus en votre faveur que les passages où l'on parle de neige ne prouvent en faveur de ceux qui prétendent que la neige est noire. Or, cet abus que vous faites de l'Écriture sainte, pour faire soupçonner d'hérésie votre collègue et votre ami, me semble parler bien haut contre vous. Je pourrois peut-être prouver la même chose pour tous vos ouvrages, mais je m'abstiens à dessein de parler de tout ce que vous avez publié sous le nom de thèses, désirant que cette lettre puisse se vendre plus librement chez vos libraires, à qui j'apprends qu'il est défendu de vendre ce que l'on écrit contre vos thèses : or, je ne connois d'autre ouvrage dont vous vous soyez reconnu l'auteur, si ce n'est pourtant votre Thersite. Je vais donc vous dire encore ce que j'en ai appris ; et en même temps, pour me conformer à vos désirs, je vous dirai de qui je l'ai appris. Vous n'avez pas oublié l'auteur de cet *Examen approfondi* que vous attaquez dans votre Thersite. Eh bien, dans sa réfutation du Thersite, publiée en 1637, il dit de vous, page 18 : *Je déclare que monsieur Voet donne à toutes mes paroles des interprétations si absurdes, qu'il se permet avec tant d'impudence d'ajouter, de mutiler, de changer, que je ne reconnoîtrai comme étant de moi rien de ce qu'il m'attribue, ni pensée, ni argument. S'il ne citoit qu'une ou deux fois à faux, cela pourroit s'appeler une erreur, mais des altérations si multipliés ne peuvent être attribuées qu'à la perfidie.* Pour moi, j'ai comparé plusieurs de vos citations avec son texte, et je puis attester que sous ce rapport il a dit vrai. Ai-je dû, je vous le demande, penser que vous citiez plus fidèlement les autres écrivains, quand j'ai vu comment vous vous jouez de l'Écriture sainte, et comment vous altérez les paroles de ceux-là mêmes qui peuvent vous reprocher publiquement votre mauvaise foi. Certes, M. Voet, si vous n'avez pas de meilleur moyen de réfuter ce que j'ai dit de vous, ou de combattre mes opinions, je ne vois pas trop pourquoi vous avez composé votre Philosophie cartésienne, et quand on verra que vos cent quarante-quatre premières pages ne renferment pas autre chose, il faudroit avoir bien du temps de reste pour prendre la peine d'en lire davantage, car il n'est pas vraisemblable que vous ayez débuté par donner toutes ces rapsodies au public si vous aviez eu quelque chose de mieux. Mais de peur qu'on ne m'accuse de juger en aveugle ce que je n'ai pas lu, je ne fermerai pas encore cette lettre, et j'attendrai le reste de votre livre.

SIXIÈME PARTIE.

Du livre de Gisbert Voëtius contre la Confrérie de Notre-Dame.

Le commencement de cette lettre étoit resté depuis long-temps oublié sur mon bureau lorsque j'ai reçu à la fois, et votre dernier ouvrage intitulé *Confrérie de Notre-Dame*, et la nouvelle que le reste de votre Philosophie cartésienne étoit livré à l'impression, mais que l'édition avoit été suspendue pendant quelques mois, par les soins que vous donniez à cet autre ouvrage que vous désiriez faire paroître auparavant. Dès lors il n'est plus besoin d'autre preuve pour constater que l'ouvrage n'appartient pas à celui dont il portera le nom, du moins qu'il ne l'a pas composé seul, mais que vous en êtes le principal auteur. Et certes, quiconque verra combien cette Confrérie de Notre-Dame et la Philosophie cartésienne se ressemblent, non seulement par la forme donnée au titre, mais aussi par le caractère et l'esprit de l'auteur, ne pourra douter qu'elles ne soient filles jumelles du même père. Mais comme je me trouve avoir en ce moment beaucoup de loisir, j'ai lu en quelques heures votre Confrérie de Notre-Dame tout entière, et j'en dirai ici ma pensée : je ne parlerai pas toutefois de ce qui peut toucher à votre religion, je ne veux pas me mêler des affaires d'autrui ; mais j'examinerai dans cet ouvrage tout ce qui peut montrer qui vous êtes, et quelle confiance doivent inspirer vos écrits. Comme vous vous en déclarez ouvertement l'auteur, vous ne pouvez nier que vous ne soyez responsable de tout ce qu'ils contiennent. Pour votre Philosophie cartésienne, elle paroîtra sous le nom d'un autre, et vous aurez alors, pour ne pas répondre de ce qu'elle renferme, une excuse bien digne de votre probité et de votre bonne foi. Vous n'en serez pas l'auteur, et moi de mon côté je ne me commets pas volontiers avec des masques. Mais quant à votre Confrérie de Notre-Dame, pour vous prouver que si j'en parle c'est avec connoissance de cause, je vais exposer en peu de mots à quelle occasion vous l'avez composée.

Il existe, à Bois-le-Duc, une ancienne association qui porte le nom de la bienheureuse Vierge, et dans laquelle on n'admet que les premiers de la ville ; aussi est-elle très célèbre et très puissante. Dans l'origine elle n'étoit composée que de catholiques romains ; mais comme dans une ville assez récemment arrachée à l'Espagne une association d'hommes puissants et élevés au milieu des ennemis ne paroissoit pas sans danger, que cependant on ne pouvoit l'empêcher puisque la liberté de ces associations étoit stipulée dans l'acte de réunion, les fonctionnaires chargés de la garde de la ville jugèrent que, pour prévenir les soupçons, pour maintenir la paix et la concorde entre les citoyens, il étoit de la plus grande utilité qu'on les admît dans cette confrérie conjointement avec les catholiques romains, mais à cette condition, que dans la suite on n'y feroit rien qui fût contraire à leur religion. Cette demande ne put être refusée, parceque les conditions de l'acte de réunion, portant que tous les biens ecclésiastiques rentreroient dans le domaine du trésor public, les anciens sociétaires n'avoient pu conserver l'administration des biens de leur société qu'en la faisant considérer, non comme spirituelle ou ecclésiastique, mais comme purement civile. Ainsi monsieur le bourgmestre, et avec lui treize personnes des plus recommandables de la ville, qu'il choisit pour associés, furent reçus dans la confrérie, et ils s'étudièrent avec tant de soins, de réserve, de scrupules, à n'y faire aucune démarche condamnée par les principes de leur religion, que de ce côté-là seulement ils semblent avoir passé la mesure. Cependant ils n'ont pu empêcher qu'à la première nouvelle de cet accord vous ne lanciez contre eux une de ces thèses qui sont vos armes ordinaires. Je ne me propose point d'écrire contre ces thèses ; je veux seulement en citer quelques passages, qui sont nécessaires pour l'intelligence de ce qui doit suivre; elles sont intitulées : *Disputationis theologicæ ex posteriori parte theologiæ, 23; De idolatria directa et indirecta, pars tertia, etc.;* et à la page 2 et suivantes on lit entre autres choses ce qui suit : *Si une confrérie de la Vierge peut en bonne conscience être tolérée publiquement par un magistrat réformé, qui a le pouvoir de la détruire, et conservée par lui, bien entendu qu'elle sera purgée de l'idolâtrie papale; et si le magistrat la maintient, est-il permis à aucun réformé de s'affilier à cette confrérie, à condition qu'il ne sera porté aucune atteinte à la religion réformée? A la première question,* dites-vous, *je réponds négativement, parcequ'il participe grossièrement à l'idolâtrie d'autrui.* Et un peu plus loin: *Mais quelque connivence, quelque négligence que le magistrat puisse laisser voir en cette occasion, aucun homme attaché à l'église et à la religion réformée ne peut s'y adjoindre.* Et plus bas: *Ainsi donc, ils commettent (ceux qui s'y adjoignent) une idolâtrie plus qu'indirecte.* Et encore : *Quelques restrictions, exceptions, corrections qu'ils y mettent, l'existence de cette association est du moins un monument de l'idolâtrie et du pacte idolâtre en vigueur autrefois et encore aujourd'hui parmi les catholiques romains dans les états du pape et ailleurs, pour conserver et propager le culte de Marie, soit ouvertement, soit en secret et d'une manière furtive. C'est ainsi que ces malheureux se glorifient dans la conduite charnelle des nôtres, s'affermissent dans leur idolâtrie, triomphent de la tiédeur ou de la folie des réformés, de la préférence qu'ils donnent aux choses de ce monde sur Dieu* (v. 2, Timothée 3, 4, aux hab. de Philippes, 3, 19,) *et mêlent à ce triomphe le rire, l'insulte et le dédain. S'il falloit participer à quelques travaux, à quelque cotisation; s'il n'y avoit que des frais à supporter; si cette association n'amenoit pas à sa suite des repas somptueux, de bons revenus, des occasions fréquentes de participer à quelques profits, ils savent que ce nom seul de Notre-Dame, sans parler des règles et des statuts de la confrérie ou du rosaire, eût empêché les réformés d'entrer dans cette association*, etc. Et encore : *Les insignes de la confrérie sont déjà changés. Le morceau d'étoffe rouge qu'ils portent sur l'épaule, surtout quand ils célèbrent les funérailles de quelqu'un des frères, est remplacé par la médaille qu'on doit attacher au bras, et qui portera cette inscription : Comme le lis entre les épines*, etc. Et enfin : *Comment les catholiques romains auroient-ils pu triompher plus manifestement des nôtres, les donner plus ridiculement en spectacle, en se moquant d'eux par-derrière ? Si le lis est ici l'emblème de l'église, comme il l'est pour les réfor-*

més et comme il l'est aussi dans la réalité, il faut que tous les frères expliquent sans ambiguïté de quelle église ils entendent parler, de l'église réformée de Bois-le-Duc, ou de l'église papiste, que cette ville recèle.

Quiconque sait lire peut voir que dans ces passages vous nommez expressément la ville de Bois-le-Duc et la confrérie de Notre-Dame, celle dont les membres portaient autrefois un manteau rouge dans les cérémonies funèbres. Votre ouvrage renferme encore plusieurs autres indications aussi précises; mais il n'est pas besoin d'en citer davantage pour faire reconnoître à qui que ce soit, sans erreur et sans ambiguïté, tous ceux de vos coreligionnaires qui sont entrés dans cette confrérie, de sorte que vous les nommez, ou que vous les désignez nominativement, c'est-à-dire d'une manière certaine et explicite, tout aussi bien que si vous aviez ajouté à ces phrases leurs noms, prénoms et surnoms. Car il arrive quelquefois que plusieurs hommes portent le même nom; mais dans le monde entier, il n'y a pas deux villes de Bois-le-Duc où l'on puisse trouver une semblable confrérie; ainsi quand nous disons le roi de France, c'est la désignation nominale, aussi bien que si nous disions Louis de Bourbon : en appliquant le même principe à vos thèses, il est très vrai de dire que vous avez désigné nommément tous ceux qui se sont associés à la confrérie de Notre-Dame, comme il n'est pas moins vrai que vous les avez condamnés dans ces écrits, non seulement comme coupables et convaincus d'idolâtrie, mais encore comme livrés à un sordide amour du gain, et courant après la bonne chère. Car quel autre sens pourrez-vous donner à ces paroles, *Ils commettent donc une idolâtrie plus qu'indirecte*, et à celles-ci, *Si l'on n'y trouvoit point des repas somptueux, de bons revenus, des occasions fréquentes de participer à quelques profits, les papistes savent que les réformés ne seroient pas entrés dans cette congrégation?* Enfin il est encore incontestable que vous avez soumis à votre censure, non seulement ceux que vous regardez comme simples particuliers, quoique l'on compte parmi eux le gouverneur, le sous-gouverneur et le bourgmestre, mais spécialement et nommément le magistrat de Bois-le-Duc : car lorsque vous demandez *si la confrérie de Notre-Dame peut être tolérée par le magistrat, qui peut la détruire*, etc., vous supposez qu'il peut le faire, sans doute en employant la force, qui est votre moyen favori; car sans cela vous n'eussiez pas dit, *qui peut*, mais *s'il peut la détruire*. Et en conséquence vous condamnez ce magistrat, comme participant grossièrement à l'idolâtrie d'autrui. Tout cela, à moins que mes yeux ne soient abusés par quelque prestige, à moins que je n'entende pas le latin; tout cela, dis-je, je le trouve dans vos thèses: avez-vous eu tort ou raison de l'écrire, c'est ce que je n'examinerai pas, car mon intention, je l'ai déjà dit, n'est pas de combattre vos thèses; mais je crois qu'il faut en prendre note avec le plus grand soin pour l'intelligence de ce qui va suivre.

Les notables de Bois-le-Duc, jugeant que ces atteintes portées à leur honneur ne pouvoient être suffisamment réparées que par un écrit public, en confièrent la rédaction à un de leurs pasteurs, M. Samuel Desmarets; et en cela ils firent preuve d'une grande modération, ne voulant adopter pour défenseur qu'un de vos collègues, très favorablement disposé pour vous, et qui composa son livre de manière à mettre dans le jour le plus évident la piété et la bonne foi de ceux qu'il étoit chargé de défendre, à repousser loin d'eux tout soupçon des vices ou des mauvaises actions dont vous les aviez faussement accusés, mais en dissimulant toutefois la plus grande partie de vos torts, si bien qu'à tout prendre il n'a pas écrit contre vous, mais bien, comme il l'a déclaré lui-même, pour vous; car il a supposé qu'on vous avoit donné de fausses hypothèses, c'est-à-dire qu'on vous avoit raconté le fait d'une manière inexacte, ajoutant qu'il étoit d'accord avec vous pour la thèse, c'est-à-dire pour la solution générale de cette question : *Est-il permis aux réformés de participer aux cérémonies des catholiques romains ?* Partout il parle de vous avec éloge et dans les termes les plus honorables; et ne pouvant garder le silence sur les misérables calomnies par lesquelles on ose noircir la réputation d'hommes recommandables, il fait tomber toute son indignation sur un *être indéterminé*, ou sur des personnages entièrement inconnus, aimant mieux vous reprocher un excès de crédulité que des calomnies; il a même entièrement laissé de côté la question la plus importante, à mon avis, dans toute cette affaire, c'est-à-dire celle de savoir si vous aviez le droit de condamner de votre autorité privée les notables et nommément les magistrats de cette ville, et cela dans un écrit public, et sans les avoir entendus, ni même avertis. Tout ce qu'il a dit de vous c'est que, dans l'opinion des gens sages, une thèse publique soutenue dans votre université n'étoit pas un excellent moyen de ramener, s'il y avoit lieu, dans la bonne voie des habitants de Bois-le-Duc, complètement ignorants des thèses que l'on pouvoit soutenir à Utrecht. On voulut même, par égard pour votre ministère, que le livre de M. Desmarets ne fût pas livré au public. On se contenta de le faire distribuer à quelques unes des personnes qui avoient vu vos thèses. Cependant, quand vous l'avez reçu vous avez montré la même fureur qui vous avoit transporté quelque temps auparavant à la vue de la réponse si modérée que M. Regius avoit faite à vos thèses sur les formes substantielles : c'est que vous sentiez votre conscience chargée d'une faute grave, et que vous ne vouliez ni la réparer, ni la reconnoître ; aussi parut à l'instant une brochure, dont on vous croit l'auteur, car on y reconnoît clairement votre caractère et votre style : cette brochure étoit anonyme, on y faisoit parler un des ministres de Bois-le-Duc, qui disoit être celui-là même de qui M. Desmarets supposoit que vous aviez reçu ces fausses hypothèses. Or il est certain que M. Desmarets n'a désigné, à ce sujet, aucun ministre de l'Église ; car on ne trouveroit pas dans son livre un seul passage qui ne s'appliquât aussi bien, et même mieux, à toute autre personne ; et dans la lettre qu'il vous a adressée il rejette expressément la faute sur ceux *qui ont vu avec chagrin leur nom omis dans la liste des nouveaux confrères*, ce qui ne peut s'entendre d'aucun des ministres de la parole évangélique. Ainsi vous n'avez mis ce ministre sur la scène que pour avoir, selon votre usage, quelqu'un qui partageât votre faute, et sous le nom duquel vous pussiez satisfaire avec plus de liberté et d'impunité votre goût pour l'invective. Mais son livre, ou plutôt le vôtre, fut jugé dès le principe diffamatoire, calomnieux et fait pour exciter à la sédition.

La lecture en fut interdite, et cette interdiction fut proclamée, comme vous le dites vous-même page 420, sur les places et carrefours de la ville, au son des tambours et des trompettes; j'ai même ici un exemplaire du jugement, dont voici les termes :

« Attendu que, depuis quelques jours, on a dis-
» tribué dans cette ville certaine brochure bleue
» intitulée *Retorsio calumniarum*, etc., sans aucun
» nom d'auteur, attendu qu'après examen de dif-
» férents passages de cette brochure, il nous a
» paru qu'elle renfermoit des calomnies révoltantes
» contre plusieurs personnes en place; considérant
» que l'impunité de pareils libelles, en troublant la
» concorde et la tranquillité qui doivent être main-
» tenues dans cette ville, l'exposeroit à des déchi-
» rements scandaleux, nuisibles à l'Église de Dieu
» et au salut des citoyens, ce que nous désirons
» prévenir, arrêtons, etc. »

Ainsi vous avez déjà été exemplairement et publiquement châtié à Bois-le-Duc, sous un nom d'emprunt ; mais cet échec ne vous a pas découragé, vous n'avez pas même tenu compte des lettres que le *sénat* de cette dernière ville écrivit aux états de la province d'Utrecht, au sénat de la ville et même à vous, pour arrêter, comme vous vous en vantez vous-même page 421, l'édition du nouveau livre que vous vous prépariez à publier sur

ce sujet, c'est-à-dire de votre confrérie de Notre-
Dame; mais, nonobstant toutes ces considérations,
vous descendez avec votre livre dans l'arène. Ce
livre je l'ai parcouru tout entier dans mes moments
perdus; mais, pour dire franchement la vérité, je
n'y ai rien trouvé qu'on puisse lire sans éprouver
un mouvement de colère et d'indignation. Je ne
puis ici me faire violence au point d'employer des
expressions flatteuses. Vous y poussez trop loin la
malignité, l'absurdité, l'injustice, l'arrogance et
l'opiniâtreté, qui sont les plus odieux de tous les
défauts. La malignité s'y montre en ce que vous
avez fait cette laborieuse compilation, et composé
cet énorme volume, non pour défendre votre cause,
car cet écrit la rend plus mauvaise, mais parcequ'à défaut de preuves et de faits avérés, vous vouliez attaquer la réputation des notables de Bois-le-
Duc et de M. Desmarets, en répandant ce torrent
de calomnies, destiné à laisser de nombreuses
traces dans l'esprit de vos lecteurs. Elle s'y montre
encore en ce que vous ne dites pas un mot de qui
que ce soit qui ne tende à diminuer de manière
ou d'autre sa réputation, et que vous n'épargnez
pas même vos amis, au nombre desquels vous
compteriez M. Desmarets, s'il y avoit en vous le
moindre sentiment d'honnêteté; car, en plaidant
la cause qu'on lui avoit confiée, il vous a ménagé
autant qu'il étoit possible de le faire, et s'est con-

duit en ami véritable. Mais je vous permets de lui en vouloir parcequ'il n'a pas approuvé tout ce que vous avez écrit ; je vous permettrai même de conserver le plus vif ressentiment contre les notables de Bois-le-Duc, parceque injustement attaqués dans un de vos ouvrages ils ont osé vous faire adresser en leur nom une réponse modérée ; mais que vous avoit fait celui sous le nom duquel vous avez publié votre réplique, et qui souffre pour vous, pour que vous lui donniez la réputation d'un ignorant, en disant, p. 416, *qu'on refusoit de croire qu'il en fût l'auteur, parceque, disoit-on, il n'étoit pas assez habile latiniste.* A quoi vous répondez froidement : *Je pense que le ministre, en fait de latinité, de littérature, de langues et de théologie, n'est pas du tout ordinaire : j'en ai pu juger par moi-même.* N'est-ce pas donner à entendre qu'il n'a pas même une instruction ordinaire, soit en latin, soit en théologie ? car il seroit plus difficile de croire qu'il en a une plus qu'ordinaire; et l'on pensera que, par un scrupule de conscience, vous avez préféré une phrase équivoque à un mensonge, quoique cette manière de vous exprimer achevât de prouver que vous êtes l'auteur de cette fameuse réplique. Je ne crois pas non plus que les autres pasteurs de la Belgique aient lieu d'être plus contents de vous, lorsqu'en leur adressant la parole, p. 27, vous dites : *On me verra aussi satisfait que lorsque vos exhortations et vos encouragements si publics et si fréquents, vos lettres collectives (je ne dirai rien de plus, dans la crainte de passer pour un esprit vain ou d'éveiller l'envie), me donnoient une nouvelle ardeur et m'animoient à tenter quelque chose de semblable ou même de plus grand.*

Croira-t-on que jamais ils vous aient excité à censurer publiquement dans vos thèses les notables et les magistrats d'une ville, et à devenir par cette conduite une cause de désordres? je ne crois pas qu'un seul d'entre eux en convienne. J'aurois encore bien d'autres choses à remarquer; mais je ne veux pas entreprendre un examen complet de votre livre : c'est un soin que je laisse à M. Desmarets. Le talent, la prudence et l'érudition dont il a déjà fait preuve dans sa défense, me sont garants qu'il fera en cette occasion tout ce qui sera convenable. Pour moi, je veux, en attendant, vous donner seulement quelques avis en peu de mots sur les passages qui s'offriront à ma mémoire. J'ai trouvé, dans tout ce que vous nous donnez pour des raisons, beaucoup d'absurdité jointe à l'injustice la plus révoltante; il ne vous arrive pas une seule fois de raisonner juste, et d'un bout à l'autre vous péchez contre cette règle, qui est le fondement de toute justice : on doit se soumettre soi-même aux principes que l'on invoque contre les autres. Ainsi, p. 24, vous rapportez ces paroles de M. Desmarets : *J'aurois sou-*

haité que, se renfermant dans la discussion générale, il eût évité de désigner par leur nom la ville de Bois-le-Duc et les personnes dont il s'agit. A cela que répondez-vous ? *Et moi aussi*, dites-vous, *et avec moi tous ceux qui aiment la vraie religion, la piété, la paix de l'Église, nous aurions souhaité plus vivement encore qu'il n'eût pas attaqué des thèses sur l'idolâtrie, qu'il ne se fût pas déclaré le champion d'une telle cause, surtout dans un temps comme le nôtre et contre un livre de cette nature ; car s'il faut que des leçons, des corollaires, des thèses académiques, aient à subir la discussion, non pas seulement des adversaires, mais encore des amis, des concitoyens, des neutres, des anonymes, et de leurs inutiles et odieux libelles, où en serions-nous, bon Dieu, et quand pourrions-nous espérer d'en finir ?* Certes, on ne peut rien imaginer de plus absurde et de plus injuste qu'une pareille réponse. Quoi, vous voulez qu'il vous ait été permis de nommer dans vos thèses la ville de Bois-le-Duc, de troubler, autant qu'il étoit en vous, la paix de l'Église, en accusant ses magistrats et ses notables, et vous faites un reproche à M. Desmarets, à leur pasteur, d'avoir osé contredire ces thèses sacrées pour défendre l'innocence de ses concitoyens, et maintenir dans sa ville la paix de l'Église ! De pareils traits d'injustice se rencontrent à chaque page dans votre livre, et telle en est souvent l'absurdité, qu'ils me rappellent la démence de ce Fimbria, qui, n'ayant réussi qu'à blesser Scévola au lieu de le tuer, comme il en avoit l'intention, voulut ensuite l'appeler en justice pour n'avoir pas reçu le coup tout entier. Peut-être cependant pourroit-on supporter votre injustice si elle n'étoit mêlée d'impertinence; mais on ne sauroit voir sans une aversion prononcée avec quelle insolence et quel orgueil vous prenez toujours le ton d'accusateur ou de juge, quand vous êtes en effet accusé d'un fait qu'il vous est impossible de nier, et dont vous ne pouvez obtenir le pardon que par d'humbles excuses et des marques de repentir. Cette impertinence perce déjà dans le titre même de votre livre; vous n'y promettez ni excuses, ni justification, mais *un Extrait des propositions, les unes douteuses et suspectes, les autres dangereuses, tirées du traité récemment publié en faveur des confréries de Notre-Dame, qu'on veut former ou introduire clandestinement parmi les réformés*, etc.; ce qui veut dire : censure des erreurs de M. Desmarets; de celles, bien entendu, que vous lui attribuez calomnieusement; et dans le titre même vous donnez un échantillon de ces calomnies en disant que *son livre est un traité en faveur de l'introduction des confréries de Notre-Dame*, assertion que vous savez être fausse et de nature à le faire voir avec défaveur parmi vos co-religionnaires. Dans le reste de votre livre, de la page 28 à la page 75, et ailleurs, vous interrogez M. Desmarets comme si vous étiez le juge et lui l'accusé, ou comme un maître pourroit interroger son disciple, etc.; vous espérez par là faire naître dans l'esprit du lecteur quelques soupçons défavorables à votre adversaire. C'est là un de ces moyens adroits que vous employez pour calomnier impunément; car vous n'êtes pas tenu de prouver ce que vous n'affirmez pas, et ces faits présentés sous une forme interrogative peuvent obtenir autant de confiance que si vous en affirmiez la vérité.

En second lieu, l'impertinence la plus dégoûtante se montre encore dans toutes vos paroles; comme lorsque vous dites à la page 5 que M. Desmarets veut se faire une réputation par quelque entreprise hardie et extraordinaire, sans doute en osant se mesurer avec un si grand homme; ou encore lorsque vous supposez que toutes les églises de la Belgique sont attaquées en votre personne, comme si elles ne pouvoient subsister sans vous, ou que vous y fussiez tout, et M. Desmarets rien. N'est-ce pas le comble de l'arrogance que de vous obstiner à ne pas vous reconnoître le moindre tort, bien que vous soyez convaincu et pris sur le fait; de persister, malgré les meilleures raisons et les plus puissantes autorités, à publier votre injurieux libelle? J'ai relu deux fois ce que vous dites à la page 420 et dans les quinze suivantes, pour bien comprendre les raisons qui doivent prouver, comme vous dites, *que vous n'êtes pas un disputeur importun, un brouillon qui ne respecte ni le rang des personnes, ni l'autorité des assemblées ecclésiastiques;* mais je suis resté stupéfait, car je n'y ai rien trouvé qui ne prouvât au contraire l'esprit de chicane et le mépris de tout ordre et de toute supériorité sociale, de sorte que je ne sais plus quel a été votre projet. Peut-être, comme il faut une incroyable patience pour lire avec une attention soutenue un livre si frivole, vous espériez persuader à un lecteur peu attentif que toutes vos expressions ambiguës couvroient quelques bonnes raisons qu'il n'avoit pas aperçues, ou plutôt vous vouliez montrer que vous êtes assez opiniâtre, assez rebelle à l'autorité, pour ne respecter ni magistrats ni synodes, et vous obstiner à écrire, n'eussiez-vous à écrire que des calomnies? Ce seroit un moyen de vous rendre redoutable aux yeux de tout le monde, d'empêcher que personne ne fût désormais assez hardi pour vous contredire, lors même que vous auriez attaqué sa réputation, de peur que vous ne lanciez aussitôt contre lui un gros volume d'injures. Car quand vous vous êtes vanté, page 412, *qu'on avoit tout mis en œuvre* pour arrêter la publication de votre ouvrage, et qu'à cette fin plusieurs lettres avoient été écrites à vous et à d'autres au nom du sénat de Bois-le-Duc et par plusieurs autres personnes, qui sans doute regardoient vos livres comme bien redoutables ; quelles raisons dites-vous que l'on vous a données pour vous détourner d'écrire? *la première, c'est que cette défense ou cette apologie avoit été écrite en faveur de la confrérie, et que dans la forme on l'appeloit actuellement apologie des notables;* et après avoir quelque temps plaisanté en demandant si c'étoit ou non une apologie, vous concluez en disant que ce titre est *un épouvantail bon pour faire peur aux petits enfants*, et que cela ne vous ôte pas le droit d'attaquer le livre. L'autre raison que vous citez, page 427, est que *la décision de cette affaire appartenoit à des synodes et ne devoit pas être livrée à la polémique; qu'il falloit donc la soumettre au jugement de ces assemblées et ne pas la discuter plus long-temps dans des pamphlets.* On ajoutoit encore, dites-vous, ces motifs : 1° *Que les membres de la confrérie de Notre-Dame déclarent qu'ils sont prêts à la soumettre aux synodes de la Belgique, même à celui d'Utrecht; 2° que le consistoire gallo-belge de Bois-le-Duc avoit écrit à MM. Cl. DD.. professeurs de théologie dans l'académie de Leyde. qu'ils avoient décidé en faveur de la confrérie de Notre-Dame, mais qu'ils vouloient cependant soumettre leur décision au synode ; 3° qu'il y auroit beaucoup moins de danger, d'inconvénient et de scandale à proposer vos raisons devant un synode que dans un écrit public.*

Malgré le soin que vous prenez de présenter ces raisons avec tant de nudité et de sécheresse, elles montrent cependant deux choses, d'abord que le fait des notables de Bois-le-Duc a du moins obtenu l'approbation de leur consistoire, dont l'autorité me paroît plus respectable que celle d'un théologien isolé, comme vous; ensuite qu'ils n'ont cherché dans toute cette affaire que la vérité et la paix de l'Église; qu'il n'y a eu dans leur fait aucune obstination, puisqu'ils consentent à reconnoître l'autorité d'un synode quelconque, même de celui d'Utrecht dont vous faites vous-même partie. Mais vous, pour répondre à ces démarches pacifiques, pour montrer combien vous êtes pieux, humble de cœur, jaloux de maintenir la paix de l'Église, vous citez d'abord l'exemple de Gomar, à qui, dites-vous, les partisans d'Arminius interdirent quelque temps d'écrire, ce qui le détermina à quitter l'académie. Tout ce que je sais de cette histoire, c'est qu'elle n'a aucun rapport avec le sujet qui nous occupe. Ensuite, page 429, vous vous exprimez en ces termes : *De plus clairvoyants croient découvrir ici un autre mystère. Je ne saurois dire si le foyer du mal est parmi nous ou s'il agit à distance et dans les ténèbres; mais il y a des gens qui voudroient que les professeurs de théologie fussent comme des enfants mineurs entièrement soumis à leur tutelle, et qu'il leur fût interdit de soutenir des thèses, de faire des leçons, de proposer des exercices, sans un examen ou une permission préalable de certains inspecteurs ou censeurs.* Je ne vois pas quel peut être le sens de ces paroles, à moins que vous ne vouliez insinuer qu'un professeur de théologie doit être indépendant des magistrats et des synodes, et qu'étant professeur en théologie, par la grâce de Dieu, vous pouvez écrire tout ce que bon vous semble. Il est vrai qu'un peu plus loin vous semblez reconnoître en partie et à certaines conditions l'autorité des synodes. Mais bientôt les exceptions arrivent, et vous ajoutez avec dérision, page 431, *Jusqu'à présent les synodes n'ont ici rien à semer ni à recueillir;* et page 433, *Je conclus*, dites-vous, *qu'en tout ceci je n'ai rien à démêler avec les synodes.* Néanmoins pour bien faire sentir que cette suprême puissance de professeur de théologie ne doit appartenir qu'à vous seul, sans doute en qualité de grand archithéologien, vous dites, page 452, en parlant du livre de M. Desmarets, qui est aussi professeur et docteur en théologie : *Il est indispensable d'examiner en plein synode un livre qui est devenu occasion et matière de scandale et de censure;* et page 456, *Je ne saurois songer à déposer la plume s'il ne rétracte publiquement ce qu'il a dit dans son livre, ou s'il ne le corrige dans une seconde édition.* Ainsi, quand vous avez calomnié des hommes de la première distinction, vous avez bien fait; quand vous les avez indignement injuriés, vous étiez sans reproche; et quoiqu'on ait lieu de craindre que de vos écrits *il ne résulte de grandes et fâcheuses dissensions, inimitiés, schismes* dans une ville populeuse et frontière, on n'a pas le mot à vous dire. Mais quand M. Desmarets, de l'aveu des personnes offensées, et par devoir, comme pasteur de leur église, s'efforce de réparer autant qu'il est possible le mal que vous avez fait, son livre est une matière de scandale et de censure, il faut l'examiner, et, si l'on vous en croit, le condamner dans les synodes; et vous ne vous abstiendrez pas de le calomnier publiquement, à moins qu'il ne rétracte ou ne corrige dans un écrit public ce qu'il a dit sur votre compte avec autant de justice que de vérité. Et même aux pages 434 et 435, après vous être plaint que M. Desmarets et les siens ont commencé par agir et s'en rapporter à leur jugement particulier, 1° *en publiant et répandant un livre contre vos thèses;* 2° *en sollicitant des suffrages à Utrecht, à Dordrecht, à Leyde, à Amsterdam, à Franecker, à La Haye;* 3° *en excluant provisoirement de la sainte table un ex-sénateur* (parcequ'il suivoit votre parti); 4° *en condamnant votre réplique; on finit aujourd'hui,* dites-vous, *par invoquer l'intervention des synodes; on prétend que l'on s'en rapporte, pour les matières controversées ou les faits douteux, au jugement et à la décision des autorités ecclésiastiques; et cela lorsqu'on a sinon emporté, du moins essayé d'emporter gain de cause, en ouvrant la digue au torrent des opinions privées. Je ne doute pas que tous ceux des ecclésiastiques qui voient d'un peu loin les choses, ne s'aperçoivent où tend cette manœuvre politique, et combien peu doit s'émouvoir celui que, depuis quelques années, on a tellement fatigué de remontrances, que, bon gré mal gré, il lui a fallu devenir un peu plus prudent.* Et plus bas, en parlant de l'honorable sénat de votre ville, qui, ne voulant rien décider sur un sujet qui touchoit à votre théologie, et par conséquent vous commander le silence, vous engageoit néanmoins à ne pas écrire, *Je lui ai répondu*, dites-vous, *que je ne pouvois défendre l'honneur de notre religion et des fonctions que j'exerce si je ne décidois dans un écrit public cette question, qui d'ailleurs est hypothétique.* N'est-ce pas dire en d'autres termes que vous n'êtes pas assez imprudent pour vous en rapporter au jugement des synodes, dans la certitude où vous êtes que vous y seriez condamné : 1° parceque le livre de M. Desmarets montre trop clairement vos torts; 2° parcequ'il a déjà pour lui le suffrage de bien des gens; 3° et 4° parceque plusieurs personnes qui s'étoient prononcées trop ouvertement pour vous ont été déjà condamnées. Vous ne réussirez pas quand vous donnez à entendre que M. Desmarets a écrit le premier contre vous, que ses écrits ont tellement prévenu en sa faveur les membres des synodes, que, malgré l'excellence de votre cause, vous ne deviez pas l'abandonner à leur décision, mais qu'il valoit mieux défendre par la voie de la presse votre réputation, que vous jugez inséparablement liée avec les intérêts de la religion et l'honneur de votre état. Toutes ces insinuations n'ont pas la moindre apparence de vérité. C'est vous qui le premier avez voulu par la publication de vos thèses prévenir contre vos adversaires l'opinion générale. Et les notables de Bois-le-Duc, même en vous pardonnant cette offense comme individu, ce qu'ils ont fait autant qu'on peut en juger, puisque, au lieu de vous accuser, ils se sont contentés de se défendre, étoient obligés de rendre leur défense publique; car, comme la paix et l'existence des états reposent sur l'estime des citoyens pour leurs magistrats, ceux qui sont appelés à l'administration des affaires ne sont pas maîtres de pardonner comme il leur plaît les injures qu'on leur a faites publiquement, et de négliger le soin de leur réputation; et dans un état il n'y a pas d'action plus condamnable et qui mérite de plus grands supplices que d'attaquer la réputation des gouvernants, et de rendre ainsi le peuple moins respectueux, moins soumis, moins disposé à se soumettre à leur autorité. Mais, vous devez en convenir vous-même, il n'en est pas de votre honneur, ou, si vous voulez, de l'honneur de la religion et de votre profession comme de celui d'un magistrat politique. Votre cause fût-elle excellente, il vaudroit mieux pour vous et pour la gloire de la religion vous soumettre librement à la décision des synodes, à leur condamnation même, que de lutter avec tant d'obstination contre les autres théologiens et les consistoires, et de vous refuser au jugement des synodes. Il seroit honorable pour votre profession de ne pas imiter les ignorants, qui ont la prétention de ne se tromper jamais. Assurément il ne sauroit y avoir rien de plus beau et de plus louable pour un théologien que de soumettre son jugement au jugement des autres, d'avouer ingénument ses erreurs, puisque nous ne sommes tous que des hommes, de les réparer, et de donner ainsi l'exemple de la piété et de l'humilité chrétienne. Mais vous allez rire d'un homme assez grossier, assez ignorant pour vous rappeler à ces vertus plébéiennes des hommes simples. On ne doit attendre de vous que ce qu'on en peut exiger à la rigueur. Eh bien, du moins, lorsque vous eûtes publié votre premier écrit et M. Desmarets le sien, chacun de vous ayant pris la plume à son tour, n'étoit-il pas juste qu'au lieu de la prendre une seconde fois, vous attendissiez la décision des synodes? A qui persuaderez-vous que vous avez craint de voir la vérité tellement obscurcie par les artifices de M. Desmarets, que, malgré le puissant secours de vos talents, elle échapperoit dans le synode à toutes les recherches de savants théologiens, tandis qu'il seroit beaucoup plus facile au premier venu de la découvrir en feuilletant votre brochure sur la confrérie. Assurément il est bien plus vraisemblable que si vous refusez de soumettre votre cause aux synodes, c'est que vous la jugez si évidemment mauvaise, que vos confrères mêmes ne sauroient admettre vos excuses. Et comme, pour justifier votre dernière publication, vous ne donnez pas d'autres raisons que celles dont j'ai déjà fait mention tout à l'heure, il faut conclure, en se servant de vos expressions mêmes, que vous êtes *un disputeur importun, un brouillon qui ne respecte ni le rang des personnes, ni l'autorité des assemblées ecclésiastiques.* Cependant on pourroit encore passer sur toutes ces choses, s'il y avoit dans votre livre un seul mot d'où l'on pût inférer que le fait des notables de Bois-le-Duc vous a paru véritablement répréhensible, ou du moins si vous faisiez valoir quelque motif honorable pour justifier ou faire excuser vos écrits précédents. Mais, malgré toute mon attention, je n'ai rien trouvé de semblable dans votre livre. Dans ce gros volume tout entier je n'ai rien vu qui contredit le fait d'une manière directe, si ce n'est à la page 475 et suivantes, où je rencontre cet argument unique : *Ceux qui conservent et le nom de cette confrérie et la chose même, participent indirectement à l'idolâ-*

trie. Or, tel est le cas des notables. Donc, etc. Mais il n'est pas besoin de rien entendre à votre théologie pour concevoir qu'il faut ici distinguer ; car si sous ce mot *la chose* vous comprenez la plus petite pratique contraire à votre religion, on niera que dans ce sens *la chose* ait été conservée, comme le prouve clairement l'article 11 de l'acte de transaction cité par vous-même page 212, article par lequel sont abrogées toutes pratiques de cette espèce. Si par ce mot *la chose* vous entendez seulement ce que l'on a conservé, comme il ne s'y trouve rien de contraire à votre religion, les réformés n'ont pas à craindre d'y rencontrer l'ombre même de l'idolâtrie. Et il ne faut pas croire que la confrérie ne sera plus rien si l'on en retranche tout ce qui est contraire à votre religion ; lisez l'art. 3 de la transaction, article cité par vous, p. 210, et dites-moi si la réunion seule des habitants d'une même ville, dans l'intention *de détruire toute trace de défiance causée par le mélange de populations différentes, et d'augmenter au contraire la confiance et l'union, en rendant les relations plus fréquentes* (ce sont les termes mêmes de l'article), ne constitue pas ce que vous appelez *la chose même*, c'est-à-dire la nature et l'essence d'une association pieuse et extrêmement utile. Aussi ne pressez-vous pas beaucoup cette partie de votre argument ; mais vous vous mettez aussitôt à disputer sur le nom, dispute qui remplit un grand nombre de pages et vous conduit jusqu'à la fin du volume. Vous affirmez que ce nom est entaché d'idolâtrie; vous produisez à ce sujet une foule de lieux communs, et tout cela pour arriver à cette conclusion, qu'on ne peut le conserver sans conserver en même temps une ombre d'idolâtrie. Une ombre! voilà donc où aboutit cette dispute si animée! Il est évident que votre seul prétexte pour attaquer cette confrérie c'est qu'elle a pris le nom de la Vierge mère du Sauveur, au lieu d'emprunter, comme vos livres, ceux de Thersite ou de Tertullus. Je dis prétexte : je ne dirai pas motif ou raison, car vous savez qu'il y a dans ce pays nombre de temples auxquels on donne encore habituellement le nom des saints qu'on leur avoit autrefois imposé; que, dans votre ville même, il y a un collége de chanoines qui porte le nom de Notre-Dame. Vous ne vous croyez pas vous-même entaché d'idolâtrie pour avoir emprunté votre prénom à saint Gisbert, et cela conformément à l'usage de l'Église romaine, dans le baptême, qui renferme un pacte religieux tout-à-fait personnel. Il est donc évident que vous n'aviez pas une seule raison valide pour improuver la conduite des notables de Bois-le-Duc. Vous avez eu pourtant un motif pour l'improuver : c'est qu'elle avoit été approuvée par d'autres. En effet, il est notoire que votre caractère vous porte à saisir avec joie toutes les occasions de contredire l'opinion d'autrui. Et nous voyons dans votre livre, page 418, que si l'on en croit certains bruits, vous-même, il y a quelques années, étant à Bois-le-Duc, vous avez proposé en pleine assemblée de faire entrer les réformés dans cette confrérie. Je sais que vous vous en défendez avec force; mais puisque d'autres l'affirment, n'est-il pas plus raisonnable de préférer le témoignage de plusieurs, le témoignage de gens qui n'ont pas d'intérêt à mentir, à celui d'un seul homme, de vous qui êtes partie intéressée?

Mais examinons jusqu'à quel point les moyens de défense que vous alléguez en faveur de vos écrits précédents sont avoués par l'honneur et conformes à la vérité. Le principal reproche que vous fait M. Desmarets c'est d'avoir désigné nommément dans vos thèses ceux des réformés de Bois-le-Duc qui sont entrés dans la confrérie de Notre-Dame, et de les avoir livrés au mépris public, comme entachés et accusés d'idolâtrie, comme livrés à une cupidité sordide et aux plaisirs de la table. Nous avons vu tout à l'heure de nos propres yeux que tout cela se trouvoit bien réellement dans votre ouvrage; cependant vous soutenez hardiment le contraire, et vous prétendez, page 9, que M. Desmarets, pour tirer cette conclusion de ce que vous avez dit, *a recours à une suite de conséquences forcées et calomnieuses.* Vous ajoutez, page 10 : *Ce sont d'atroces* calomnies, et il ne reste plus à M. Desmarets que d'avouer franchement son mensonge, et d'en faire amende honorable. Page 15 : *Quant au reproche qu'il me fait d'avoir accusé nommément les notables, comme si j'étois payé pour attaquer leur réputation, il suffiroit de me taire, et d'en appeler à l'analyse de mes thèses. Où ai-je dit un seul mot de tout cela* (de ce que vous reproche M. Desmarets) ? *Nulle part.* Dirons-nous donc que notre adversaire a été pris en flagrant mensonge, ou, pour mieux dire, dans une calomnie manifeste, construite déplorablement sur un appareil de conséquences anti-théologiques aussi semblables au jésuitisme, à l'ubiquiticisme, et au remonstrantisme, que le lait ressemble au lait, et par suite d'une syncope ou ellipse de jugement et de savoir ?

Vous affirmez encore que vos livres ne renferment *aucune accusation personnelle*, mais que *vous décidez toujours d'une manière abstraite et générale que telle chose est illicite.* Vous vous exprimez en ces termes : *Je réponds en un mot que cela n'est que calomnie toute pure, et j'en appelle à l'analyse des thèses ;* et vous répétez la même chose en mille endroits différents. Mais dites-moi, je vous prie, mon cher monsieur Voet, n'est-ce pas là ou jamais qu'on peut appliquer les mots d'effronté et d'impudent menteur ? On se feroit bafouer honteusement si l'on traitoit un homme de menteur pour avoir avancé un fait faux, mais qu'il croyoit ou qu'il pouvoit croire vrai; car toute parole fausse n'est pas un mensonge. Tout homme qui parle sans intention de tromper ne peut être accusé que d'erreur ou d'ignorance. Mais quand on traite un homme de menteur, sans pouvoir produire un seul mot de lui qui soit désavoué par sa conscience ou démenti par les faits, et c'est ce qui vous arrive fort souvent avec M. Desmarets et avec moi, on n'est plus qu'un vil calomniateur sur qui retombe toute la honte. Si au contraire on démontre clairement qu'un homme a dit non seulement une fausseté, mais ce qu'il savoit parfaitement être une fausseté, on doit dire, pour parler avec franchise et liberté, comme il convient à un honnête homme, que c'est un menteur; et si on l'a pris souvent sur le fait, un insigne menteur, et même, comme le mensonge est ce qu'il y a de plus honteux, de plus avilissant aux yeux d'un honnête homme, quiconque s'est rendu coupable de mensonges grossiers et réitérés doit être regardé comme le plus déhonté de tous les hommes. Or, non seulement il est faux que vous n'ayez rien dit contre les notables de Bois-le-Duc, comme vous le prétendez dans cet ouvrage, mais il est clair comme le jour que vous saviez parfaitement combien cela étoit faux; car vous n'avez pu oublier les expressions qu'on lit dans vos thèses : M. Desmarets vous les a suffisamment remis en mémoire, quelquefois même vous les répétez dans votre livre. Il y a plus, page 306, vous les mettez ridiculement dans la bouche des catholiques, et par conséquent, lorsque vous niez ensuite que vous les ayez écrites, il faut avouer absolument que vous êtes un menteur, et comme il vous arrive souvent de mentir de la même manière, un insigne menteur, et enfin un impudent menteur, puisqu'il est impossible de mentir plus évidemment; car vous en appelez à vos thèses, qui sont imprimées, que beaucoup de personnes ont entre les mains, et qui prouvent jusqu'à l'évidence que vous êtes un menteur. Mais vous faites encore mieux : non content d'en appeler à la lecture de vos thèses, quand vous savez à n'en pas douter qu'elles prononcent contre vous, vous avez l'insolence de traiter M. Desmarets comme un calomniateur pris sur le fait, lui qui n'a dit sur votre compte rien qui ne fût évidemment vrai, et vous lui appliquez faussement des épithètes qu'on vous appliqueroit avec plus de justice. Cet inconcevable excès d'audace n'est-il pas une preuve sans réplique que vous êtes endurci dans le mensonge et la calomnie? Vous avouez, page 9, et encore pages 340, 341 et ailleurs, que vous avez nommé Bois-le-Duc; mais vous dites, page 340, que *ce nom ne se trouve ni dans le titre ni dans l'expression et la détermination du problème, mais seulement dans la ré-*

ponse à l'avant-dernière exception, parcequ'il s'est rencontré là sous votre plume sans que vous l'ayez cherché... Ce nom s'est-il donc glissé malgré vous dans vos thèses? Mais que diriez-vous, s'il arrivoit qu'ignorant cette circonstance, quelqu'un s'imaginât que vous avez à dessein réservé pour la fin le nom de la ville, afin qu'après avoir éveillé la curiosité du lecteur, le désir qu'il a de savoir qui vous désignez lui fît mieux remarquer le nom de Bois-le-Duc quand vous venez enfin à le citer, et reconnoître individuellement chaque personnage? Peut-être seroit-ce un crime de penser que vous, la franchise même, vous, l'ami de la vraie religion, de la piété, de la paix de l'Église, vous ayez voulu employer cet art perfide des calomniateurs? Un autre des principaux reproches de M. Desmarets, c'est que selon les lois de la charité et le précepte exprès de Notre Seigneur (Matth., XVIII, 15, 16), *un avertissement particulier doit précéder la censure publique*, surtout à l'égard de personnes recommandables qui auroient volontiers prêté l'oreille à des avis donnés en particulier. A cela vous répondez, page 19, *que vous ne connoissiez en aucune manière ceux qui avoient besoin de ces avis;* et c'est encore un mensonge évident, comme on peut s'en convaincre en lisant, page 413 de la lettre du ministre, l'avertissement suivant: *Qu'il s'agissoit de membres recommandables de votre église, apparte-*

nant presque tous à l'ordre sénatorial. C'étoit les désigner assez clairement pour que vous pussiez leur écrire si vous en aviez eu l'intention, attendre d'eux assez de déférence à vos conseils, puisque c'étoient *des membres recommandables de votre église*, et enfin ne pas vous arroger le droit de les condamner puisqu'ils appartenoient *à l'ordre des sénateurs*. Mais sans doute vous ne voulez pas vous laisser enchaîner par ces règles de charité que dans le même passage, pages 19 et 20, vous nommez des règles doucereuses. *Vous n'osiez*, dites-vous encore, *prendre cette liberté envers des citoyens d'une république étrangère.* Quoi! vous n'osez les avertir en ami et à l'oreille! mais vous avez bien osé les attaquer publiquement. Qui pourra vous écouter sans rire? Ainsi vous n'avez aucune excuse à donner, à moins d'abjurer tout sentiment de pudeur et de charité, car toutes vos réponses sont absolument de la même force.

Mais, bien loin de donner aucune excuse honnête, vous rejetez celle que vous offroit M. Desmarets, en disant que sans doute vous étiez mal informé. Non, vous ne voulez pas reconnoître que vous puissiez en rien vous tromper. Vous aimez mieux confondre ce qui se rapporte spécialement à la confrérie de Bois-le-Duc, avec cette question générale, *Est-il permis d'instituer parmi les réformés des confréries de Notre-Dame?* Et cela, non seulement pour montrer que M. Desmarets diffère avec vous d'opinion sur la thèse même, ce dont il s'étoit défendu par égard pour vous, mais surtout pour profiter, dans l'examen des faits particuliers, de cette liberté d'opinion que l'usage accorde pour les questions générales. Vous trouvez encore à cette marche un autre avantage. Dans cette même thèse où vous désignez certaines personnes, vous attaquez en même temps tous les vices qui vous semblent pouvoir s'accorder avec ce qu'elles ont fait; ainsi le lecteur est conduit à leur attribuer ces vices, et vous, avec cette franchise et cette candeur qui vous caractérisent, vous pourrez dire que vous n'avez jamais appris ni pensé d'eux rien de semblable; que vous avez seulement, avec cette liberté qu'autorisent vos usages académiques, suivi dans toutes ses circonstances le développement d'une question générale. Ainsi, par exemple, à la fin de vos thèses, vous nommez Bois-le-Duc, et vous dites que dans cette ville il existe une confrérie de Notre-Dame dans laquelle sont entrés des réformés, et dans le courant du même discours, vous aviez écrit un peu plus haut : *S'il falloit participer à quelque cotisation, s'il n'y avoit que des frais à supporter, si cette association n'amenoit pas à sa suite des repas somptueux, de bons revenus, des occasions fréquentes de participer à quelques profits, ils savent que ce nom seul de Notre-Dame, sans parler des règles et des statuts de la confrérie ou du rosaire, eût empêché les réformés d'entrer dans cette association.* Et ailleurs vous les traitez de gens stupides et d'imbéciles. Il n'est aucun lecteur qui n'applique toutes ces imputations aux habitants de Bois-le-Duc; et cependant vous, homme de bonne foi, vous n'y songiez pas le moins du monde: mais traitant d'une manière abstraite et indéfinie, avec tous ses antécédents, ses conséquents et ses circonstances, la question générale suivante, *Est-il permis aux réformés*, etc., vous n'avez pu omettre un cas qui vous sembloit pouvoir se présenter dans une ville ou dans l'autre. S'il a plu à M. Desmarets d'appliquer ce passage à ces notables, c'est sa faute et non pas la vôtre; il agit mal envers eux et envers vous, comme on peut le voir page 184 et ailleurs. Encore si vous ajoutiez qu'ils sont à l'abri d'un pareil soupçon, puisque ces mêmes notables étant au nombre de 36, comme je l'apprends dans votre livre, page 215, et les revenus de cette confrérie se montant à 5,000 florins environ, comme je le vois page 412, cette somme, quand même ils la partageroient entre eux, ne donneroit pas à chacun d'eux une part assez considérable pour éveiller la cupidité chez des personnes de leur rang; mais elle est en entier distribuée aux pauvres: vous nous l'apprenez, page 229. Il faut donc, pour les autres dépenses, qu'ils participent à des cotisations. Et quant à leurs repas de corps, auxquels je vois, page 98 de votre livre, que président la décence et la sobriété, comme ils y étoient toujours invités précédemment, c'est encore vous qui nous l'apprenez, ils ne pouvoient désirer d'y être admis. Si vous y ajoutiez, dis-je, ces observations, qui sont parfaitement vraies, et vous ne pouvez l'ignorer, puisque je les ai puisées dans votre livre, vous auriez au moins une excuse à donner; mais au contraire, quand vous niez en avoir dit aucun mal, c'est de manière à faire croire que tout ce qu'on vous reproche d'avoir dit est vrai. Bien plus, vous voulez donner à croire que Dieu vous a révélé toutes ces choses comme à un prophète; c'est ce qui résulte évidemment de ces paroles très remarquables que je trouve page 330 et 331 : *Il se peut qu'ignorant tout ce qui s'est passé dans cette ville, quand j'en suis venu à presser cette plaie, selon ma coutume et ma méthode ordinaire, à mettre le fait en lumière, à le peindre avec ses véritables couleurs, j'aie paru en bien des endroits raconter une histoire et former une hypothèse : mes amis et tous ceux qui ont avec moi des relations habituelles peuvent attester que cela m'est plus d'une fois arrivé dans mes discours publics. S'ensuit-il qu'il fallût s'en rapporter à des soupçons téméraires, à des conjectures, au point de faire peser sur un innocent de cruelles imputations?*

N'étoit-ce pas plutôt le rôle du défenseur de faire admirer en cette occasion à ces généreux notables les voies merveilleuses de la providence, et de leur faire entendre ces paroles de l'apôtre (I Cor., 14, 24, 25) : *Il est signalé par tous et jugé par tous; et ainsi ce qui est caché au fond de son cœur paroît au grand jour; et ainsi, tombant la face contre terre, il adorera Dieu, annonçant que Dieu est véritablement en vous?* Ainsi c'est l'esprit saint qui vous a dicté jusqu'au nom de la ville où se trouve avoir eu lieu ce que vous attaquez dans vos thèses; ainsi vous prophétisiez, car voici ce que dit l'apôtre saint Paul dans le passage que vous avez cité : *Que tous prophétisent, et qu'un infidèle ou un insensé se présente, il est signalé par tous,* etc. ; ainsi voilà M. Voet au rang des prophètes. Il est bon de remarquer en passant qu'il vous arrive souvent dans vos discours publics de décrire des faits particuliers, au point qu'on les attribue à tel ou tel, et qu'on prend vos paroles pour un récit. C'est ouvrir un champ bien libre et bien vaste à vos calomnies, et je m'étonnerois bien si l'autorité supérieure ne finit par y mettre ordre.

Mais bien qu'un prédicateur, de qui surtout on a droit d'attendre la vérité, se dégrade par le mensonge; qu'un homme qui fait profession de piété et de charité chrétienne se couvre de honte quand il ose, sous prétexte de censurer le vice, médire de son prochain et satisfaire des ressentiments secrets, je trouve encore quelque chose de plus révoltant dans votre conduite, c'est qu'après avoir soutenu que vous n'avez pas écrit ce que vous avez réellement écrit, que vous vous êtes borné à signaler certains vices d'une manière générale, quand vous les avez attribués à des personnages connus, vous allez encore plus loin, et vous osez prétendre, page 13, page 342 et ailleurs, que vous avez eu tout droit de désigner par leurs noms et les notables et Bois-le-Duc : il est vrai que vous ne donnez pas une seule raison pour le prouver, cela vous seroit impossible; vous vous contentez d'exemples ou peu concluants ou peu honorables, et avec cette manière de raisonner il n'est pas un crime qui ne soit permis. Mais ce qui est le comble du ridicule, c'est que, page 350, vous vous autorisez de votre propre exemple, comme si, pour avoir mal fait impunément, il vous étoit toujours permis de mal faire. Cependant, vous allez plus loin encore, et, quoiqu'il y ait bien de la différence entre un accusateur et un juge, il ne vous suffit pas de pouvoir nommer ceux qu'il vous plait d'accuser publiquement, vous prétendez encore publier des décisions, des jugements sur leur compte, et, par une insolence qui passe toutes les bornes, vous voulez que ces jugements suprêmes, émanés de vous seul, aient autant d'autorité que s'ils étoient rendus par une faculté de théologie, un concile, et peut-être, en suivant rigoureusement les conséquences, par le Saint-Esprit lui-même. En effet, page 343, pour prouver qu'il vous étoit permis de nommer Bois-le-Duc, vous citez l'exemple de je ne sais quelle décision de *messieurs les docteurs en théologie de Leyde, dans laquelle les ignorants mêmes et les bonnes femmes reconnoîtroient qu'on désigne non pas d'une manière indéterminée, mais expressément, les honorables magistrats et tout le sénat de je ne sais quelle ville.* Du moins, c'est vous qui le dites; car, pour moi, je ne sais rien ni ne veux rien savoir de toute cette histoire. Ensuite, page 344, vous vous faites cette objection : *mais les professeurs de Leyde ont rendu une décision commune au nom de la faculté de théologie, tandis que vous ne prenez, vous, qu'une résolution personnelle et privée.* Pour répondre à cette objection, page 345, 1° vous citez les noms de quelques particuliers qui, dites-vous, en ont agi de même; 2° c'est, dites-vous, *montrer trop de curiosité pour les affaires d'un état étranger,* étrange curiosité sans doute que d'examiner si les conclusions que vous avez prises dans vos thèses, conclusions qui sans doute intéressent fort la chose publique, et font partie de ses secrets les plus importants, doivent avoir autant d'autorité que si elles étoient données au nom de toute la faculté de théologie de votre province.

Or, voici comment vous prouvez au même endroit qu'elles ont autant de valeur : *Qu'ils sachent, s'il leur plaît,* dites-vous, *que les professeurs de notre faculté sont tous animés d'un même esprit dans leur doctrine, dans leurs études et l'exercice de leurs fonctions, que les réponses et les thèses de chacun d'eux sont regardées comme revêtues de l'approbation générale, soit que leur publication ait été précédée d'un examen et d'une décision, soit que le défaut de temps ou quelque autre motif ait empêché de suivre cette marche.* Excellent argument sans doute, et bien digne de vous : vous êtes dans votre faculté de théologie trois professeurs, les deux autres ont peut-être de l'aversion pour les querelles, et ils ont grandement raison à mon avis; or, ils savent combien vous êtes amer, mordant, toujours prêt à lancer de gros volumes d'injures contre quiconque vous fait éprouver la moindre contradiction; et, s'ils l'avoient ignoré jusqu'à ce jour, l'exemple de monsieur Desmarêts leur eût aisément appris que vous n'épargnez pas plus que les autres les théologiens réformés, même quand vous leur devez de la reconnoissance. Car, j'oserois l'affirmer, je n'ai pas vu que monsieur Desmarêts ait flatté personne dans son livre, excepté vous. Cela n'empêche pas qu'en cent passages différents vous ne l'appeliez injurieusement le flatteur de ses notables. Faut-il donc s'étonner s'ils n'osent pas vous résister en face, et vous laissent ainsi maître absolu dans votre faculté. Or à vous trois vous composez la faculté de théologie et à ce titre l'église de votre province, si toutefois ce droit est reconnu par les prédicateurs et les autres réformés, ce que j'ignore. Mais quand ils le nieroient, vous le prouveriez aisément par l'Écriture sainte : car il est écrit que lorsque deux ou trois sont réunis au nom du Seigneur, le Seigneur lui-même, ou du moins le Saint-Esprit, est au milieu d'eux. Ainsi, puisque seul vous avez le pouvoir de trois, que ces trois composent toute votre église, et qu'au milieu de l'église habite le Saint-Esprit, vous possédez le Saint-Esprit à vous seul si vos confrères en conviennent; je ne m'y oppose pas, je veux bien même que votre autorité soit plus grande que celle de tous les autres réunis, puisque, comme vous dites, *vous n'avez rien à démêler avec les synodes*. Il ne m'appartient point de me mêler de ce qui touche à votre religion, mais il est dans la sphère de mes droits, peut-être même de mes devoirs, de ne point taire ici ce qui ne sera pas, je crois, sans utilité pour le maintien de la paix et de la concorde dans ce pays.

SEPTIÈME PARTIE.

Des mérites de Gisbert Voet.

Il entre dans le plan de cet ouvrage de montrer combien il pourroit y avoir de danger à laisser vos diatribes impunies. Et quoique j'aie donné à cet écrit la forme épistolaire, je l'adresserai non pas seulement à vous, mais encore à toute espèce de lecteurs, et je puis le faire sans manquer, comme vous, aux lois de la charité. J'aurois assurément préféré vous ramener au bien, si cela eût encore été possible, sans donner de publicité à mes reproches; mais puisque les représentations et les lettres amicales des magistrats et de vos confrères ont été jusqu'à présent sans pouvoir sur votre esprit, il ne reste plus qu'à essayer si des reproches publics seront plus utiles. Je me serois volontiers épargné l'ennui de composer un pareil écrit; mais il m'a paru si nécessaire, que je ne puis en aucune façon m'en dispenser : d'abord, parcequ'il est du devoir de chacun de contribuer selon ses foibles moyens au salut et à la tranquillité du pays qu'il habite; ensuite, parceque personne n'a eu peut-être occasion d'observer mieux que moi vos mauvaises qualités, que personne ne peut les mettre au jour avec plus de liberté; enfin, parcequ'il n'est personne de la part de qui une pareille révélation puisse être mieux reçue, et obtenir plus de crédit auprès du public. Que j'aie été précédemment à portée de vous bien connoître, et que je le sois aujourd'hui de bien faire connoître vos mérites, c'est ce qu'on m'accordera sans peine, quand on saura qu'il y a quelques années vous avez voulu, par la plus impudente de toutes les calomnies, m'imputer, sans la plus légère apparence de raison, le plus grand des crimes, je veux dire l'athéisme. On peut s'en convaincre en lisant vos brochures sur l'athéisme, publiées en 1639, et dont j'ai parlé plus haut, à la fin de la quatrième partie de cette lettre. Je pourrois citer encore votre libelle diffamatoire intitulé *Philosophie cartésienne*, et dont les dernières feuilles me sont parvenues pendant que je m'occupois de la rédaction de cet écrit. Je ne dis pas qu'il soit d'un bout à l'autre votre ouvrage, car je me ferois scrupule de ravir à votre associé la part de gloire qui doit lui en revenir; mais du moins c'est par votre ordre et vos soins qu'il a été imprimé. Et puisque dans ce libelle vous avez pris la liberté d'avancer sur mon compte les faits les plus faux et les moins vraisemblables, on ne me refusera pas, j'espère, le droit de dire publiquement et ouvertement sur le vôtre ce dont je pourrai prouver la vérité. Et votre habileté dans l'art de la calomnie, qui fait craindre à tant d'autres de vous attaquer, ne sauroit m'in-

spirer de crainte. J'ai vécu de telle sorte, et je suis
connu de tant de monde, qu'on ne peut pas dire
de moi une vérité que je craigne d'entendre, ni
un mensonge dont je ne puisse aisément démontrer
la fausseté. D'ailleurs, vous avez si bien épuisé,
dans votre Philosophie cartésienne, votre recueil
d'injures, et vos talents pour l'invective et la calomnie, qu'on peut comparer ce que j'ai dit de
vous dans ma lettre au père Dinet, au morceau
d'étoffe que l'on a coutume d'offrir à la morsure
des serpents que l'on veut apprivoiser, car ils y
laissent si bien leur venin et leurs dents, qu'on
peut ensuite les toucher impunément. Enfin bien
des motifs se réuniront pour donner à mes écrits
contre vous quelque poids auprès des lecteurs
éclairés et des juges impartiaux. D'abord, on sait
que personne n'est plus que moi l'ami de la tranquillité et de la paix ; que jamais je n'ai intenté de
procès ni cherché de querelle à personne; que j'ai
même souvent pardonné le mal qu'on m'avoit fait
plutôt que de chercher à me venger. Au contraire
on vous connoît pour le querelleur le plus acharné
et le plus insupportable, au point que si je vous
donnois dans cet écrit le plus léger prétexte pour
m'attaquer, il faudroit en venir aux procès, pour
lesquels j'ai la plus grande aversion; on est donc sûr
que j'apporterai la plus grande attention à ne rien
écrire qui ne soit non seulement parfaitement vrai,

mais encore incontestable. On sait encore que je ne m'offense point quand on contredit mes opinions; que c'est même un titre à mon amitié de les combattre par amour pour la vérité; qu'on est d'autant plus assuré de me plaire qu'on propose contre moi des objections plus solides; mais que ceux qui se bornent à des insultes et à des plaisanteries n'obtiennent de moi que le mépris. J'ai donné plus d'une fois la preuve que tels étoient mes principes. De tous ceux qui m'ont calomnié, il n'en est qu'un seul auquel j'aie répondu, parceque je m'y trouvois contraint par un motif particulier. On croira donc aisément que j'aurois encore aujourd'hui dédaigné de répondre à vos injures, si elles n'avoient eu quelque chose d'atroce, et si ma défense personnelle ne se rattachoit à quelque intérêt public. D'ailleurs, il est de notoriété publique, qu'habitant depuis plusieurs années ces provinces, j'ai montré pour elles autant d'attachement qu'aucun de leurs enfants; et peut-être même doit-on me tenir plus de compte d'un séjour qui n'est pas l'effet du hasard de la naissance, mais de mon choix et de ma volonté. Bien des gens savent que je vivois assez à mon aise dans ma patrie, et que mon seul motif pour aller vivre ailleurs, c'est que le grand nombre d'amis et de parents que je ne pouvois me dispenser de voir déroboient tout mon temps et mon loisir à ces études qui font mon bonheur, et que plusieurs personnes ne croient pas indifférentes au bien de l'humanité. Aucune partie du monde ne m'étoit fermée, il n'en étoit pas une seule où je n'eusse la certitude d'être accueilli volontiers comme un hôte qui ne seroit jamais à charge, et dont peut-être on pourroit même se faire honneur. Ainsi mon choix étoit parfaitement libre, et j'ai choisi ce pays de préférence à tous les autres. Enfin il est notoire que je ne fais pas profession d'être théologien, qu'on ne m'a jamais vu disputer sur aucun des points de controverses qui ont divisé les chrétiens en différentes sectes, que je puis donc plus librement que M. Desmarets, ou tout autre de vos théologiens, mettre en lumière tout ce qu'on peut dire sur votre compte, et qu'on pourra s'en rapporter à mon témoignage plutôt qu'à celui des gens qui disputent contre vous sur des questions religieuses ; car, on pourra le remarquer, je ne dirai de vous rien que je ne pusse dire de la même manière si nous professions tous deux la même religion.

Ici je parlerai d'abord des vertus qui me paroissent convenir à un professeur de théologie et au pasteur d'une église; ensuite je récapitulerai, en peu de mots, vos actions; et enfin j'examinerai vos mérites. Il est certain que la base et le fondement de toutes les vertus, c'est la charité; qu'elle est surtout nécessaire à ceux qui doivent, par état, s'occuper d'instruire les autres, et les exciter à la vertu. Vous connoissez les paroles de l'Apôtre, 1. Cor. 13 : *Quand je parlerois le langage des hommes et des anges, si je n'ai pas la charité, je serai semblable à l'airain sonore ou à la cymbale retentissante ; quand j'aurois le don de prophétie, quand j'aurois percé tous les mystères, quand je posséderois toute science, quand j'aurois une foi assez grande pour transporter les montagnes, si je n'ai pas la charité, je ne suis rien ; quand je dépenserois tout ce que je possède pour donner à manger aux pauvres, si je n'ai pas la charité, tout cela sera compté pour rien.* Il est clair, d'après ce passage, que tous les autres présents de Dieu, qui peuvent être accordés à l'homme, n'ont de valeur qu'autant qu'ils sont unis à la charité. Or les signes auxquels la charité peut se reconnoître sont décrits en ces termes dans le même passage de l'Apôtre : *La charité est patiente ; elle est bienveillante. La charité ne connoît ni les rivalités, ni les actions criminelles, ni l'orgueil, ni l'ambition; elle ne cherche point même ce qui est à elle; elle ne s'irrite point; elle ne pense point le mal; elle ne se réjouit point de l'iniquité, mais elle met son plaisir dans la vérité.* Il suit de là que ceux qui sont esclaves de leur colère, malveillants, envieux, turbulents, orgueilleux, arrogants, disputeurs, violents, médisants, insolents et menteurs, sont loin d'avoir la charité. Or comme cette charité, c'est-à-dire cette amitié sainte que nous portons à Dieu, et à cause de Dieu à tous les hommes, en tant que nous savons qu'ils sont aimés de Dieu, a de grands rapports avec cette amitié honnête qu'un commerce plus intime fait ordinairement naître entre les hommes, nous pourrons, à bon droit, examiner en même temps les devoirs que l'une et l'autre impose. Il n'y a, en fait d'amitié, qu'une règle fondamentale; c'est de ne jamais faire de mal à nos amis, et de leur faire autant de bien qu'il nous est possible; et, comme le plus grand de tous les biens est d'être exempt de vices, le plus grand service que l'on puisse rendre à un autre, c'est d'essayer, par les moyens convenables, de le guérir de quelque vice. Mais j'ajoute, par les moyens convenables, car si l'on va réprimander son prochain mal à propos, lui reprocher une faute légère trop sévèrement, ou devant des témoins dont la présence n'étoit pas nécessaire; si on lui impute des fautes qu'il n'a point commises, et qu'on montre, par cette conduite, que l'on cherchoit moins la conversion que la honte du prochain et que sa propre gloire, on ne fera que se rendre odieux et importun. Mais il est presque toujours possible d'avertir son ami sans témoins et avec douceur. Si ce premier avertissement ne suffit pas, et si la faute est grave, il est encore permis d'insister, et de lui parler sur le ton du reproche, et enfin de faire employer ces mêmes moyens par ses autres amis, par un, par deux, par tous. Si tous ces moyens ne réussissent pas, et si sa faute est de nature à le rendre indigne de l'amitié d'un honnête homme, nous pouvons nous retirer de sa société, et ne plus le compter au nombre de nos amis; mais assurément tant que nous lui sommes attachés, nous ne devons jamais le reprendre publiquement, et en présence de tout le monde, même des étrangers et des inconnus; car de cette manière nous n'agirions pas pour son bien, mais pour son mal et pour sa honte. Cela ne doit pas seulement s'entendre des défauts secrets, mais encore de ceux-là même qui sont publics. Car, pour l'ordinaire, les hommes qui pèchent en public se glorifient de leurs fautes, et s'inquiètent fort peu qu'on les connoisse; mais ils s'affligent des reproches que ces fautes leur attirent. Et il faut remarquer que la crainte du déshonneur est un puissant moyen de retirer l'homme du vice, mais non pas le déshonneur même, qu'on ne redoute plus une fois qu'on l'a subi; et c'est pour cela que ceux qui n'écoutent pas les reproches particuliers de leurs amis ne sont pas plus touchés de ceux qu'on leur adresse en public, mais qu'ils en prennent bien plutôt occasion de persévérer plus librement dans leurs fautes. Les exemples ne manquent pas à l'appui de ce que j'avance. Ces lois de l'amitié humaine sont parfaitement d'accord avec les lois de la charité que Jésus-Christ lui-même enseigne en ces termes, Matth., 18 : *Si ton frère a péché contre toi, va et prends-le entre toi et lui; s'il t'écoute, tu auras gagné un frère ; s'il ne t'écoute pas, prends encore avec toi un ou deux témoins, afin que toutes vos paroles ne soient qu'entre deux ou trois; s'il ne les écoute pas, dis-le à l'Église, et, s'il n'écoute pas l'Église, qu'il soit pour toi comme un païen et un publicain.* Il faut remarquer ici qu'il ne s'agit pas de toutes les fautes du prochain indifféremment, mais seulement des torts qu'il peut avoir eus envers nous; car il n'y a pas seulement dans le texte, *Si ton frère a commis une faute,* mais on ajoute *contre toi :* et, comme le droit de faire des reproches existe beaucoup plutôt pour celui qui est personnellement offensé que pour celui qui voit seulement commettre le mal, il n'est pas douteux que ce passage ne contienne tous les remèdes extrêmes dont il est permis d'user envers son prochain, lorsqu'une faute grave lui a mérité nos reproches. Et si l'on rappelle ici tous les péchés du prochain, c'est qu'on suppose que les âmes pieuses, par un effet du zèle qui les anime, ne voient pas avec plus de chagrin leurs injures personnelles que les torts du prochain envers Dieu, ou, comme les mortels ne peuvent rien contre la Divinité, le tort que le coupable qu'ils chérissent comme leur prochain, se fait à lui-même. Si donc vous avez à vous plaindre de quelqu'un qui soit chrétien, et que, par conséquent, la charité vous commande d'aimer comme un frère, vous devez d'abord l'avertir en particulier. S'il ne s'amende pas, il faut alors l'avertir en présence d'un ou deux amis, et choisir pour cela ceux que vous savez avoir le plus d'empire sur son esprit, et, s'il ne se corrige pas encore, dites-le à l'Église, c'est-à-dire portez vos plaintes devant l'assemblée générale de ceux qui l'aiment aussi en Jésus-Christ. Et, suivant l'ordre hiérarchique qu'on m'a dit être établi parmi vous, on peut entendre, par ce mot, l'Église, ou le consistoire, ou le synode. Mais il faut bien remarquer ici que, par ces mots, *dites-le à l'Église*, l'écrivain sacré n'a pas voulu entendre une réprimande publique faite en présence de tout le monde, et même des étrangers, comme dans une thèse de théologie, ou dans un sermon ; d'abord, parceque cela est directement contraire à la charité, et porte tous les caractères d'un châtiment, inutile pour le bien de celui à qui on l'inflige, mais capable de lui faire beaucoup de mal. En effet, comme je l'ai déjà dit, celui qui ne se corrige point, quand on a fait connoître sa conduite à ses amis, ne se corrigera pas davantage quand on l'aura rendue publique. Au contraire, délivré de la crainte d'un pareil affront, il n'aura plus aucune retenue dans le mal.

En second lieu, parceque l'Écriture ajoute ces paroles, S'il n'écoute pas l'Église, qu'il soit pour vous comme un païen et un publicain, c'est-à-dire cessez de le mettre au nombre de ceux avec qui la conformité de sentiment et de foi vous a lié d'une manière plus intime, et ne le traitez plus que comme un étranger et un inconnu, sans le poursuivre néanmoins comme un ennemi; car autrefois les disciples de Jésus-Christ n'avoient point de haine pour les païens et les publicains; ils se bornoient à ne pas les aimer comme leurs frères.

Or ces lois de l'amitié, obligatoires pour tous les hommes, le sont encore plus pour les théologiens, les prédicateurs et les pasteurs des églises. Car comme il n'y a pas dans la vie sociale de plus grand bien que l'amitié, comme le plus grand avantage de l'amitié est de pouvoir être averti par ses amis et corrigé par leurs conseils; que d'un autre côté tout le monde n'est pas à même d'avoir personnellement des amis assez fidèles et assez sages pour remplir convenablement des fonctions aussi délicates, on consent volontiers à écouter, comme les amis communs de tous les hommes, ceux en qui l'on reconnoît, dans un degré éminent, l'esprit de piété, de prudence et de charité chrétienne. Or on s'attend ordinairement à trouver toutes ces qualités dans ceux qui s'adonnent spécialement aux études théologiques, et qui sont reçus au nombre des prédicateurs et des ministres de l'Église; et quand ils les possèdent réellement, ils ont les titres les plus incontestables au respect et à l'amour de tous les autres hommes. Mais si nous voyons qu'un homme, sans nous avertir en particulier d'aucune de nos fautes, saisit et cherche même toutes les occasions de nous accuser publiquement auprès des autres, surtout lorsqu'il espère que nous n'en saurons jamais rien ; que souvent même il nous attribue des fautes auxquelles nous sommes complètement étrangers, ou qu'il condamne comme de grands crimes des actions que nous avons bien réellement commises, mais qui n'avoient rien de criminel à nos yeux, ni à ceux des autres, et tout cela sans avoir eu jamais à se plaindre de nous ; que ce même homme a tenu la même conduite envers plusieurs autres, nous reconnoîtrons clairement qu'il est entièrement dépourvu de charité chrétienne, même de tout sentiment humain, et qu'il est indigne de notre amitié. Je crains bien que mes lecteurs ne regardent comme superflu tout ce que je viens d'écrire. Nous avons vu suffisamment dans ce qui précède que vous dédaignez les lois de la charité en les traitant de lois mielleuses *anodynes*, peut-être parceque vous craignez de paroître doucereux, et que vous préférez le ton d'un censeur amer et d'un législateur impérieux. J'ajouterai donc ici quelques mots sur ce sujet; et d'abord, quant aux réprimandes que l'on fait, sans avoir aucun droit de condamner, et qu'on appelle, à proprement parler, des accusations, elles sont certainement permises dans tout état bien ordonné, quelquefois même elles sont commandées, comme quand il s'agit d'un crime de lèse-majesté. Et à la rigueur, ceux qui en blâmant autrui ne disent rien de contraire à la vérité, ceux-là ne sont pas condamnés par les lois, car il est dit expressément dans le Digeste, livre XVIII, des injures et libelles diffamatoires : *Celui qui attaque la réputation d'un coupable ne peut encourir pour ce motif aucune condamnation; car il est bon et utile que les fautes des coupables soient connues.* Mais néanmoins il est diverses circonstances qui font que telle accusation est moins honorable et moins juste que telle autre; car lorsqu'un coupable montre de l'humilité et des dispositions au repentir, il n'est pas honorable de se faire son accusateur, à moins qu'on ne soit magistrat, ou qu'on n'y soit contraint par quelque autre motif. Ce seroit aller contre la charité que nous nous devons les uns aux autres, que de chercher à faire punir un homme qui s'humilie et demande grâce; mais si un coupable arrogant et obstiné menace de troubler la paix et la concorde publique; si, malgré les avertissements particuliers de ses amis et même des magistrats, il refuse de reconnoître et de réparer ses fautes, s'il se montre si violent dans l'attaque, si audacieux en fait de calomnies, si opiniâtre à les soutenir que peu de gens osent lui résister, s'il a enfin tant de faux-fuyants, tant de ruses pour dissimuler ses vices, tant d'impudence pour les nier, qu'aisément reconnus par ceux qui examinent la chose de près, il ne soit pas aussi facile de les démasquer aux yeux de tout le monde, il est certain que celui qui peut, et qui ose le faire, lorsqu'il ne remplit aucune fonction publique, fait une bonne action quand il l'accuse, et qu'il ne peut même honnêtement se dispenser de le faire, s'il a été lui-même attaqué, offensé par d'atroces calomnies, et qu'il s'exposeroit par cette négligence à se faire accuser de lâcheté et d'indifférence pour l'utilité publique et pour sa propre réputation. J'ai fait une exception pour ceux qui remplissent des fonctions publiques, non que je pense qu'ils doivent tous s'abstenir de se porter pour accusateurs, quelques uns même y sont obligés par état, mais parceque, cette dernière circonstance exceptée, il est moins honorable pour eux de le faire, que pour les particuliers. En effet, lorsqu'ils ne peuvent remplir les fonctions de juges, il est à craindre qu'on ne les accuse d'abuser de leur influence pour opprimer un innocent. Car un particulier accuse à ses risques et périls, et s'il ne peut prouver qu'il a dit la vérité, ou du moins qu'il avoit de'puissants motifs pour croire qu'il la disoit, il est puni comme calomniateur : mais les hommes en place peuvent souvent nuire plus impunément; et assurément de tous ceux qui remplissent des fonctions publiques, il n'est personne à qui le rôle d'accusateur convienne moins qu'à un prédicateur, à un professeur de théologie, à un ministre de l'Église. Comme en raison de leurs fonctions ils sont regardés comme supérieurs aux autres hommes en piété, en science, et surtout en charité, leur témoignage est un préjugé bien fort contre celui qu'ils accusent, et s'ils veulent faire le mal, ils ont de grandes chances de calomnier impunément. Mais quoique peut-être on puisse quelquefois leur permettre d'accuser les autres, de venger leurs propres injures et de s'abandonner à leurs ressentiments personnels, il ne leur est jamais permis d'employer pour cela les sermons ou les thèses publiques.

Personne ne doute en effet que les sermons ne soient institués pour enseigner la vérité dans tout ce qui touche à la religion, et en même temps pour détourner les hommes du mal et les amener à la vertu ; mais jamais on n'a pensé qu'ils dussent servir à imprimer l'ignominie, à ouvrir un champ plus vaste à la malignité, ou à conférer aucun droit sur les individus; et quand un prédicateur blâme, du haut de la chaire, la conduite d'un particulier ou d'un magistrat, assurément il fait plus de tort à leur réputation que s'il leur adressoit les mêmes reproches ailleurs, quoique en présence du même auditoire. Choisi par ses concitoyens pour leur dire la vérité dans ce lieu-là même, il donne à son témoignage privé le poids de l'autorité publique, abusant ainsi de la dignité de ses fonctions pour détruire la réputation du prochain. D'ailleurs, toute censure publique tombant sur les personnes, quelque vraie, quelque juste qu'on la suppose, excède pourtant les bornes de la charité, et tend à rendre le prochain odieux : aussi est-elle d'un très mauvais exemple dans un sermon. Enfin, comme, sous prétexte d'attaquer les vices, on peut en venir fort aisément à attaquer impunément les personnes, en s'abstenant, il est vrai, de les nommer, mais en les désignant de telle sorte que l'auditoire puisse aisément les reconnoître sans que le prédicateur soit obligé de convenir qu'il les avoit en vue, les hommes vraiment pieux, qui ne veulent point abuser de ce moyen pour s'arroger une autorité illégitime sur les magistrats et le reste de leurs concitoyens, prennent bien garde qu'on ne puisse dire jamais d'eux ce que vous dites de vous-même, page 331, que par suite de votre méthode habituelle on rencontre souvent dans vos sermons des faits particuliers retracés d'une manière si frappante, que même sans nommer personne vous avez l'air de raconter.

Pour les thèses, à ne considérer que leur usage ordinaire, elles n'ont pas grande autorité. Elles sont, la plupart du temps, supposées faites par des écoliers, et elles ne doivent contenir que des assertions que l'auteur entreprend de soutenir pendant quelques heures, qu'il soit persuadé ou non de leur vérité. Car dans toutes les matières qui ne touchent point à la foi, et qui ne peuvent entraîner de préjudice pour personne, on peut sans mensonge soutenir même ce qu'on ne croit pas vrai. C'est un moyen d'exercer l'esprit, en repoussant toutes les objections que l'on peut faire pendant la courte durée de la discussion. On peut même, quand on le juge convenable, citer le nom d'un auteur dont on ne partage pas les opinions ; proposer par exemple les thèses suivantes ou d'autres semblables : *Le sang ne circule pas dans les veines, contre l'opinion d'Hervey. . . . Il y a des formes substantielles, contre l'opinion de Regius.* Alors on est censé nommer par déférence ceux dont on ne partage pas l'opinion, et tous les véritables amis de la vérité souffrent sans peine la contradiction. Mais il faut bien se garder de nommer ou de désigner quelqu'un dans une thèse, de telle sorte qu'il puisse considérer la citation comme une censure, car alors les thèses dégénéreroient en libelles, dont tout l'odieux retomberoit sur l'université dans laquelle on les auroit publiées. Il est vrai qu'un seul les compose, mais comme on les épluche en commun, on semble les approuver toutes les fois qu'on n'en arrête point la publication; et il n'est pas un seul lieu où la diffamation soit plus déplacée que dans les universités ou dans les écoles, où l'on doit enseigner la vertu en même temps que la science. Mais si elle est interdite dans ces thèses ordinaires, qui ne sont destinées qu'à fournir un sujet de discussion pendant une heure, elle doit l'être encore bien plus dans les écrits respectés que vous publiez de temps en temps sous le nom de thèses; car vous vous en déclarez l'auteur, et vous voulez qu'on y voie les décisions ou plutôt les décrets de votre faculté de théologie, puisque vous nous apprenez, page 743, *que les professeurs de votre faculté sont animés du même esprit dans leur doctrine, leurs études et l'exercice de leurs fonctions, et que les réponses et les thèses de chacun d'eux doivent être considérées comme l'ouvrage de tous.*

Enfin, pour faire mieux sentir combien il est déplacé d'attaquer, dans ces thèses ou dans un sermon, les personnes au lieu des vices, il faut remarquer que les droits que donne la charité, les seuls dont veuillent user les âmes pieuses, ou même les droits attachés aux fonctions de l'enseignement, que vous pouvez faire valoir quand il s'agit de la jeunesse soumise à votre férule, mais non pas quand il s'agit de magistrats, n'ont rien de commun avec l'autorité d'un maître, et même avec le droit civil dont les magistrats sont armés pour la punition des coupables. La principale différence consiste en ce que le droit civil a pour but l'utilité commune d'un grand nombre d'hommes réunis, et que les droits que donnent la charité ou les fonctions du professorat, se rapportent au bien des personnes considérées individuellement; or il est permis au magistrat de nuire à un individu, et même de lui ôter la vie, quand ces mesures sont exigées par l'intérêt général; mais il n'est jamais permis à un instituteur qui a plusieurs élèves de faire le moindre tort à l'un d'eux, quand il devroit en résulter pour les autres les plus grands avantages, car il les a reçus tous individuellement de leurs parents, pour contribuer à leur amélioration, et non pour leur nuire en aucune manière. C'est ici qu'il faut appliquer à la rigueur la règle qui prescrit de ne jamais faire le mal pour qu'il en résulte du bien: à plus forte raison est-elle obligatoire pour ceux qui n'agissent qu'en vertu des lois de la charité; car faire du tort à quelqu'un, c'est prouver qu'on n'est pas son ami. Vous ne croyez pas, j'imagine, qu'il vous soit permis de tuer ou de blesser quelqu'un, quelque grand crime qu'il ait pu commettre; de voler un riche, quelque mauvais usage qu'il puisse faire de sa fortune, pour donner ses biens aux pauvres ou l'employer à tout autre usage, fût-ce même à l'usage le plus pieux du monde; mais assurément je ne vois pas pourquoi il vous seroit plus permis d'attaquer, dans des sermons ou des décisions théologiques, la réputation du prochain, c'est-à-dire ce que bien des gens estiment plus que la fortune et la vie, quelque justes que l'on puisse supposer vos reproches; ce seroit leur faire autant de tort que si vous leur arrachiez leur fortune ou leur vie. Or je parle ici de *votre prochain;* car peut-être demanderez vous qu'on vous laisse le champ plus libre pour attaquer les autres : je sais que vous êtes grand batailleur, et que vous rangez parmi vos ennemis tous ceux qui ne partagent pas entièrement vos opinions religieuses. Je ne veux pas examiner si en tout cela votre conduite est conforme aux règles de la piété: on en pourra juger quand on saura combien vous vous montrez charitable même envers vos frères. Je ne cite non plus que les sermons et les décisions théologiques, parceque, dans ces circonstances, étant revêtu d'un caractère public, le tort que vous faites est beaucoup plus grave. Je ne veux point affirmer que vous soyez incapable d'accuser jamais ailleurs vos ennemis, soit devant le juge, soit devant le public, bien qu'assurément cette conduite fût moins convenable de votre part que de la part d'un simple particulier. Cette liberté que l'on prend en pareil cas d'accuser publiquement les autres excède les bornes de la charité, et, comme nous l'avons déjà dit, elle n'a point pour but le bien de ceux qu'on accuse, mais des autres hommes à qui la crainte d'une semblable accusation peut donner plus d'éloignement pour le vice. Or écoutez l'apôtre saint Jacques, chapitre IV : *Celui qui ôte à son frère, ôte à la loi ; et celui qui juge son frère, juge la loi.* En effet, on vous accorde le droit, ou plutôt, en votre qualité de prédicateur, on vous a imposé le devoir de reprendre les vices et de tâcher d'en détourner les hommes; mais il y a bien de la différence entre censurer des vices, qui sont généralement reconnus pour tels, et prononcer que telle ou telle personne est sujette à ces vices, ou encore décider que l'on doit juger coupable telle ou telle action que les autres jugent fort innocente ; si vous agissez de la sorte, assurément *vous ôtez à la loi* et *vous jugez la loi,* c'est-à-dire que vous accordez plus d'autorité à votre jugement qu'à la loi. En effet, pour décider les questions de droit, vous avez, je pense, vos synodes, où l'on juge d'après l'opinion commune, et pour punir les actes coupables il y a des magistrats. Or j'ai de la peine à me persuader que les personnes de votre communion vous voient avec plaisir vous arroger à vous seul le droit de décider une question de votre autorité privée, et, malgré l'opinion contraire de plusieurs autres théologiens et même de consistoires entiers, persister à faire plus de cas de votre jugement isolé que des avis de tous les autres réunis; à moins pourtant qu'ils n'aient dessein de vous mettre à la tête de leur Église, dessein que je me garderai bien de combattre, car je craindrois de m'exposer à leurs soupçons, ou de rendre un mauvais service à notre Église. Mais à coup sûr je serois grandement surpris si les magistrats, de leur côté, vous permettoient de vous constituer, dans vos thèses et dans vos sermons, juge de la conduite privée de vos concitoyens, et d'attaquer avec si peu de réserve la réputation de tout le monde. Je sais, il est vrai, un prétexte que vous pourriez alléguer pour couvrir cette prétention; car si les prophètes parloient autrefois aux princes avec tant de liberté, vous qui marchez avec tant de sagesse sur les pas de ces divins modèles, dominé par votre zèle, vous ne pouvez supporter rien de contraire, je ne dis pas à la loi de Dieu, mais à ce que vous regardez ou même à ce que vous pouvez feindre de regarder comme la loi de Dieu; et comme vous ne faites aucune acception de personnes, vous vous emportez aussi librement contre des magistrats ou des notables, que contre des hommes d'une classe inférieure. Mais, mon cher monsieur Voet, je vous prie d'observer que ce droit suprême que les prophètes ont autrefois exercé contre les rois même ne leur a été accordé qu'en vertu d'une impulsion extraordinaire et surnaturelle qui leur étoit donnée par Dieu même, et qu'obéissant à sa volonté ils n'étoient pas sujets à l'erreur : aussi ne croyoit-on à leur mission que quand elle étoit attestée par des miracles authentiques. Et pour bien comprendre combien il est difficile que des pouvoirs si vastes vous soient jamais accordés, voyez comment Dieu les caractérise, Jérémie, 1 : *Je t'ai placé aujourd'hui, lui dit-il, au-dessus des peuples et des trônes ; je t'ai donné le pouvoir d'arracher et de détruire, de dissiper et de perdre, d'édifier et de planter.* Mais cet homme que Dieu établissoit ainsi au-dessus des peuples et des trônes étoit un individu isolé, n'ayant pas avec lui de conseillers visibles dont il pût prendre les avis; n'ayant de plus aucun caractère public. Aussi n'eût-il pas été raisonnable que les rois et les peuples se soumissent volontairement à ses remontrances, s'il n'eût prouvé par des miracles évidents la mission qu'il avoit reçue d'en haut. Quant à vous, vous êtes bien sous un certain rapport l'héritier de ces prophètes extraordinaires; comme eux vous ne tenez aucun compte des avis des autres hommes, et comme si vous entreteniez commerce avec Dieu même, vous tirez de votre propre fonds toutes vos décisions. Mais jusqu'à présent les miracles vous manquent, et vos ouvrages m'ont appris que votre religion ne reconnoît plus dans ce siècle aucun de ces prophètes qui font des miracles et que tout le monde doit écouter avec soumission. Je me dispenserai donc d'examiner quelle peut être sur ce sujet l'opinion de notre Église, et de toutes celles qui ne partagent pas votre croyance; il me suffit de montrer que vous êtes comme un autre sujet à l'erreur, et que vous n'avez aucun privilége qui vous mette au-dessus des autres ministres de votre religion; il suit de là que, s'il vous est permis de censurer publiquement, de votre autorité privée, la conduite des magistrats, le même droit appartient à tous vos confrères; or comme vous êtes sujet à l'erreur, et qu'*autant d'hommes, autant de sentiments*, il ne peut résulter de ce droit que de la confusion. Et tout le monde sait avec quel soin, dans une république si puissante, composée de tant de membres, et qui ne peut subsister que par la concorde, on doit s'attacher à prévenir un pareil fléau. Mais, pour ne pas oublier les lois de la charité, comme nous avons coutume de pardonner à nos amis tous les torts qu'ils peuvent avoir envers nous, tant que nous jugeons qu'ils sont réellement nos amis, tandis que nous en voulons plus à ces faux amis, dont les feintes caresses avoient pour but de nous faire du tort, qu'à nos ennemis déclarés, de même, s'il arrivoit qu'un théologien animé d'une piété sincère, et qu'on sauroit guidé uniquement par la charité, vînt excéder les bornes de son ministère, on lui pardonneroit aisément; mais qu'un homme vienne, avec le langage et l'extérieur de la piété, montrer dans toutes ses actions la malignité et la passion de dominer, il faut nécessairement réprimer toutes ses entreprises.

Maintenant, si j'examine votre conduite dans l'affaire de Bois-le-Duc, je comprends sans peine de quel zèle vous êtes enflammé. D'abord, en considérant les raisons qui ont pu vous engager à nommer cette ville dans des thèses publiques, à blâmer la conduite de son magistrat, à condamner et même à injurier ses principaux citoyens, il est impossible d'en trouver une seule qui respire la charité; vous-même, vous n'avez pu en imaginer aucune, vous n'en donnez point dans votre livre; seulement vous dites, p. 4, que vous fûtes consulté sur ce qui se passoit à Bois-le-Duc, par je ne sais quel ministre de cette ville, et que, publiant alors des thèses sur l'idolâtrie indirecte, vous y aviez inséré ce cas, afin d'épargner votre peine. Mais on ne se donne pas moins de peine en insérant dans des thèses une question, et en la faisant imprimer, qu'en la traitant dans une correspondance familière : tout le monde en conviendra, surtout ceux qui savent qu'on ne met rien dans une thèse dont le répondant ne soit tenu de s'instruire ; ce qui exige encore quelque travail. Mais quand il seroit vrai que vous épargniez votre peine, vous n'en seriez pas plus charitable. Certainement vous n'avez eu pour but ni de réformer, ni de servir sous aucun rapport ceux que vous accusiez : car on voit aux pages 339 et 341 de votre livre, que vous n'espériez pas que ces thèses leur parvinssent jamais. D'un autre côté vous ne pouviez vous proposer le bien de vos disciples ni d'aucune autre personne, en nommant Bois-le-Duc, et en désignant les auteurs du fait que vous blâmiez ; au contraire, en citant des hommes distingués, jouissant d'une réputation éminente, dont cette action n'avoit pas éveillé les scrupules, et que tout le monde se plairoit à imiter, il vous devenoit plus difficile de combattre leur exemple, qu'en séparant de toutes les circonstances le fait que vous censuriez, afin de prévenir les applications. Or, puisque la désignation des personnes n'étoit utile ni à ceux que vous accusiez, ni aux autres, n'est-il pas évident que vous avez eu l'intention de médire? D'où a-t-elle pu vous venir, si ce n'est de votre empressement à saisir de pareilles occasions pour usurper et affermir sur tous les esprits votre injuste domination? Vous n'aviez aucune haine personnelle contre ceux que vous avez attaqués ; de votre aveu vous ne les connoissiez pas ; mais, comptant que vos thèses ne tomberoient jamais dans leurs mains, ou que du moins ils ne les honoreroient pas d'une réponse publique, vous avez cru que vous alliez acquérir une grande autorité, et que les membres de votre académie et tous ceux que la renommée instruiroit de votre conduite, voyant que vous aviez osé impunément condamner des hommes si distingués et une ville si célèbre, respecteroient votre puissance, et n'entreprendroient rien, soit en public, soit en particulier, sans votre approbation, tremblant de s'exposer à vos calomnies. En usant de tels moyens, quiconque est impudent, méchant, grand parleur, agréable à la populace, peut aisément acquérir beaucoup de pouvoir, si personne ne démasque ses artifices. Mais, malheureusement pour vous, Desmarets a prouvé par un écrit public l'innocence de ses concitoyens et l'iniquité de votre accusation ; le magistrat de Bois-le-Duc et d'autres encore ont essayé par différentes lettres de vous décider à garder le silence jusqu'au jugement du prochain synode, auquel ceux que vous aviez accusés protestoient qu'ils vouloient se soumettre. Ainsi vous fûtes réduit à l'alternative ou de jeter le masque de la piété et de la charité, en refusant d'écouter leur juste demande ; ou de voir s'évanouir presque toutes vos espérances de domination, en vous soumettant à l'autorité des synodes. Vous faites connoître votre choix en publiant le livre sur la confrérie de la Vierge. Vous y disputez la victoire, non par des raisons, non par aucun prétexte spécieux, mais sans autre soutien que votre obstination et l'audace de vos calomnies. Tout l'art de ce livre consiste en ce que vous l'avez fait si long et si ennuyeux, qu'aucune patience d'homme ne suffiroit à le lire tout entier. De plus Desmarets et tous ceux qu'il défend y sont si souvent accusés, blâmés, condamnés que ceux qui ne feront qu'en parcourir quelques pages, voyant que vous triomphez partout, comme si vous aviez invinciblement démontré la justice de votre cause et les torts de vos adversaires, s'imagineront que vos arguments sont développés dans d'autres pages qu'ils n'auront pas lues. Vous avez trouvé le moyen de grossir le volume, en ramassant une foule de contes pour rendre odieuses les confréries de la Sainte-Vierge, en mettant en pièces le livre de Desmarets, en l'arrangeant en lieux communs, et en proposant diverses questions, qui certainement ne sont pas charitables ; car *la charité ne pense pas à mal:* or ces questions prouvent que vous y avez souvent pensé, lorsqu'il n'y avoit pas lieu. Vous racontez aussi dans ce livre comme vos adversaires ont essayé tous les moyens de vous détourner d'écrire, et comme vous avez persisté, cherchant à faire croire qu'ils se défient de leur cause, et que vous ne doutez pas de votre bon droit. Ces suggestions préviendront facilement ceux qui n'examineront pas le fond de la chose, et quant aux autres, en très petit nombre, selon vos espérances, si même il doit s'en trouver, qui compareront le livre de Desmarets avec le vôtre, et qui pèseront les raisons de part et d'autre, il paroît que vous n'avez compté que sur la crainte pour leur imposer silence. Il est impossible en effet qu'ils ne s'aperçoivent que vous n'apportez pas une seule raison solide pour blâmer la conduite des principaux citoyens de Bois-le-Duc, ni pour défendre la vôtre, si ce n'est que vous niez avec une incroyable audace que vous ayez écrit ce qu'on lit clairement dans vos thèses. Ils connoîtront par là que Desmarets et les habitants de Bois-le-Duc ne se sont nullement défiés de leur cause, que vous n'avez eu aucune espérance de bien défendre la vôtre, et que par conséquent s'ils ont voulu vous détourner d'écrire, ce n'a été que pour conserver la paix de cette Église, et dans l'intérêt de votre honneur; que vous, au contraire, vous avez cherché les querelles et les troubles, pour noircir leur réputation, et pour paroître audacieux, implacable et terrible, afin que personne n'ose désormais vous résister. En effet, puisque vous n'avez pas craint de condamner la conduite suivie par les principaux citoyens de Bois-le-Duc, pour la sûreté de leur ville et le salut de la république, nul ne pourra se croire assez irréprochable, assez élevé en autorité, pour braver vos accusations. Puisque vous êtes si irrité contre Desmarets, et si acharné à le poursuivre, uniquement pour avoir défendu ses amis avec modération, en vous excusant, autant qu'il le pouvoit, et même en vous donnant des éloges que vous ne méritiez pas, il faut compter, quelques égards qu'on mette à vous avertir, que vous n'y répondrez que par vos fureurs; puisque vous mentez si audacieusement dans votre livre, puisque vous en appelez si souvent à vos thèses qui confondent votre mensonge, et que vous méprisez si ouvertement les lois de la charité, comme d'invention récente, personne ne peut espérer de vous réduire au silence par l'évidence du raisonnement; enfin, puisque vous paroissez si implacable et si opiniâtre à venger vos moindres injures, que vous ne vous laissez arrêter ni par l'autorité, ni par les avis, ni par les prières des magistrats et des assemblées ecclésiastiques, tout le monde redoutera votre inimitié, et fuira votre rencontre comme celle d'une bête féroce. Si par ces moyens vous parvenez à sauver votre réputation et à empêcher ceux qui pénétreront la vérité, de la mettre au jour, ou du moins à leur ôter toute créance, j'avoue que vous exercerez un grand pouvoir. Mais j'ajouterai ici en peu de mots les raisons qui m'empêchent de croire que vous réussissiez, et en même temps je ferai connoître vos mérites.

Tant que vos injures ne sont tombées que sur les adversaires de votre religion, vous avez conservé sans peine quelque réputation de savoir et de piété dans votre parti. Vous imprimiez beaucoup; on attribuoit cette fécondité à votre science: vous employiez souvent l'outrage; on pensoit que vos adversaires le méritoient et que votre zèle en étoit la cause : mais en même temps les dissidents s'indignoient, s'irritoient, et vos livres n'étoient d'aucun usage. Ceux qui les lisoient, peu nombreux d'ailleurs, je l'avoue, y cherchant des raisons et n'y trouvant que des injures, et voyant une cause si mal défendue, en concevoient encore une plus mauvaise opinion; en sorte qu'il est dans l'intérêt de votre religion elle-même que les moyens que vous employez soient signalés, et je peux craindre que ceux de ma communion ne m'accusent de prévariquer en me taisant. Lorsque ensuite on remarqua que vos invectives ne s'adressoient guère à des péchés connus, mais que vous mettiez votre habileté à en découvrir de nouveaux, si légers que personne n'y trouve de mal, et qui sont propres aux grands plutôt qu'aux gens du peuple ; lorsqu'on vit que vous en parliez comme de crimes énormes, on pensa qu'on pouvoit justement vous appliquer les paroles de Jésus-Christ, saint Matth., 7: *Ne jugez point, afin que vous ne soyez point jugés ; car vous serez jugés selon ce que vous aurez jugé les autres, et on se servira envers vous de la même mesure dont vous vous serez servis envers eux. Pourquoi voyez-vous une paille dans l'œil de votre frère, vous qui ne voyez pas une poutre dans votre œil ? Ou comment dites-vous à votre frère, Laissez-moi tirer une paille de votre œil, vous qui avez une poutre dans le vôtre ? Hypocrites, ôtez premièrement la poutre de votre œil, et alors vous verrez comment vous pourrez tirer la paille de l'œil de votre frère.* Lorsqu'on connoît encore comment vous avez attaqué Regius et comment vous avez voulu étendre, sans aucune ombre de raison, votre censure théologique à des questions purement philosophiques, on n'a pu douter de votre méchanceté. Lorsqu'enfin vous en êtes venu à condamner dans des thèses académiques le magistrat et les principaux habitants d'une ville puissante, pour une chose qui a reçu l'approbation des autres théologiens et de leur consistoire ; à traduire comme un calomniateur leur ministre, qui vous a répondu avec autant de modération que de vérité ; à dire des lois de la charité qu'elles sont de nouvelle date ; à soutenir qu'il n'y a pas de rapport entre les synodes et vous ; à renier impudemment dans un nouvel ouvrage ce que vous avez écrit dans des thèses publiques ; et à ne vous laisser détourner par aucune raison de faire paroître un livre si méchant et si injurieux, vous ne sauriez douter que vos supérieurs ne reconnoissent clairement la nécessité de réprimer votre audace. En effet, quelle provocation plus ouverte à la guerre civile que de s'appuyer de l'autorité d'une ville pour condamner dans un écrit public, foible de raisons et fort d'injures, ce qu'a fait une autre ville, non pas d'indifférent, mais d'utile à la république. Vous êtes fâché sans doute de ce que j'écris ; mais que voulez-vous ? Il s'agit du salut commun et de la paix de ce pays que j'habite comme vous depuis plusieurs années. Il n'est point ici question de la bonté de la mesure que vous avez blâmée ; il ne faut pas attendre qu'un synode détermine s'il est permis à ceux de votre religion d'entrer, avec des catholiques romains, dans quelque société qui soit appelée du nom de la Vierge, et dans laquelle il n'y ait rien de contraire à votre religion (on y trouveroit sans doute de grandes difficultés); la question est seulement de savoir s'il est permis à un théologien d'une ville de condamner une autre ville de son autorité privée, et de la diffamer autant qu'il est en lui ; et s'il faut penser que ses supérieurs ne jugeront pas, dans leur sagesse et leur équité, qu'il doit être puni. Le châtiment est d'autant plus nécessaire qu'ils connoissent déjà votre opiniâtreté. Si vous n'êtes réprimé, vous serez bientôt d'une audace insupportable; et tout ce qu'on peut attendre en vous épargnant, c'est que, devenu plus prudent sans devenir meilleur, vous ne nommerez plus les villes à l'avenir, mais que, *suivant*, comme vous le dites, *votre méthode ordinaire*, vous désignerez si exactement les actions de ceux que vous voudrez diffamer, que l'application sera facile; et vous ne ferez pas moins de mal, sans vous exposer au châtiment. Je ne dirai pas ici par quelles raisons je crois impossible que vos supérieurs civils ou ecclésiastiques pardonnent à votre conduite; on pourroit croire qu'en vous avertissant, j'ai voulu leur apprendre indirectement ce qu'ils doivent savoir et ce qu'ils savent mieux que moi. Mais il est encore une chose que je ne puis taire, dans l'intérêt du peuple. J'ai toujours entendu dire que c'est une règle suivie dans votre Église de déposer un prédicateur convaincu de quelque péché honteux; par exemple, s'il a commis un adultère, ou un vol, ou un homicide; coutume sage; car bien qu'il soit possible que ceux qui font le mal donnent aux autres de bons conseils, jamais cependant leurs paroles n'obtiennent la même confiance que s'ils étoient d'une probité irréprochable. Mais certainement il n'est point de péché qui déshonore plus un prédicateur, qui ôte plus à ses paroles toute confiance, et, par conséquent, il n'en est pas qui le rende plus indigne de ses fonctions, que de tomber sans cesse évidemment dans le mensonge, la médisance et la calomnie. Les autres péchés sont étrangers au prêche, et ont leur excuse dans la fragilité humaine. La charité nous oblige même à croire que ceux qui les ont commis abjurent l'intention d'y persévérer, avant d'adresser au peuple leur instruction, et qu'ainsi l'on doit les écouter comme s'ils étoient exempts de péché. On n'a d'ailleurs pas à craindre que personne propose à ses auditeurs l'exemple de l'homicide, de l'adultère ou du vol; au contraire, si quelqu'un a tué un homme dans un accès de colère, si toute autre passion lui a fait commettre d'autres péchés, souvent le repentir qu'il en éprouve le rend plus capable d'en détourner les autres que celui qui n'y est jamais tombé. Mais le mensonge, la médisance, la calomnie n'ont jamais plus de liberté que dans le prêche, et nulle part ils ne sont plus coupables. La chaire fut instituée pour l'enseignement de la vérité : le peuple compte qu'elle en doit descendre; le plus grand vice dans un prédicateur c'est donc le mensonge. La chaire fut encore instituée pour offrir des exemples de piété et de charité chrétienne ; de tous les mensonges il n'en est pas de plus honteux, de plus contraires à la charité, que ceux qui tendent à nuire au prochain, et qu'on appelle injures et calomnies; il n'en est pas non plus de plus coupables dans un prédicateur. On a vu que vous avez été convaincu d'avoir employé plus d'une fois, dans votre livre, cette sorte de mensonges. Et je ne demande pas qu'on m'en croie sur parole : je n'ai rien avancé qui ne soit évident, d'après les écrits que vous avez publiés; et si quelques uns ne veulent pas lire vos ouvrages, et qu'ils trouvent injuste de croire mes affirmations plutôt que les dénégations formelles de leur pasteur, ils ne peuvent cependant vous excuser sans condamner Desmarets, votre confrère; car on ne sauroit nier que vous l'accusez souvent dans votre livre de mensonge et de calomnie. Si vous dites vrai, il est indigne de prêcher; mais si vous dites ce qui n'est pas, en l'accusant de calomnie, vous calomniez vous-même; et comme on ne sauroit le soupçonner, je ne vois pas qu'il vous reste aucune excuse.

HUITIÈME PARTIE.

De la Préface et de la troisième section du livre publié à Utrecht sur la Philosophie cartésienne.

Je n'avois pas encore lu tout entier le livre sur la confrérie de Marie, lorsqu'il en parut un autre sur la Philosophie cartésienne. Plusieurs personnes, qui connoissent ce dernier ouvrage, l'ont jugé indigne d'une réfutation; cependant, puisque j'ai entrepris de répondre, je ne peux me taire sur une calomnie dont je suis l'objet. J'examinerai ce livre brièvement.

Le premier feuillet porte ce titre : *Méthode admirable de la nouvelle philosophie de René Descartes. Utrecht, chez Jean Van-Wœsberge,* 1645. Point de nom d'auteur, que le mien. Vous avez jugé, sans doute, qu'il achalanderoit vos marchandises mieux que le vôtre. Au second feuillet on lit, en tête d'une longue préface, le nom d'un de vos disciples; je le tairai, il n'obtiendra pas la gloire d'Érostrate. Il paroît avoir formé sur vous son caractère et son style : on pourroit confondre le maître et l'écolier. Craignant de prendre le change, je n'attribuerai l'ouvrage ni à vous ni à lui exclusivement, je le considèrerai comme votre production commune. Il dit d'abord que *mon nom s'est accrédité, depuis quelques années, parmi certains grands, proclamé surtout par la trompette d'un homme assez docte qui n'a pas voulu lui montrer l'antre où je me tiens caché.* Cependant ma retraite n'est pas si obscure qu'elle ne soit ouverte aux honnêtes gens et aux savants : si quelqu'un de mes amis n'a pas voulu me le présenter, alléguant, dit-il, que je suis *paucorum hominum,* il ne doit pas s'en prendre à moi, mais à lui-même et à l'opinion qu'il donne de lui. Il raconte ensuite *qu'il a lu et relu avec une attention opiniâtre le livre que je publiai en* 1637, *et qu'il est persuadé que pas un homme, admis au théâtre de la science, n'applaudiroit à ces niaiseries d'un esprit sans principes, misérables avortons exposés par leur père.* J'en suis fâché pour son jugement, elles ont obtenu plus d'un suffrage. Il ajoute qu'*un médecin* (Regius) *a le premier levé l'étendard de la philosophie cartésienne; et que, dès le berceau de la nouvelle académie, j'ai aspiré à en devenir le dictateur.* — Sans doute les voies devoient m'être préparées par Regius, qui, avant de m'être connu, y enseignoit la doctrine de mes écrits. — Mais *que* cette philosophie, *contre l'attente de bien des gens, avoit été proscrite par un seul décret du sénat académique, avec l'approbation du très noble et très illustre magistrat, et qu'avec la grâce de Dieu jamais le ban ne seroit révoqué.* Il veut parler sans doute de votre fameux jugement, qui a reçu de moi tous les éloges qu'il mérite dans ma lettre au P. Dinet. Mais quelle raison l'autorise à dire que ce décret a eu l'approbation du magistrat? La même, peut-être, qui vous fait dire que vos thèses sont des décrets de la Faculté de théologie. En effet, il n'y a chez vous qu'une opinion, et tout ce qu'a fait M. Voet, il faut estimer que toute la ville le trouve bon : c'est ce que je croirai quand le livre sur la Confrérie de Marie et celui de la Philosophie cartésienne obtiendront l'approbation publique. Il attaque ensuite la lettre où j'ai rendu compte de votre jugement. Il a cru d'abord, dit-il, que je *vou-*

lois éblouir, par le prestige des opinions nouvelles, des riches d'un esprit simple, pour m'approprier leur bourse et leur coffre-fort, etc.; mais ensuite il a renoncé à cette idée quand il a vu que je portois avec moi des sacs d'écus, dont je me servois pour m'emparer de ce qui devroit être plus précieux que tout l'or du monde. Je ne vois pas de quoi je m'empare, si ce n'est peut-être de l'amitié de quelques personnes, et des suffrages du public en faveur de la nouvelle philosophie. Je n'entends pas davantage de quel crime il m'accuse, lorsqu'il ajoute : *Bien qu'il affecte la modestie, tous ses vœux, tous ses efforts tendent à élever, avec le secours de ses amis et par des moyens indignes d'un honnête homme, une nouvelle tour de Babel, et dans des lieux où l'ancienne philosophie, consacrée par l'usage, fut toujours enseignée en public et en particulier.* Peut-être tient-il pour hérétiques toutes les opinions qui s'éloignent de la philosophie vulgaire, que, par une liberté assez profane, vous nommez *orthodoxe*. Mais ce qui suit s'entend à merveille. (Pag. 13 de la Préface.) *J'ai reconnu, comme tout le monde peut le voir dans ce traité, qu'il partageoit les opinions de Vanini; qu'en feignant d'opposer aux athées des arguments invincibles, il insinue perfidement, et d'une manière insensible, le venin de l'athéisme à ceux qui par simplicité n'aperçoivent pas toujours le serpent caché sous l'herbe.* Je reconnois l'odieuse et impudente calomnie dont vous avez répandu le poison sur tout votre livre. Il essaie ensuite de réfuter ce que j'ai écrit de vous dans ma lettre au P. Dinet; il le divise en deux parties : dans l'une il range, dit-il, ce qui est hors de la question; dans l'autre ce qui est essentiel à la cause. 1° Il regarde comme appartenant à la première l'endroit de ma lettre où je dis *qu'en invectivant contre des hommes puissants, vous affectez le zèle d'une piété ardente et intrépide.* Il se borne à répondre *que le magistrat vous a toléré comme citoyen et comme ministre de son église, dans un bourg voisin de Bois-le-Duc, pendant six ans, et à Heusden pendant dix-sept,* que dans cet intervalle vous avez été l'objet de fréquentes sollicitations, et qu'enfin vous êtes aujourd'hui professeur de théologie et pasteur à Utrecht. Mais on a vu dans la quatrième partie comment vos semblables se font une réputation : dans je ne sais quel bourg ou village, de bons paysans ont vanté votre faconde; le bruit s'en est répandu; plusieurs y ont cru sur parole et par charité; des gens qui ne vous connoissoient pas vous ont fait des propositions; et peut-être alors n'aviez-vous pas encore cette audacieuse impudence. Mais votre défenseur me demande quels sont ces hommes puissants qui ont éprouvé l'emportement de votre zèle, comme si l'exemple que vous citez dans le livre sur la *Confrérie de la Vierge* n'étoit pas connu. 2° Il dit que *je m'efforce de vous peindre comme embrasé du feu d'un zèle ardent et sans frein, parceque vous attaquez tour à tour la religion romaine et toutes celles qui diffèrent de la vôtre.* Ce langage est flatteur pour votre vanité; aussi je n'ai ni écrit, ni pensé que vous aviez un zèle de cette espèce, que pourroient louer vos coreligionnaires; j'ai dit qu'en attaquant tour à tour l'Église romaine et toutes celles qui diffèrent de la vôtre, en invectivant contre les hommes puissants, vous affectiez un zèle ardent, pour établir votre crédit et votre pouvoir sur le peuple. 3° Il se plaint que j'aie écrit *que vous charmiez quelquefois même par des plaisanteries les oreilles de la populace.* Nouvelle complaisance pour votre vanité : d'abord il omet une épithète. J'ai dit *des plaisanteries bouffonnes*, c'est-à-dire grossières, communes, froides, sans politesse, tirées du langage le plus trivial. Ensuite il convient que vous aimez la plaisanterie; car vous prétendez être piquant, et vous n'êtes qu'amer; mais il assure *que vos bons mots ne charment pas seulement la populace*, et il ajoute *que la ville d'Utrecht, grâce à Dieu, renferme encore dans son sein bien des personnes de qualité, qui ne souffriront pas qu'une poignée de calomniateurs accablent, par le mensonge et de lâches artifices, la piété, le zèle et l'innocence;* la vôtre, sans doute; il n'ose pas le dire de crainte des rieurs. Cependant vous ne me persuaderez jamais que vos bouffonneries vous concilient l'estime des gens bien nés ; mais comme je ne doute pas qu'ils ne vous aient tous favorisé, tant qu'ils vous ont regardé comme un homme pieux et innocent, de même je suis persuadé qu'ils vous détesteront tous dès que vos vices leur seront connus. En attendant je suis charmé d'apprendre que vous vous êtes un peu corrigé de cette bouffonnerie que je vous ai reprochée. 4° Il cite ces paroles : *Il passe pour être théologien, prédicateur, argumentateur.* Il n'en conteste pas la vérité; mais, comme si je vous avois fait injure en vous appelant théologien, prédicateur et argumentateur, il en prend occasion de m'accabler d'injures. 5°, 6°, 7° Il me blâme d'avoir dit *que vos livres ne méritent pas d'être lus ; que vous citez différents auteurs qui vous sont plus souvent contraires que favorables, et que vous ne les connoissez peut-être que par les tables.* J'ai montré dans la quatrième partie que j'avois raison sur ces trois points; et il n'en prouve la fausseté qu'en vous louant et en m'injuriant, en prenant à témoin les libraires que vos livres ne manquent pas de lecteurs; comme si tous les livres qui trouvent quelques acheteurs, bonne fortune assez rare pour les vôtres, valoient la peine d'être lus. Il vous appelle ensuite *gourmand de livres:* je ne vous dispute pas ce nom; car vous pouvez bien en dévorer beaucoup, mais certainement vous les digérez mal, et vous n'en profitez pas. 8° Il déclare faux *que vous parliez sur toutes les sciences avec autant d'audace que d'ignorance, comme si vous les connoissiez, afin d'en imposer au vulgaire ;* et il s'efforce de jeter sur moi de l'odieux, parceque ceux qui vous tiennent pour doctes ne sont pas tous ignorants. Mais ce n'est pas non plus ce que j'ai écrit, et mes paroles ne se prêtent pas à cette conséquence; car je n'ai point ajouté dans un membre de phrase subséquent que tous les savants vous regardent comme ignorant, mais seulement que vous êtes méprisé et blâmé par ceux des savants ou des habiles *qui n'ignorent pas combien vous êtes toujours prêt à provoquer les querelles, combien de fois dans les discussions vous avez suppléé aux raisons par les injures, et perdu honteusement votre cause.* Quant aux autres, quelles que soient leurs lumières, il n'est pas étonnant qu'ils aient cru d'abord à la réputation que vous vous êtes faite parmi les ignorants. Toutefois je suis charmé de vous avoir déjà rendu un peu plus modeste : j'ai vu les premières thèses que vous avez publiées à l'académie d'Utrecht; j'ai vu comme vous provoquiez tout le monde, et comme vous vous vantiez de connoitre toutes les sciences. Celui qui fut chargé de les examiner vous en fit un reproche; voici ce que vous lui répondez dans la section III, chapitre IV de votre *Thersite : Il regarde comme dé-*

montrés mon orgueil, mon hypocrisie, ma vanité, parceque j'ai proposé fièrement une foule de questions sur toutes les sciences. De quoi me fait-il un crime? Est-ce de l'opiniâtreté avec laquelle je me livre à ces études ? Est-ce de ma hardiesse à les introduire dans nos écoles? Est-ce de l'une et de l'autre? Plût à Dieu que cet ennemi des muses eût voulu motiver ses reproches! Et vous montrez ensuite, par de nombreux exemples, qu'il ne messied pas à un théologien de posséder des connoissances variées, apparemment pour vous excuser d'être un savant universel, reproche agréable à votre orgueil, mais qu'on ne vous faisoit pas, et nulle part je ne vous ai trouvé plus éloquent. Mais aujourd'hui votre disciple, écrivant sous votre dictée, parle ainsi de vous: *Il se renferme dans les limites de ses études ; et si, pour éclairer l'Écriture et la théologie, il croit devoir emprunter les lumières des sciences, il a recours aux hommes les plus habiles dans la médecine, dans la jurisprudence, dans la chirurgie, dans les mathématiques,* etc. Ainsi, cette prétention à la science universelle se rabat à devenir disciple de tout le monde. 9° Il nie plaisamment *que vous ayez coutume de suppléer aux raisons par les injures*, et il en appelle à ceux qui assistent à vos discussions de l'académie; mais vos écrits, qui en fournissent mille exemples, sont une preuve plus sûre. 10° Il imagine que j'ai écrit *que vous n'avez peut-être ja-*

mais vu *Gorlæus* ni *Taurellus*, ce que j'ai dit non de vous, mais de Regius ; on croiroit que vous attendiez cette occasion de tirer vanité d'avoir lu des livres qui, de votre aveu, ne sont pas bons. 11° Il essaie d'excuser la sottise, ou, si vous aimez mieux, la méchanceté, avec laquelle vous avez voulu attirer sur ma philosophie le soupçon de magie, parcequ'elle s'occupe de figures, en disant que vous n'attaquiez pas alors ma philosophie, que vous ne connoissiez pas encore, mais qu'un médecin en ayant parlé, vous lui aviez opposé cette objection entre autres arguments ; cela ne revient-il pas au même ? A la page 128, vous oubliez tous deux ce que vous avez dit ; vous revenez à cette même imputation absurde ou perfide, en attribuant à la magie la considération des lignes, des figures et des nombres. Ainsi une clef, une épée, une roue, et toutes les choses dont la figure détermine l'emploi, sont pour vous des instruments de magie. Rien de plus stupide ne peut tomber dans l'esprit humain. 12° Il affirme *que jamais on ne vous a vu prêt à provoquer les querelles ;* ceci paroîtra plaisant à ceux qui connoissent vos premières thèses ou vos autres écrits. Il n'est pas moins plaisant qu'il suppose que j'aie écrit que *plusieurs fois vous avez honteusement perdu votre cause.* On diroit que je crois que du moins quelquefois vous l'avez gagnée. Je ne l'ai ni écrit, ni pensé : j'ai dit que *plusieurs fois, dans les discussions* (c'est-à-dire toutes les fois qu'il a fallu disputer, et il l'a fallu souvent), *vous avez suppléé aux raisons par les injures, et perdu honteusement votre cause.* Il est encore plaisant d'avoir pris ce que j'avois dit de vous dans une ou deux périodes, de l'avoir mis en lambeaux, d'avoir omis les idées principales, et d'avoir reproduit le reste sans ordre et sans suite, afin qu'on ne pût saisir ma pensée. Enfin, je trouve plaisant de supposer que je n'ai écrit contre vous *que pour gagner les bonnes grâces des pères jésuites, à qui vous êtes particulièrement en haine, pour avoir combattu quelquefois certains dogmes de l'Église romaine :* comme si vous leur étiez très connu, et qu'ils craignissent plus un adversaire qui n'a d'autre arme que l'injure, que ceux qui combattent avec des raisons.

Après avoir ainsi examiné ce qu'il dit être hors de la question, il passe à ce qui est, de son aveu, essentiel à la cause; et *premièrement* il cite ces paroles de mon écrit : *Cependant ce cas a paru assez grave à un recteur théologien pour attaquer un médecin, le condamner comme hérétique, et, si le succès répondoit à son espérance, le dépouiller de sa profession, même contre la volonté du magistrat.* Mais il n'a garde d'ajouter qu'à l'occasion d'un badinage philosophique vous avez voulu faire condamner Regius comme hérétique, par l'autorité de la faculté de théologie. La conséquence eût été pour lui d'être déposé par le magistrat, contre la volonté du magistrat lui-même, puisqu'on ne conserve aucun professeur regardé comme hérétique. *Secondement*, il rapporte encore un autre passage dans le même sens, et le réfute plaisamment par le témoignage de Regius; il copie deux pages de sa réponse à nos thèses. Regius termine ce morceau par dire ironiquement, et en parlant du passé, que vous lui *avez toujours montré de la bienveillance et de l'amitié ;* votre apologiste feint de croire qu'il reconnoît sérieusement votre bienveillance et votre amitié dans le moment actuel et depuis la publication des thèses. Il faut que vous ayez peu de témoignages en votre faveur puisque vous invoquez celui-là. *Troisièmement*, il dit que vous n'êtes pas le seul qui ait combattu Regius, et que quelques autres professeurs ont soutenu dans leurs thèses des opinions contraires aux siennes. C'est ce que ni Regius, ni aucun autre ami de la vérité n'a jamais pu trouver mauvais; et ce n'est pas non plus ce dont je me suis plaint; mais je vous ai reproché d'avoir voulu, sans raison et calomnieusement, l'accuser d'hérésie, et voilà, je pense, ce que vous avez seul entrepris. *Quatrièmement*, il cite le passage où j'ai dit *que vous avez été dans la même cause juge et accusateur, et que vous n'avez attaqué votre collègue comme coupable d'injures, que parcequ'il avoit allégué des raisons si évidentes et si justes*, etc. Au lieu de cet etc., il devoit ajouter, *contre les accusations d'hérésie et d'athéisme que vous lui aviez intentées, qu'il n'a pas permis à la calomnie de le faire tomber dans ses piéges*, c'est-à-dire que vous avez été juge dans votre propre cause, et que dans l'accusation vous avez imité Fimbria. Que répond-il à cela? rien, si ce n'est qu'il n'a pas été témoin de ces faits, et qu'il renvoie le lecteur à la relation qui sera, dit-il, publiée au premier jour par l'Académie elle-même. Cette réponse est ridicule; car ce passage renferme le principal reproche que je vous aie fait, et si vous aviez quelque bonne excuse c'étoit le moment de la faire valoir. Quand il paroîtroit maintenant sous le nom de l'Académie quelque publication relative à ce sujet, si elle est conforme à la vérité, elle ne vous servira de rien; et si elle est mensongère, tout le monde sera d'accord pour ne l'attribuer qu'à vous. On connoît le talent de comédien avec lequel vous savez jouer le rôle, tantôt de la faculté de théologie, tantôt de l'Académie, tantôt du sénat, tantôt de la république tout entière, tantôt des églises belges, tantôt d'un prophète ou de l'Esprit-Saint, tantôt enfin de l'un ou de l'autre de vos disciples. *Cinquièmement*, après avoir cité ce passage où je vous reproche votre plus grande injustice, qui est d'avoir accusé Regius, il ne cherche pas à vous défendre des épithètes qu'il a justement rétorquées contre vous, et que vous lui

aviez données le premier faussement et sans raison ;
mais il essaie d'exciter contre Regius les autres
philosophes, en disant que ce qu'il avoit écrit sur
vous leur étoit également applicable. Cela est pourtant d'une fausseté évidente : car ils n'avoient pas
accepté la condition que vous aviez admise. Vous
aviez écrit que les principes de Regius étoient dignes
de *Chorœbus*, parcequ'ils étoient peu nombreux et
faciles à connoître; vous aviez donc reconnu tacitement qu'on pouvoit donner le nom de *Chorœbus*
à ceux dont les principes réunissoient ces deux
qualités; mais les autres philosophes n'avoient pas
accordé la même chose; Regius lui-même n'étoit
pas de cette opinion; on ne doit donc pas leur
appliquer ce qu'il n'a entendu que de vous seul.
Ensuite votre avocat renvoie à la relation qui doit
paroître dans votre Académie; il se contente d'invoquer la même autorité sur le *sixième* point qui
regarde les troubles : en attendant il ne répond
rien. *Septièmement*, il se plaint, comme d'une
grave injure, que je vous aie appelé *recteur turbulent et séditieux*, et que j'aie qualifié votre *discussion de séditieuse;* et sur cela il me menace de
m'intenter *une autre fois*, *dans un autre lieu et par
d'autres écrits*, une action en injures : comme si
mon récit ne démontroit pas clairement que vous
avez pu avec justice être appelé *séditieux dans l'Académie*. Prenez garde maintenant que vos supérieurs,

considérant ce que vous avez écrit contre Bois-le-Duc, ne jugent aussi que vous êtes séditieux dans la république. Et puisque vous me menacez de procès injustes, souffrez donc que je vous prévienne, en vous accusant selon toute justice devant le monde entier. *Enfin*, il dit que *je décerne* à Regius *le triomphe*, parceque sa réponse à vos thèses est restée sans réplique: mais il n'ajoute rien qui ne confirme que ce triomphe est mérité. J'ai dit que les écrits publiés pour vous contre cette réponse ne méritent que le ridicule et le mépris; il répond que votre fils, éditeur d'un de ces écrits, n'a point traité le sujet *ex professo*, et que celui de vos élèves sous le nom duquel l'autre a paru l'a publié à votre insu. On voit que vous n'en êtes pas vous-même satisfait; or chacun sait de science certaine que vous êtes l'auteur de celui dont vous feignez d'avoir ignoré la publication. Mais lorsqu'il ajoute que ces *écrits n'ont été ni ne doivent être réfutés*, il dit la vérité : en effet, des compositions si absurdes sont indignes d'une réfutation. Enfin, lorsqu'il nous invite, Regius et moi, à combattre votre élève plutôt que vous-même, il fait voir que vous avez abandonné votre camp, qu'il n'est plus gardé que par de mauvais soldats à moitié vaincus, qu'en un mot personne ne dispute à Regius la victoire. J'ai cité toutes ces futilités pour montrer que vous n'avez mis dans cette longue préface aucune réfutation sérieuse de ce que j'avois écrit sur vous, et que cependant vous ne l'avez faite que pour avoir l'air de me réfuter. Vous dites en finissant que votre livre a quatre parties; que *dans la première vous tracez le portrait de mon disciple; que dans la seconde vous exposez les principes et la méthode de ma prétendue philosophie; que dans la troisième vous examinez brièvement, pour en donner une idée, ma métaphysique et quelques unes de mes opinions en physique; que dans la quatrième vous montrez que cette nouvelle méthode philosophique conduit tout droit, non seulement au scepticisme, mais à l'enthousiasme, à l'athéisme et à la frénésie.* Enfin vous citez ce que j'ai écrit de Regius, page 174 de ma lettre au P. Dinet : *Il lut ma Dioptrique et mes Météores dès qu'ils eurent paru, et aussitôt il jugea qu'il s'y trouvoit quelques principes d'une philosophie véritable. Il les recueillit avec soin, il en déduisit de nouveaux, et telle fut sa sagacité, qu'en peu de mois il en forma un système complet de physiologie.* Vous concluez de ces paroles, avec votre justice ordinaire, que vous avez raison de m'attribuer les thèses et les leçons de Regius. En effet, avant de m'être connu il a lu mes écrits: par des analyses et des déductions, il a composé une physiologie : donc toute cette physiologie doit être regardée comme m'appartenant; chacun voit l'absurdité. Cependant, telle est ma confiance dans l'esprit éclairé et pénétrant de Regius, qu'il n'a, je pense, rien écrit que je ne puisse avouer hardiment : c'est ici que se découvre l'impudence de la calomnie que vous préparez. Dans tout votre ouvrage vous ne citez pas même une seule fois mes Météores, ma Dioptrique, ni mes Méditations, seuls écrits où j'aie fait connoître ma philosophie; on peut en conclure que vous ne les entendez pas, et cependant vous osez faire paroître un gros volume d'injures contre cette philosophie, qui ne vous est pas moins étrangère qu'aux hommes les plus ignorants; et, pour avoir l'air de dire quelque chose, vous attaquez un petit nombre de passages des leçons de Regius, non par des raisons, mais par des mots vides de sens. Ces vains discours auroient pu tout aussi bien se rapporter à tout autre de mes écrits; mais parceque les leçons de Regius n'ont pas été publiées, vous avez espéré qu'il seroit plus difficile et plus rare de découvrir quelle incroyable ignorance se joint à votre méchanceté.

J'ai déjà examiné assez longuement dans la troisième et la cinquième partie, les deux premières sections de votre livre; il est inutile d'y revenir : je pourrois ne rien dire sur les suivantes; car je sais bien qu'aucun homme d'esprit ne pourra les lire sans les mépriser et sans les reconnoître pour d'absurdes et impudentes calomnies. Cependant, afin de ne rien négliger de ce qui peut paroître me regarder, je vais encore parcourir les deux dernières sections. Dans la troisième, après avoir équivoqué ridiculement sur le nom de théologie, vous paroissez enfin vouloir combattre quelque partie de mes Méditations; non que vous les attaquiez réellement, vous craindriez de faire voir que vous ne les comprenez pas; mais vous avez trouvé fort à propos, à la fin de ma réponse aux secondes objections, une espèce d'*index* des propositions principales que j'ai développées; vous avez osé en transcrire trois ou quatre passages, espérant qu'il vous seroit difficile de tomber dans aucune erreur qui trahît votre ignorance; néanmoins vous avez mal compté, car vous avez nié précisément ce qu'il y a de plus évident. Ainsi, d'abord (pag. 174), vous niez que tout le monde puisse faire ce raisonnement : Je pense, donc j'existe. Vous voulez qu'un sceptique conclue seulement de l'antécédent qu'il lui semble qu'il existe; comme si, quelque sceptique que soit un être raisonnable, il pouvoit lui sembler qu'il existe, sans qu'il comprenne d'abord qu'il existe réellement, puisqu'il lui semble qu'il existe. Vous niez donc une proposition telle qu'il n'en est de plus évidente en aucune science. Page 177, vous citez, comme étant de moi, quelques mots de l'auteur des premières objections, et vous les appelez mon premier argument contre les athées; mais vous n'avez pu l'extraire de mes écrits, car vous ne les entendez pas. Ensuite vous faites des objections indignes d'être citées : tout ce qu'elles prouvent, c'est que le premier venu ne parleroit pas sur ces sujets avec autant d'impertinence. Pag. 180, 183 et 189 : Mais voici une de vos imaginations, telle que j'en ai déjà trouvé une dans votre Thersite et dans vos livres sur l'athéisme. Vous feignez de croire que les raisons par lesquelles je démontre l'existence de Dieu n'ont de valeur que pour ceux qui savent déjà qu'il existe, parcequ'elles ne dépendent que d'idées innées : mais il faut remarquer que toutes les choses dont la connoissance est dite nous avoir été donnée par la nature, ne sont pas pour cela expressément connues de nous, mais seulement que nous pouvons les connoître, indépendamment de l'expérience des sens et par les propres forces de l'esprit. Telles sont toutes les vérités géométriques, non seulement les plus immédiates, mais aussi les plus abstruses. Ainsi, dans Platon, Socrate interroge un enfant sur les éléments de la géométrie, et posant des questions de manière à lui faire trouver dans son esprit certaines vérités qu'il n'y avoit pas remarquées auparavant, il essaie ainsi de prouver que ses connoissances sont des souvenirs. Telle est aussi la notion de Dieu : et quand vous en concluez, dans votre Thersite, et dans vos livres sur l'athéisme, que personne n'est athée spéculativement, c'est-à-dire qu'il n'est personne qui ne reconnoisse en quelque manière l'existence de Dieu, vous tombez dans une aussi grande absurdité que si, de ce que toutes les vérités géométriques sont dites innées dans le même sens, vous alliez conclure qu'il n'est personne au monde qui ne sache les éléments d'Euclide. Pag. 190 : Vous niez *que tout ce que nous concevons clairement, puisse être produit par Dieu, comme nous le concevons;* et votre raison est *que nous concevons clairement deux choses contradictoires à la fois, et que cependant elles ne peuvent exister en même temps.* Sophisme puéril! En effet, nous ne concevons pas que des choses contradictoires puissent être produites à la fois, et par conséquent pour qu'elles soient produites comme nous les concevons, elles ne doivent pas l'être à la fois. Pag. 191 : Vous dites qu'on ne prouve pas l'immortalité de l'âme de l'homme, en montrant que, par la puissance extraordinaire de Dieu, elle peut exister indépendamment du corps, parcequ'on peut en dire autant de l'âme du chien. Je le nie : l'âme du chien étant corporelle, en d'autres termes, étant une espèce de matière subtile, il est contradictoire de la séparer du corps. Les autres idées que vous mêlez à celles-là sont tellement étrangères au sujet, qu'on croiroit plutôt entendre le babil incohérent d'un perroquet que les discours d'un philosophe. Ici se termine tout ce que vous dites de la métaphysique; à la page 196 vous passez à la physique, et vous n'en citez pas un seul mot tiré de mes écrits; vous vous contentez de prendre quelques passages des leçons de Regius, 1° sur les principes, 2° sur les particules insensibles, 3° sur la chaleur, 4° sur l'aimant, 5° sur le flux et le reflux de la mer. Et puis vous en jugez à tort et à travers; toute réponse seroit superflue. Seulement on peut remarquer l'impudence insigne de votre mauvaise foi : vous discutez longuement sur l'aimant et sur le flux et le reflux de la mer, comme si c'étoit moi que vous combattiez, bien qu'on ne trouve pas un mot de ces questions dans les écrits que j'ai publiés.

NEUVIÈME ET DERNIÈRE PARTIE.

De la quatrième section du livre sur la Philosophie cartésienne et des auteurs de ce livre.

Après avoir ainsi fait connoître, l'un et l'autre, par quelles solides raisons et avec quelle maturité de jugement vous désapprouvez mes opinions, vous ajoutez encore, pour conclure, une section divisée en quatre chapitres, et qui se réduit à quatre graves injures. Dans le premier chapitre, page 245, vous affirmez *que ma méthode philosophique conduit au scepticisme, et que je me place* sur le terrain des sceptiques. Vous en donnez pour preuves, *que je tonne, en apparence, contre les sceptiques les plus célèbres, que j'annonce avec emphase une science certaine sur divers sujets; et qu'enfin je propose un nouveau critérium de la vérité, tel que nul homme, quel qu'il soit, ne sauroit, avec les seules forces de la nature, appliquer à aucune science.* Et, selon vous, ce nouveau critérium n'est autre que celui-ci : *On ne doit adopter comme vrai que ce qui est clair au point de ne laisser aucun doute.* En effet vous dites *que les vérités mêmes de la foi n'échappent pas à la nécessité d'être souvent sujettes au doute.* Entendez-vous ceci du moment même où a lieu l'acte de foi, ou de celui où nous exprimons le sentiment de quelque connoissance? Vous détruisez toute foi, toute science humaine, et c'est vous qui êtes en effet sceptiques, puisque vous affirmez qu'on ne peut avoir aucune connoissance exempte de doute. Si vous voulez parler d'instants différents, voulez-vous dire que celui qui a maintenant une foi véritable, ou une connoissance évidente de quelque objet naturel, peut ne pas l'avoir dans un autre moment? Cela prouve seulement la foiblesse de l'homme, auquel les mêmes pensées ne sauroient être toujours présentes; mais il ne s'ensuit pas qu'il y ait aucun doute dans la science. Par conséquent vous ne prouvez rien contre moi; car je n'ai point parlé d'une certitude inaltérable pendant toute la vie, mais seulement de l'évidence que nous obtenons au moment où nous acquérons quelque connoissance. Bien plus, n'ayant pas fait cette distinction, et vous efforçant de prouver fort au long que l'homme ne peut rien savoir au point de n'en pas douter, vous enseignez, autant qu'il est en vous, le scepticisme. Quand vous ajoutez (pag. 253) *que je professe ouvertement le scepticisme, lorsque j'apprends à révoquer en doute le témoignage des sens,* vous donnez lieu de penser que vous croyez bien à vos sens, mais non aux matières de foi, ni à aucune conclusion fondée sur la nature ; et vous êtes si conséquents et si justes, que tout en affirmant qu'on peut douter des matières de foi et des principes de toutes les sciences, vous prétendez toutefois être saints et orthodoxes, tandis que, pour avoir dit qu'il faut douter du témoignage des sens, vous m'accusez de professer ouvertement le scepticisme. Et que ne diriez-vous pas si j'avois, comme vous, publié en hollandois un gros livre sur le catéchisme, qui contient près de huit mille questions sans aucune solution ? C'est alors que vous pourriez justement m'accuser d'enseigner le scepticisme ; car rien n'est plus propre à porter au doute que de proposer ainsi un grand nombre de questions sans réponses, et dans aucun sujet le doute n'est plus dangereux que dans le catéchisme.

Dans le second chapitre, page 255, vous dites *que ma méthode mène droit à l'enthousiasme*, et toute la preuve que vous en donnez, c'est que j'ai écrit *qu'il faut détacher l'âme des sens pour contempler Dieu*. Pour inculper cette pensée, vous posez d'abord en principe, page 256, *que l'intelligence a besoin d'être guidée par les sens extérieurs, et qu'elle n'adopteroit pas comme indubitables les axiomes même les plus évidents, sans les avoir soumis à l'épreuve des sens*; fausseté inadmissible : autrement on n'obtiendroit aucune connoissance des choses divines, parcequ'elles ne tombent pas sous les sens extérieurs. Ensuite, page 258, vous parlez ainsi : *Un cartésien a découvert que Dieu existe en lui par l'idée qu'il en a ; pourquoi donc ne raisonneroit-il pas comme l'enthousiaste ? Dieu est en moi et moi en Dieu, donc je n'agis que par Dieu qui existe en moi, et par conséquent je ne pèche pas et je ne puis pécher.* J'avoue que ces conséquences ne peuvent être tirées que par des enthousiastes, par des fous, ou par des gens qui vous ressemblent. Enfin, vous dites, page 260, que l'expérience prouve *que ceux qui veulent par l'esprit en tant qu'esprit, c'est-à-dire selon la règle de la raison humaine, contempler la perfection de l'Être suprême, lui attribuent une très grande imperfection*. On peut en conclure que vous ne voulez pas penser à Dieu, de peur de devenir enthousiastes ou de lui attribuer quelques imperfections, et qu'ainsi ne songeant jamais à Dieu vous êtes plongés dans une profonde impiété.

Dans le troisième chapitre, page 261, vous affirmez *que j'enseigne et que je propage l'athéisme.* Il est vrai que vous ajoutez *que si je le fais par ignorance, il faut me plaindre; mais que si c'est méchamment, il faut me punir.* Mais vous ne souffrez pas qu'on doute de la réalité du fait; bien plus vous employez tous vos moyens pour y faire croire; et après beaucoup de paroles, vous concluez sérieusement, p. 265, *que je travaille à élever dans l'esprit des ignorants le trône de l'athéisme.* Il faut observer que c'est une vieille calomnie que vous avez, m'a-t-on dit, opiniâtrément répétée contre moi pendant nombre d'années, et j'ai pu m'en convaincre facilement par vos traités sur l'athéisme, publiés en 1637. Il semble que vous n'ayez fait un livre que pour la fortifier et l'accréditer. En effet, à la page 13 de la préface, vous vous engagez à montrer dans le reste de l'ouvrage que *j'insinue perfidement et d'une manière insensible le venin de l'athéisme.* Ensuite vous me donnez des disciples, et vous employez toute la première section à controuver des lois absurdes et impertinentes, que par une impudence incroyable, sans la moindre apparence de vérité, vous prétendez que je leur impose; et me comparant partout aux athées, aux imposteurs, aux perturbateurs des églises et des états, les plus détestables et les plus odieux, qui ont été livrés aux plus affreux supplices, en punition de leurs crimes, vous finissez par conclure qu'à leur exemple *j'enseigne et je propage l'athéisme.* Si vous disiez vrai, je commettrois sans doute un crime très grave, et qu'aucun état, quelque libre qu'il soit, ne sauroit tolérer; je vais donc rapporter toutes les raisons que vous avez méditées pendant quelques années pour m'intenter cette accusation : j'ai la conscience intime qu'elles ne sont point vraies; mais n'eussent-elles que la moindre apparence de vérité, je demanderai pardon de mon imprudence et de mon ignorance; si au contraire il est évident qu'elles ne partent que de votre méchanceté et de votre perfidie, j'aurai le droit de me plaindre d'une si cruelle calomnie devant Dieu et devant les hommes. Voici le principe de tout votre raisonnement; je dis, page 261: *Si les paroles étoient la représentation fidèle de la pensée, et qu'on pût y croire avec assurance, je serois à l'abri du moindre soupçon d'athéisme.* En effet, quelques gens ont dans la bouche des discours vertueux et sont cependant, vous le savez, des scélérats hypocrites; de plus il est évident d'après mes écrits qu'on ne peut même me soupçonner d'athéisme; vous prétendez qu'il faut en conclure que je suis athée, c'est-à-dire que vous me supposez hypocrite; mais c'est ce que vous ne prouvez ni n'essayez de prouver nulle part; à moins que vous ne donniez pour preuve cette longue comparaison entre moi et Vanini, qui, comme vous le rappelez, *fut brûlé publiquement à Toulouse, non seulement comme athée, mais comme apôtre de l'athéisme.* Or voici ce parallèle: *Vanini écrivoit contre les athées, et lui-même étoit le père de tous; c'est ce que fait Descartes. Vanini se vantoit de vaincre les athées par des arguments auxquels ne pouvoit résister le bouclier de leur entêtement; c'est ce que fait Descartes. Vanini s'avisoit de déposséder les arguments vulgaires de l'autorité dont ils jouissoient depuis long-temps, et d'y substituer les siens; c'est le but que Descartes s'efforce d'atteindre. Enfin, les arguments que Vanini opposoit aux athées comme des Achilles ou des Hectors, examinés attentivement, paroissent sans force et sans valeur; les raisonnements de René Descartes sont, sous tous les rapports, de la même espèce.* Vous concluez ensuite, page 265 : *Ce n'est donc pas injustice de comparer René au défenseur le plus subtil de l'athéisme, César Vanini; car il travaille par les mêmes moyens à élever, dans l'âme des ignorants, le trône de l'athéisme.* Qui n'admireroit votre absurde impudence? Quand il seroit vrai, comme je le reconnois hardiment, que j'eusse écrit contre les athées, et que j'eusse vanté mes arguments comme les meilleurs; quand il seroit vrai, ce que je nie positivement, que je rejetasse les arguments anciens et que les miens fussent trouvés sans force et sans valeur, il ne s'ensuivroit pas que je dusse être, je ne dis pas accusé, mais soupçonné d'athéisme. Qu'un homme s'imaginant réfuter les athées propose des arguments insuffisants, l'accusera-t-on d'athéisme? non, mais de maladresse. Bien plus, la réfutation des athées étant très difficile, comme vous l'avancez dans votre dernier livre sur l'athéisme, il ne faut pas tenir pour ignorants tous ceux qui ont combattu cette doctrine sans succès. Voyez Grégoire de Valence : ce théologien célèbre et profond réfute tous les arguments employés par saint Thomas à prouver l'existence de Dieu, et il montre qu'ils sont sans valeur. D'autres théologiens graves et pieux l'ont fait comme lui; et si l'on raisonnoit à votre manière, on pourroit dire de saint Thomas, qui plus que personne fut à l'abri du soupçon d'athéisme, que ses arguments contre les athées, examinés attentivement, paroissent sans force et sans valeur, et le comparer en conséquence à Vanini, avec plus de raison que moi, j'ose le dire, puisque mes arguments n'ont jamais été réfutés comme les siens. Mais vous avez deux excellents moyens d'en prouver la foiblesse: le premier, c'est de dire *que vous l'avez démontrée, en passant, dans la troisième section de* votre *livre*, vous faites bien d'ajouter *en passant*, parcequ'en effet il est difficile de rien écrire de plus foible et de plus absurde, comme je viens de le prouver ; le second consiste à supposer que j'en conviens moi-même implicitement dans la lettre qui précède mes Méditations, et telle est votre inconséquence, que vous rapportez l'endroit même de cette lettre où je dis expressément que *mes arguments égalent ou surpassent en certitude et en évidence ceux de la géométrie*, ce qui n'est pas sans doute faire entendre qu'ils sont sans force et sans valeur. Il est vrai que j'exprime ensuite la crainte qu'ils ne soient compris que d'un petit nombre de personnes, comme les démonstrations d'Archimède; vous en inférez, par un raisonnement de la même force que tous les autres, qu'ils ne peuvent servir à la réfutation des athées. Cependant, quoiqu'ils ne soient pas à la portée de tout le monde, ils serviront du moins à ceux qui les entendent; et comme ceux qui ne peuvent saisir les démonstrations ont coutume de s'en rapporter au témoignage de ceux qui les comprennent, je ne doute pas que dans quelque temps mes arguments, en dépit de vous, n'acquièrent assez de puissance pour détourner de l'athéisme ceux mêmes dont l'esprit ne pourra les concevoir, parcequ'ils sauront qu'ils sont regardés comme des démonstrations certaines de tous ceux qui les entendent, c'est-à-dire des hommes les plus habiles et les plus éclairés, et que, malgré votre malice et celle de bien d'autres, aucune attaque n'a pu les détruire. Ainsi personne aujourd'hui ne doute de la vérité de tout ce qu'a démontré Archimède, quoique, sur plusieurs milliers d'hommes, il s'en trouve à peine un seul qui comprenne ses démonstrations. Vous saviez tout cela, car je m'en étois exprimé clairement dans la lettre que vous citez ; mais vous vous efforcez, hommes religieux que vous êtes, de rendre infructueuses, par vos calomnies, les raisons qui combattent le plus fortement l'athéisme. Quant à mon intention de déposséder les arguments vulgaires du droit dont ils jouissent, et d'y substituer les miens, toute la preuve que vous en donnez c'est que dans la même lettre j'ai dit de mes arguments qu'ils sont *les meilleurs de tous*. Il ne s'ensuit pas que je rejette les autres ; bien loin de là j'ajoutois *que, dans mon opinion, presque tous les arguments par lesquels de grands hommes ont défendu cette cause, étant bien compris, ont force de démonstration*. Il est donc évident que vous me calomniez encore sur ce point, d'ailleurs peu important.

Après avoir ainsi fait semblant de m'opposer quelques raisonnements pour établir que j'enseigne l'athéisme, vous cherchez à le persuader davantage à ceux qui parcourront négligemment les titres de votre livre, sans examiner votre argumentation; car c'est tout ce que vous attendez des lecteurs, sachant par expérience que c'est le sort réservé à tous vos écrits; et vous ajoutez quatre objections que vous réfutez comme suit : 1° *Peu importe que beaucoup de gens pensent mieux de Descartes que de Vanini, et que Descartes professe publiquement la religion catholique romaine : c'est ce que faisoit l'adroit Vanini.* 2° *Il ne lui sert de rien de dire qu'il écrit contre les athées, car Vanini leur avoit aussi déclaré la guerre.* 3° *Descartes ne peut pas non plus s'excuser sur ce qu'il combat des théologiens contraires à sa religion, et nommément Voet, que les théologiens de l'académie de Louvain, par exemple, tiennent pour hérétique; Vanini faisoit la même chose en France.* On ne peut s'empêcher de rire de votre ridicule vanité : votre renommée a donc été jusqu'à Louvain; et parceque j'ai écrit sur vous deux ou trois pages, bien que je n'aie jamais eu de querelles avec aucun professeur de théologie, bien que je ne vous aie pas attaqué sur la théologie, mais seulement sur vos injustices, je combats les théologiens. Croyez-moi, si l'on vous connoît à Louvain, ou dans quelque autre pays éloigné, ce n'est point par vos talents, par votre science en théologie ou par quelque vertu; semblable à Erostrate, vous ne pouvez être connu qu'avec infamie, comme un insigne calomniateur; et pour moi, avant d'écrire sur votre sujet, je ne vous regardois plus comme un théologien, mais comme un ennemi de la théologie et de la piété. Nous honorons plus ceux que la forme et les couleurs de leurs habillements nous font reconnoître pour des domestiques du prince, que ceux de la même condition qui ne portent pas de tels habillements ; de même, je révère comme des serviteurs de Dieu tous les théologiens, même ceux qui sont d'une religion différente, parceque tous nous adorons le même Dieu. Mais si quelque traître avoit revêtu les habits d'un des gardes du prince, pour demeurer en sûreté parmi nous, sans doute ces habits n'empêcheroient pas que ceux qui reconnoîtroient un ennemi ne fussent tenus de le découvrir ; de même, s'il m'est connu qu'un homme qui professe la théologie est coupable de mensonge et de calomnie, et que ses vices menacent l'état de grands périls, le nom de théologien ne m'obligera pas au silence. Or vous savez qu'en grec on appelle *diable* le calomniateur, et que c'est le nom que les chrétiens donnent au démon, ennemi de Dieu.

Voici maintenant la quatrième objection réfutée :
4° *Il ne servira de rien à Descartes de dire que bien des gens le regardent comme un intrépide adversaire des athées : la même chose est arrivée à Vanini ; une foule de gens inhabiles à démêler les subtilités du diable approuvoient sa doctrine ; mais quelques uns le démasquèrent, et le pouvoir souverain lui*

infligea à propos le supplice qu'il avoit merité. Ainsi vous ne vous êtes armés que du nom seul de Vanini. C'est ici que paroît la malice du diable : on a vu que vous fondiez d'abord votre calomnie sur ce que j'ai écrit contre les athées, et sur ce que, si mes paroles étoient l'image fidèle de ma pensée, j'étois à l'abri de tout soupçon d'athéisme; ainsi, parceque bien des gens me regardent comme l'adversaire des athées, et que quelques uns, c'est-à-dire vous et votre disciple, me dénoncent, ou, pour mieux dire, me calomnient comme athée, il faut me livrer au supplice. Par là, sans doute, vous montrez l'impudence et l'insolence de votre incroyable méchanceté; car si de ce que j'ai écrit contre les athées, et que l'on croit généralement que je les ai réfutés solidement, vous prenez occasion de m'accuser d'athéisme; quel homme au monde est assez innocent, assez à l'abri du soupçon, pour se croire en sûreté contre un calomniateur qui ne respecte rien ? Personne n'écrira jamais contre les athées, personne ne passera pour les avoir combattus avec succès, sans que vous puissiez en écrire ce que vous avez écrit de moi, avec autant et plus de droit encore : et, si l'on ne veut être proscrit par vous, comme athée digne du dernier supplice, et diffamé dans un gros livre, fruit pénible de longues veilles, on doit se garder de réfuter les athées. Ainsi, autant qu'il est en vous,

vous défendez, vous nourrissez l'athéisme. Je ne m'étonne plus, monsieur Voet, que vous, qui avez écrit quatre livres sur l'athéisme, vous n'ayez pas proposé le moindre argument pour prouver l'existence de Dieu, ou pour attaquer l'athéisme, mais qu'au contraire vous protestiez que c'est chose très difficile; vous craigniez sans doute d'être comparé à Vanini, parceque vous aviez entendu dire qu'il avait écrit contre les athées, et que cependant il avait été brûlé pour athéisme. Mais vous auriez dû remarquer qu'il ne fut pas brûlé pour ses écrits publics: bien qu'ils ne contiennent que des arguments foibles, et peut-être équivoques à dessein, cependant ils ne l'exposèrent à aucun danger; mais il fut condamné pour des actions et des paroles privées, qu'on prouvoit par témoins. Au reste, vous vous embarrassez peu de vos paroles, pourvu que vous puissiez calomnier, et l'on pourroit croire que vous n'avez même jamais lu les ouvrages de Vanini; car vous écrivez partout *Vaninius*, au lieu de *Vaninus*; et, comme la même erreur se retrouve continuellement dans vos livres sur l'athéisme, plusieurs jugeront peut-être que ce dernier ouvrage sur la philosophie cartésienne est sorti de votre plume. Cependant je ne désire pas de le persuader au lecteur; il me suffit qu'il ait été écrit pour vous et publié à votre connoissance et avec votre consentement, pour que j'aie le droit de vous accuser d'injure, autant que l'auteur qui s'est nommé.

Au dernier chapitre, page 268, vous affirmez *que ma méthode ne produit pas des philosophes, mais des fous et des frénétiques :* vous n'en donnez qu'une seule raison, c'est que j'ai écrit *qu'il faut détacher l'esprit des sens pour comprendre les choses divines.* Je le vois, vous ne voulez ni méditer ni penser à Dieu, de peur de devenir frénétiques. Je n'ai pas besoin maintenant de chercher l'origine de ces faux bruits qu'on répand sur les disciples de Regius : j'entends dire qu'après avoir quitté Utrecht, ils sont tombés dans le délire; vous m'expliquez tout, page 269, en disant *que vous ne voulez pas rassembler les exemples de ceux que la nouvelle philosophie a récemment transformés de prêtres de la sagesse en mystagogues et en initiés de la folie.* Sans doute vous ne voulez pas les nommer, afin que la fausseté de vos calomnies ne soit pas trop manifeste; mais cependant vous voulez faire accroire que quelques têtes ont été tournées : privés de tout prétexte de médire, il vous reste la rage pour calomnier; et je vois que ma philosophie a le pouvoir de rendre fous, non pas ceux qui l'approuvent et la cultivent, mais les envieux qu'elle désespère.

Mais je ne me plains pas que vous détourniez les hommes d'embrasser ma philosophie, en leur faisant craindre le délire et l'enthousiasme; peu m'importe que vous la nommiez ridicule, absurde, fausse; que je sois ignorant, que je m'abuse, que j'aie mis par erreur dans mes écrits quelque opinion mauvaise : quelle qu'elle soit, comme je ne l'ai jamais imposée à personne, comme je ne l'ai autorisée par aucun artifice, mais que je l'ai simplement exposée, afin que chacun en usât à ses risques et périls, ma faute ne sauroit être si pernicieuse, si énorme qu'il faille inculper mon caractère. Je ne suis pas l'auteur de mes facultés, je n'ai pas choisi l'esprit qui m'anime ; je ne puis répondre que des actes de ma volonté dont Dieu m'a remis la conduite. Mais quand vous m'appelez en mille endroits de votre livre *menteur, fourbe, trompeur*, et qu'ensuite vous finissez par affirmer *que je travaille, par les mêmes moyens que Vanini, à élever dans l'âme des ignorants le trône de l'athéisme*, afin de persuader au lecteur que je veux atteindre ce but par des moyens indignes d'un honnête homme, vous attaquez mon caractère, qui dépend de ma volonté, et je manquerois à l'honneur et à mes devoirs envers Dieu si je ne me plaignois d'une si exécrable calomnie. Sans doute, si j'étois tel que vous me représentez dans ce livre, on ne devroit me souffrir dans aucun état bien réglé; je vais plus loin, si j'avois donné lieu par ma faute de me soupçonner, même à tort, d'un si grand crime, ceux parmi lesquels j'habiterois auroient raison de me bannir, et ainsi je serois exclu de tous les pays du monde. Et toutefois, dans l'opinion de quelques personnes, s'ils doivent être ouverts à quelqu'un, c'est à moi, puisque je me livre à des études qui peuvent servir tout le genre humain, et qui ne peuvent nuire à aucun individu. Mes devoirs envers Dieu m'obligent aussi de résister à vos calomnies : si vous étiez crus, le fruit des raisonnements par lesquels je me suis efforcé de renverser l'athéisme, en démontrant l'existence de Dieu, seroit anéanti; on n'y auroit plus confiance, si moi, leur auteur, j'étois suspect d'athéisme. Il est vrai que ce que vous avez écrit contre moi est si absurde, si éloigné de toute apparence de vérité, que, publié dans un livre anonyme et sans l'appui d'aucune autorité, je l'aurois méprisé. Il est encore vrai que vos noms ne l'autorisent guère auprès de ceux qui nous connoissent vous et moi. Mais je dois songer surtout aux étrangers et à la postérité. En effet, votre livre porte le nom d'un professeur de philosophie de l'académie de Groningue; on vous en croit généralement l'auteur, et le bruit s'en est répandu dans les pays étrangers; je le sais depuis plusieurs mois par les lettres que j'ai reçues ; dans ce livre qu'on croit de vous, page 161, vous êtes appelé *la lumière et l'ornement des églises réformées*, et partout qualifié de *très pieux et très vertueux*, ce que les étrangers, qui

ne vous connoissent pas, ne pourront croire que
vous ayez laissé écrire, s'il pouvoit s'élever un seul
contradicteur; enfin ce livre a été publié sous mes
yeux, dans la ville d'Utrecht, où le très noble et
très illustre magistrat s'est toujours montré sévère
à prohiber les libelles, au point d'avoir interdit
dans la ville la vente de la réponse que fit Regius à
vos thèses, réponse dont on connoît la décence et
la modération : or, si je négligeois de défendre ma
cause, ceux qui liront votre livre n'y trouveront
sans doute aucun raisonnement qui puisse faire
croire à la vérité de ce que vous avez écrit de moi,
mais ils ne pourroient cependant se persuader
que vous eussiez pris à ce point la liberté de me
calomnier et de m'accabler d'injures, que vous
fussiez restés impunis, et que j'eusse gardé le silence, si, intimidé par ma conscience, je n'osois
pas me défendre publiquement ni me plaindre de
vos injures aux magistrats. J'ai donc cru de mon
devoir, non seulement de répondre au livre sur la
philosophie cartésienne, mais, voyant que c'étoit
surtout votre nom qui l'autorisoit, d'exposer brièvement vos actions, votre doctrine et vos mérites,
afin de montrer quelle confiance on devoit vous
accorder; et, comme vous avez publié dans le
même temps le livre sur la confrérie de la Vierge,
qui peut servir à mon objet, je n'ai pas non plus
négligé de l'examiner. Il me reste encore à me

plaindre de vos calomnies au magistrat; car il semble que je ne doive pas renoncer à ce moyen; d'autant plus que vous m'avez menacé quelquefois d'écrits d'une autre espèce, c'est-à-dire d'une accusation d'injures à la manière de Fimbria, parceque, frappé par votre décret académique, j'ai osé vous répondre, et que je n'ai pas tendu la gorge à vos coups. Cependant, comme, par amour de la paix et du repos, je n'ai jamais appelé personne en justice, et que je suis tellement étranger au barreau que j'ignore même aujourd'hui à quels juges ressortit une cause de ce genre; et comme les délits publiquement connus, lors même qu'ils ne sont pas l'objet d'une plainte particulière, sont ordinairement punis par l'autorité publique, je me contenterai d'avoir mis au grand jour vos calomnies et d'avoir rendu difficile qu'elles échappent à la vigilance de ceux que la loi charge d'en connoître.

Et d'abord, pour plaider ici en peu de mots la cause de votre professeur de Groningue, je désire que ceux à qui il appartient d'en juger considèrent qu'il n'y avoit rien jusqu'alors entre lui et moi; que, malgré vos ressentiments, et quoiqu'il vous nomme son maître, il n'a aucun droit de m'attaquer; que par conséquent ils n'ont pas besoin d'examiner si vous avez tort ou raison de m'en vouloir. Qu'ils considèrent aussi que je ne me plains pas de ce qu'il attaque mes opinions philosophiques; il est libre de les trouver fausses, ridicules, absurdes : elles n'intéressent pas mon caractère, mais seulement mon esprit, et cependant vous êtes convenus que je n'étois pas sans talent. Bien plus, je passe sous silence toutes ses injures ; je ne demande justice que d'une seule : à la page 13 de sa préface, et dans tout l'avant-dernier chapitre de son livre, il dit expressément que *j'enseigne l'athéisme d'une manière perfide et insensible*, et il tâche de le faire croire par des raisons méchamment inventées. Toute la question est renfermée dans ces deux passages; on peut, si l'on veut, ne pas lire tout le reste; il est inutile de chercher d'autres témoignages. Si les raisons qu'il y a données prouvent, ou que je suis athée, ou que j'enseigne l'athéisme, ou seulement que j'aie donné quelque sujet de le soupçonner ; si même il peut apporter quelques nouvelles raisons qui démontrent ce qu'il a avancé, point de doute, je dois être très sévèrement puni, et je ne demande aucune grâce, aucun pardon : si au contraire, comme j'en suis certain, il n'en a point de meilleures que celles qu'il a déjà exposées, et si, comme je suis sûr que tout juge équitable en sera frappé, l'on n'en peut rien conclure, si ce n'est qu'il calomnie avec une odieuse effronterie, je supplie les tribunaux, autant qu'il est en moi, de décider une fois si la calomnie ne sera jamais punie dans ce pays. Car celle-ci est si odieuse, si inexcusable et si publique qu'elle ne peut rester impunie, sans paroître autoriser toutes les autres. Je sais bien que les citoyens de ces provinces aiment passionnément la liberté; mais je m'assure que cette liberté consiste dans la sécurité des bons et des innocents, et non dans l'impunité des méchants; et comme la sûreté des bons est incompatible avec la liberté de nuire accordée aux méchants, je crois que la liberté de cette république consiste surtout dans l'égalité des droits de tous, dans l'incorruptible équité des jugements, qui protègent l'offensé contre l'agresseur, sans acception de personnes, sinon avec rigueur et cruauté, du moins avec une infaillible vigilance. On peut quelquefois fermer les yeux sur des calomnies moins graves et plus obscures; mais aucune ne sauroit être plus grave ni plus éclatante. Le parricide, celui qui brûle ou qui trahit sa ville natale, sont moins coupables que celui qui enseigne frauduleusement l'athéisme : car il faut observer que vous dites, non pas que je suis athée, on pourroit me croire plus ignorant que coupable; mais que j'insinue aux autres perfidement et d'une manière insensible le venin de l'athéisme. C'est m'accuser de la trahison la plus coupable et la plus insidieuse; c'est un crime plus exécrable d'être infidèle à Dieu que de trahir sa patrie ou ses parents. Et, pour donner de moi cette opinion au lecteur, vous m'appelez cent fois dans votre livre menteur, fourbe, trompeur ; si je mérite ces noms, ou si jamais vous m'avez convaincu de mensonge ou de la moindre fraude, ou si vous pouvez prouver qu'un autre m'y ait surpris, que votre professeur de Groningue soit absous, j'y consens, et que je sois puni à sa place. Mais si, par la méchanceté la plus raffinée, vous n'avez accablé de tant d'injures un homme qui devoit plus qu'un autre être à l'abri de pareils soupçons, que pour faire croire qu'il enseignoit secrètement l'athéisme, chez quelle nation, je vous le demande, cet attentat peut-il rester impuni ? Ajoutez que votre calomnie n'est pas seulement connue d'une ou deux personnes, mais que vous l'avez répandue par toute la terre. Il y a trois ans, lorsqu'on publia contre moi, à La Haye, un libelle anonyme, si foible de raisons, que le vôtre, tout supérieur qu'il est en méchanceté, ne peut que lui être égalé pour la foiblesse et l'absurdité, beaucoup de gens, en France, en Angleterre et ailleurs, désirèrent d'abord de le voir, et après l'avoir lu, ils furent dans l'indignation et dans l'étonnement, que chez un peuple aussi poli, on pût tolérer tant de grossièreté et d'impertinence. Que vont-ils dire, aujourd'hui qu'outre la foiblesse des raisons et l'indignité des injures, ils trouveront encore vos odieuses calomnies ? Que diront-ils en apprenant qu'un professeur de philosophie d'une académie se vante d'être l'auteur du livre, et que vous, professeur de théologie dans une autre académie, vous qui voulez passer pour la lumière et l'ornement des églises des Provinces-Unies, vous en êtes regardé comme le principal auteur ? Ils ne croiront pas sans doute que vous êtes payé par l'état pour composer de pareils livres, pour apprendre à la jeunesse l'art de mentir avec tant d'impudence, d'invectiver avec tant d'injustice, de calomnier avec tant de licence et d'infamie, et pour déshonorer ainsi vos académies chez les étrangers. Si ces considérations frappent les autorités dont relève votre professeur de Groningue, je ne pense pas qu'il puisse trouver auprès d'elles aucune excuse.

Quant à vous, je prévois ce que vous allez dire ; vous nierez tout audacieusement ; vous ne reconnoîtrez pas le livre sur la philosophie cartésienne, peut-être en promettrez-vous un autre *sur le tombeau de l'orgueil de Descartes, et de sa curiosité excessive et inouïe dans une académie, une république et une église étrangères* ; vous ajouterez *que vous ne pensez pas qu'il plaise aux gens sages qu'un étranger obscur, professant extérieurement le papisme, mais au fond candidat du scepticisme, sinon de l'athéisme, proteste continuellement qu'il ne touche, ni à la théologie, ni aux matières ecclésiastiques*, *tandis que sous prétexte de discussions philosophiques, il dirige toutes ses attaques contre les seuls théologiens, laissant en paix les médecins et les philosophes, qu'il pénètre furtivement dans le domaine de la théologie et de la police ecclésiastique, et qu'il médite de troubler les églises et les académies; qu'on ne doit attendre de ces attentats, comme le savent ceux qui connoissent le caractère des habitants des Provinces-Unies, que l'ébranlement de la république et des dissensions parmi les grands.* C'est en ces termes que vous concluez *les Paralipomènes de la préface*. Tout cela est si impertinent et si absurde, que les bons paysans du village où vous avez été prédicateur n'y ajouteroient même pas foi ; à plus forte raison ne dois-je pas craindre que vous en tiriez quelque utilité dans une ville aussi éclairée qu'aucune autre des Provinces-Unies. Car, premièrement, quand vous ne seriez pas l'auteur du livre sur la philosophie cartésienne (et en effet de savants critiques pensent que vous n'en avez fourni que le fond, bien que, le jugeant par les pensées plutôt que par les mots, j'aie dit plus haut qu'il étoit évidemment de vous), il suffit qu'il ait été publié pour vous et de concert avec vous, pour que vous soyez aussi coupable que si vous l'aviez écrit seul. Ensuite, quand vous me reprochez de montrer une curiosité excessive dans une académie, une église et une république, où je suis étranger, parceque j'ai osé examiner le jugement publié contre moi sous le nom de votre académie, que je vous en ai considéré, sinon comme l'unique, du moins comme le principal auteur (ce qui est incontestable, puisque vous étiez alors recteur de l'académie, et que vous avez présidé à ce jugement); enfin, parceque j'ai tracé le tableau de quelques uns de vos vices, afin de décréditer vos calomnies. Qui ne voit que vous imitez l'iniquité de Fimbria[1]? Vous voulez qu'il vous soit permis de me déshonorer, moi, sur qui vous n'eûtes jamais aucun droit; et vous m'accusez d'orgueil, parceque j'ai murmuré contre votre insolente tyrannie. Sans doute vous faites injure à votre académie, à votre république et à votre Église, en voulant que vos vices soient une partie d'elles-mêmes, un objet sacré interdit aux regards profanes d'un étranger. Vous avez autrefois porté contre Desmarets la même accusation de curiosité, parcequ'il avoit osé examiner vos thèses sacrées. Et vous, n'étiez-vous pas coupable d'une curiosité excessive dans une république étrangère, lorsque vous accusiez d'idolâtrie, dans ces mêmes thèses, les principaux habitants de Bois-le-Duc? Ce seroit une merveille que vous pussiez persuader à leurs seigneuries que la puissance d'un professeur de théologie dans votre nouvelle académie doit être assez grande pour condamner, à son gré et sans

---

[1] L'an de Rome 667.

raison, par jugements publics ; et qu'il ne doit pas être permis à ceux qu'il a ainsi condamnés de murmurer contre ses arrêts, sans encourir d'abord l'accusation de curiosité excessive dans une république étrangère, sans qu'on dise qu'*ils pénètrent furtivement dans le domaine sacré de la théologie et de votre police ecclésiastique, et qu'ils méditent de troubler les églises et les académies.* En vérité, vous faites beaucoup d'honneur à votre Église, si vous prétendez que vos calomnies composent son domaine ; en sorte que personne ne puisse s'en plaindre sans entreprendre d'en troubler la paix. Vainement m'appellerez-vous étranger et papiste ; je n'ai pas besoin de dire que, par la nature des traités de mon souverain avec la république, quand j'y aborderois aujourd'hui pour la première fois, je devrois cependant jouir de droits égaux à ceux des indigènes. Je ne dirai pas non plus que j'habite ce pays depuis tant d'années, que j'y suis si bien connu des honnêtes gens que, quand je serois d'une nation ennemie, je ne devrois plus passer pour étranger. Il est également inutile que je réclame la liberté religieuse qui nous est accordée par vos lois ; mais j'affirme que votre livre renferme des mensonges si coupables, des injures si basses, des calomnies si odieuses, qu'un ennemi ne pourroit les proférer contre un ennemi, un chrétien contre un infidèle, sans faire preuve d'une perversité coupable. J'ajoute que j'ai trouvé tant de politesse dans cette nation, que j'ai reçu de tous ceux que j'ai fréquenté tant de témoignages d'amitié, que j'ai éprouvé de la part de tout le monde tant de bonté et d'obligeance, tant d'éloignement pour cette licence brutale et grossière qui vous porte à attaquer les hommes les plus innocents et que vous connoissez le moins, que je ne doute pas que vous ne soyez l'objet d'une plus grande aversion parmi vos compatriotes que les étrangers d'aucun pays. Enfin, d'après la connoissance que j'ai du caractère national, je pense que l'autorité, à l'exemple de Dieu, diffère souvent la punition des coupables; mais que, quand leur audace s'est augmentée au point qu'elle juge nécessaire de la réprimer, aucun crédit ne peut la corrompre, aucune vaine parole la tromper. Vous, qui déshonorez votre religion et votre profession en publiant des livres sans raison, sans charité, et qui ne sont remplis que de calomnies, prenez garde qu'elle ne juge, qu'elle ne compromette son équité en différant de vous punir.

RÈGLES

POUR

LA DIRECTION DE L'ESPRIT.

RÈGLES
POUR
LA DIRECTION DE L'ESPRIT.

RÈGLE PREMIÈRE.

Le but des études doit être de diriger l'esprit de manière à ce qu'il porte des jugements solides et vrais sur tout ce qui se présente à lui.

Toutes les fois que les hommes aperçoivent une ressemblance entre deux choses, ils sont dans l'habitude d'appliquer à l'une et à l'autre, même en ce qu'elles offrent de différent, ce qu'ils ont reconnu vrai de l'une des deux. C'est ainsi qu'ils comparent, mal à propos, les sciences qui consistent uniquement dans le travail de l'esprit, avec les arts qui ont besoin d'un certain usage et d'une certaine disposition corporelle. Et comme ils voient qu'un seul homme ne peut suffire à apprendre tous les arts à la fois, mais que celui-là seul y devient habile qui n'en cultive qu'un seul, parceque les mêmes mains peuvent difficilement labourer la terre et toucher de la lyre, et se prêter en même temps à des offices aussi divers, ils pensent qu'il en est ainsi des sciences; et les distinguant entre elles par les objets dont elles s'occupent, ils croient qu'il faut les étudier à part et indépendamment l'une de l'autre. Or c'est là une grande erreur; car comme les sciences toutes ensemble ne sont rien autre chose que l'intelligence humaine, qui reste une et toujours la même quelle que soit la variété des objets auxquels elle s'applique, sans que cette variété apporte à sa nature plus de changements que la diversité des objets n'en apporte à la nature du soleil qui les éclaire, il n'est pas besoin de circonscrire l'esprit humain dans aucune limite; en effet, il n'en est pas de la connaissance d'une vérité comme de la pratique d'un art; une vérité découverte nous aide à en découvrir une autre, bien loin de nous faire obstacle. Et certes il me semble étonnant que la plupart des hommes étudient avec soin les plantes et leurs vertus, le cours des astres, les transformations des métaux, et mille objets semblables, et qu'à peine un petit nombre s'occupe de l'intelligence ou de cette science universelle dont nous parlons; et cependant si les autres études ont quelque chose d'estimable, c'est moins pour elles-mêmes que pour les secours qu'elles apportent à celle-ci. Aussi n'est-ce pas sans motif que nous posons cette règle à la tête de toutes les autres; car rien ne nous détourne davantage de la recherche de la vérité que de diriger nos efforts vers des buts particuliers, au lieu de les tourner vers cette fin unique et générale. Je ne parle pas ici des buts mauvais et condamnables, tels que la vaine gloire et la recherche d'un gain honteux ; il est clair que le mensonge et les petites ruses des esprits vulgaires y mèneront par un chemin plus court que ne le pourroit faire une connoissance solide du vrai. J'entends ici parler des buts honnêtes et louables ; car ils sont pour nous un sujet d'illusions dont nous avons peine à nous défendre. En effet, nous étudions les sciences utiles ou pour les avantages qu'on en retire dans la vie, et pour ce plaisir qu'on trouve dans la contemplation du vrai, et qui, dans ce monde, est presque le seul bonheur pur et sans mélange. Voilà deux objets légitimes que nous pouvons nous proposer dans l'étude des sciences ; mais si au milieu de nos travaux nous venons à y penser, il se peut faire qu'un peu de précipitation nous fasse négliger beaucoup de choses qui seroient nécessaires à la connoissance des autres, parcequ'au premier abord elles nous paroîtront ou peu utiles ou peu dignes de notre curiosité. Ce qu'il faut d'abord reconnoître, c'est que les sciences sont tellement liées ensemble qu'il est plus facile de les apprendre toutes à la fois que d'en détacher une seule des autres. Si donc on veut sérieusement chercher la vérité, il ne faut pas s'appliquer à une seule science ; elles se tiennent toutes entre elles et dépendent mutuellement l'une de l'autre. Il faut songer à augmenter ses lumières naturelles, non pour pouvoir résoudre telle ou telle difficulté de l'école, mais pour que l'intelligence puisse montrer à la volonté le parti qu'elle doit prendre dans chaque situation de la vie. Celui qui suivra cette méthode verra qu'en peu de temps il aura fait des progrès merveilleux, et bien supérieurs à ceux des hommes qui se livrent aux études spéciales, et que s'il n'a pas obtenu les résultats que ceux-ci veulent atteindre, il est parvenu à un but plus élevé, et auquel leurs vœux n'eussent jamais osé prétendre.

RÈGLE DEUXIÈME.

Il ne faut nous occuper que des objets dont notre esprit paroît capable d'acquérir une connoissance certaine et indubitable.

Toute science est une connoissance certaine et évidente ; et celui qui doute de beaucoup de choses n'est pas plus savant que celui qui n'y a jamais songé, mais il est moins savant que lui, si sur quelques unes de ces choses il s'est formé des idées fausses. Aussi vaut-il mieux ne jamais étudier que de s'occuper d'objets tellement difficiles, que dans l'impossibilité de distinguer le vrai du faux, on soit obligé d'admettre comme certain ce qui est douteux ; on court en effet plus de risques de perdre la science qu'on a, que de l'augmenter. C'est pourquoi nous rejetons par cette règle toutes ces connoissances qui ne sont que probables; et nous pensons qu'on ne peut se fier qu'à celles qui sont parfaitement vérifiées, et sur lesquelles on ne peut élever aucun doute. Et quoique les savants se persuadent peut-être que les connoissances de cette espèce sont en bien petit nombre, parceque sans doute, par un vice naturel à l'esprit humain, ils ont négligé de porter leur attention sur ces objets, comme trop faciles et à la portée de tous, je ne crains pas cependant de leur déclarer qu'elles sont plus nombreuses qu'ils ne pensent, et qu'elles suffisent pour démontrer avec évidence un nombre infini de propositions, sur lesquelles ils n'ont pu émettre jusqu'ici que des opinions probables, opinions que bientôt, pensant qu'il étoit indigne d'un savant d'avouer qu'il ignore quelque chose, ils se sont habitués à parer de fausses raisons, de telle sorte qu'ils ont fini par se les persuader à eux-mêmes, et les ont débitées comme choses avérées.

Mais si nous observons rigoureusement notre règle, il restera peu de choses à l'étude desquelles nous puissions nous livrer. Il existe à peine dans les sciences une seule question sur laquelle des hommes d'esprit n'aient pas été d'avis différents. Or, toutes les fois que deux hommes portent sur la même chose un jugement contraire, il est certain que l'un des deux se trompe. Il y a plus, aucun d'eux ne possède la vérité; car s'il en avoit une vue claire et nette, il pourroit l'exposer à son adversaire, de telle sorte qu'elle finiroit par forcer sa conviction. Nous ne pouvons donc pas espérer d'obtenir la connoissance complète de toutes les choses sur lesquelles on n'a que des opinions probables, parceque nous ne pouvons sans présomption espérer de nous plus que les autres n'ont pu faire. Il suit de là que si nous comptons bien, il ne reste parmi les sciences faites que la géométrie et l'arithmétique, auxquelles l'observation de notre règle nous ramène.

Nous ne condamnons pas pour cela la manière de philosopher à laquelle on s'est arrêté jusqu'à ce jour, ni l'usage des syllogismes probables, armes excellentes pour les combats de la dialectique. En effet, ils exercent l'esprit des jeunes gens, et éveillent en eux l'activité de l'émulation. D'ailleurs il vaut mieux former leur esprit à des opinions, même incertaines, puisqu'elles ont été un sujet de controverse entre les savants, que de les abandonner à eux-mêmes libres et sans guides; car alors ils courroient risque de tomber dans des précipices; mais tant qu'ils suivent les traces qu'on leur a marquées, quoiqu'ils puissent quelquefois s'écarter du vrai, toujours est-il qu'ils s'avancent dans une route plus sûre, au moins en ce qu'elle a été reconnue par des plus habiles. Et nous aussi nous nous félicitons d'avoir reçu autrefois l'éducation de l'école; mais comme maintenant nous sommes déliés du serment qui nous enchaînoit aux paroles du maître, et que, notre âge étant devenu assez mûr, nous avons soustrait notre main aux coups de la férule, si nous voulons sérieusement nous proposer des règles, à l'aide desquelles nous puissions parvenir au faîte de la connoissance humaine, mettons au premier rang celle que nous venons d'énoncer, et gardons-nous d'abuser de notre loisir, négligeant, comme font beaucoup de gens, les études aisées, et ne nous appliquant qu'aux choses difficiles. Ils pourront, il est vrai, former sur ces choses des conjectures subtiles et des systèmes probables; mais, après beaucoup de travaux, ils finiront par s'apercevoir qu'ils ont augmenté la somme des doutes, sans avoir appris aucune science.

Mais comme nous avons dit plus haut que, parmi les sciences faites, il n'existe que l'arithmétique et la géométrie qui soient entièrement exemptes de fausseté ou d'incertitude, pour en donner la raison exacte, remarquons que nous arrivons à la connoissance des choses par deux voies, c'est à savoir, l'expérience et la déduction. De plus, l'expérience est souvent trompeuse; la déduction, au contraire, ou l'opération par laquelle on infère une chose d'une autre, peut ne pas se faire, si on ne l'aperçoit pas, mais n'est jamais mal faite, même par l'esprit le moins accoutumé à raisonner. Cette opération n'emprunte pas un grand secours des liens dans lesquels la dialectique embarrasse la raison humaine, en pensant la conduire; encore bien que je sois loin de nier que ces formes ne puissent servir à d'autres usages. Ainsi, toutes les erreurs dans lesquelles peuvent tomber, je ne dis pas les animaux, mais les hommes, viennent, non d'une induction fausse, mais de ce qu'on part de certaines expériences peu comprises, ou qu'on porte des jugements hasardés et qui ne reposent sur aucune base solide.

Tout ceci démontre comment il se fait que l'arithmétique et la géométrie sont de beaucoup plus certaines que les autres sciences, puisque leur objet à elles seules est si clair et si simple, qu'elles n'ont besoin de rien supposer que l'expérience puisse révoquer en doute, et que toutes deux procèdent par un enchaînement de conséquences que la raison déduit l'une de l'autre. Aussi sont-elles les plus faciles et les plus claires de toutes les sciences, et leur objet est tel que nous le désirons; car, à part l'inattention, il est à peine supposable qu'un homme s'y égare. Il ne faut cependant pas s'étonner que beaucoup d'esprits s'appliquent de préférence à d'autres études ou à la philosophie. En effet chacun se donne plus hardiment le droit de deviner dans un sujet obscur que dans un sujet clair, et il est bien plus facile d'avoir sur une question quelconque quelques idées vagues, que d'arriver à la vérité même sur la plus facile de toutes.

De tout ceci il faut conclure, non que l'arithmétique et la géométrie soient les seules sciences qu'il faille apprendre, mais que celui qui cherche le chemin de la vérité ne doit pas s'occuper d'un objet dont il ne puisse avoir une connoissance égale à la certitude des démonstrations arithmétiques et géométriques.

RÈGLE TROISIÈME.

Il faut chercher sur l'objet de notre étude, non pas ce qu'en ont pensé les autres, ni ce que nous soupçonnons nous-mêmes, mais ce que nous pouvons voir clairement et avec évidence, ou déduire d'une manière certaine. C'est le seul moyen d'arriver à la science.

Nous devons lire les ouvrages des anciens, parceque c'est un grand avantage de pouvoir user des travaux d'un si grand nombre d'hommes, premièrement pour connoître les bonnes découvertes qu'ils ont pu faire, secondement pour être averti de ce qui reste encore à découvrir. Il est cependant à craindre que la lecture trop attentive de leurs ouvrages ne laisse dans notre esprit quelques erreurs qui y prennent racine malgré nos précautions et nos soins. D'ordinaire, en effet, toutes les fois qu'un écrivain s'est laissé aller par crédulité ou irréflexion à une opinion contestée, il n'est pas de raisons, il n'est pas de subtilités qu'il n'emploie pour nous amener à son sentiment. Au contraire, s'il a le bonheur de trouver quelque chose de certain et d'évident, il ne nous le présente que d'une manière obscure et embarrassée ; craignant sans doute que la simplicité de la forme ne diminue la beauté de la découverte, ou peut-être parcequ'il nous envie la connoissance distincte de la vérité.

Il y a plus, quand même les auteurs seroient tous francs et clairs, et ne nous donneroient jamais le doute pour la vérité, mais exposeroient ce qu'ils savent avec bonne foi ; comme il est à peine une chose avancée par l'un dont on ne puisse trouver le contraire soutenu par l'autre, nous serions toujours dans l'incertitude auquel des deux ajouter foi, et il ne nous serviroit de rien de compter les suffrages, pour suivre l'opinion qui a pour elle le plus grand nombre. En effet, s'agit-il d'une question difficile, il est croyable que la vérité est plutôt du côté du petit nombre que du grand. Même quand tous seroient d'accord, il ne nous suffiroit pas encore de connoître leur doctrine; en effet, pour me servir d'une comparaison, jamais nous ne serons mathématiciens, encore bien que nous sachions par cœur toutes les démonstrations des autres, si nous ne sommes pas capables de résoudre par nous-mêmes toute espèce de problème. De même, eussions-nous lu tous les raisonnements de Platon et d'Aristote, nous n'en serons pas plus philosophes, si nous ne pouvons porter sur une question quelconque un jugement solide. Nous paroîtrions en effet avoir appris non une science, mais de l'histoire.

Prenons garde en outre de jamais mêler aucune conjecture à nos jugements sur la vérité des choses.

Cette remarque est d'une grande importance; et si dans la philosophie vulgaire on ne trouve rien de si évident et de si certain qui ne donne matière à quelque controverse, peut-être la meilleure raison en est-elle que les savants, non contents de reconnoître les choses claires et certaines, ont osé affirmer des choses obscures et inconnues qu'ils n'atteignoient qu'à l'aide de conjectures et de probabilités; puis, y ajoutant successivement eux-mêmes une entière croyance, et les mêlant sans discernement aux choses vraies et évidentes, ils n'ont pu rien conclure qui ne parût dériver plus ou moins de quelqu'une de ces propositions incertaines, et qui partant ne fût incertain.

Mais, pour ne pas tomber dans la même erreur, rapportons ici les moyens par lesquels notre entendement peut s'élever à la connoissance sans crainte de se tromper. Or il en existe deux, l'intuition et la déduction. Par intuition j'entends non le témoignage variable des sens, ni le jugement trompeur de l'imagination naturellement désordonnée, mais la conception d'un esprit attentif, si distincte et si claire qu'il ne lui reste aucun doute sur ce qu'il comprend; ou, ce qui revient au même, la conception évidente d'un esprit sain et attentif, conception qui naît de la seule lumière de la raison, et est plus sûre parcequ'elle est plus simple que la déduction elle-même, qui cependant, comme je l'ai dit plus haut, ne peut manquer d'être bien faite par l'homme. C'est ainsi que chacun peut voir intuitivement qu'il existe, qu'il pense, qu'un triangle est terminé par trois lignes, ni plus ni moins, qu'un globe n'a qu'une surface, et tant d'autres choses qui sont en plus grand nombre qu'on ne le pense communément, parcequ'on dédaigne de faire attention à des choses si faciles.

Mais de peur qu'on ne soit troublé par l'emploi nouveau du mot intuition, et de quelques autres que dans la suite je serai obligé d'employer dans un sens détourné de l'acception vulgaire, je veux avertir ici en général que je m'inquiète peu du sens que dans ces derniers temps l'école a donné aux mots; il seroit très difficile en effet de se servir des mêmes termes, pour représenter des idées toutes différentes ; mais que je considère seulement quel sens ils ont en latin, afin que, toutes les fois que l'expression propre me manque, j'emploie la métaphore qui me paroît la plus convenable pour rendre ma pensée.

Or cette évidence et cette certitude de l'intuition doit se retrouver non seulement dans une énonciation quelconque, mais dans tout raisonnement. Ainsi quand on dit deux et deux font la même chose que trois et un, il ne faut pas seulement voir par intuition que deux et deux égalent quatre, et que trois et un égalent quatre, il faut encore voir que de ces deux propositions il est nécessaire de conclure cette troisième, savoir, qu'elles sont égales.

On pourroit peut-être se demander pourquoi à l'intuition nous ajoutons cette autre manière de connoître par déduction, c'est-à-dire par l'opération, qui d'une chose dont nous avons la connoissance certaine, tire des conséquences qui s'en déduisent nécessairement. Mais nous avons dû admettre ce nouveau mode ; car il est un grand nombre de choses qui, sans être évidentes par elles-mêmes, portent cependant le caractère de la certitude, pourvu qu'elles soient déduites de principes vrais et incontestés par un mouvement continuel et non interrompu de la pensée, avec une intuition distincte de chaque chose ; tout de même que nous savons que le dernier anneau d'une longue chaîne tient au premier, encore que nous ne puissions embrasser d'un coup d'œil les anneaux intermédiaires, pourvu qu'après les avoir parcourus successivement nous nous rappelions que, depuis le premier jusqu'au dernier, tous se tiennent entre eux. Aussi distinguons-nous l'intuition de la déduction, en ce que dans l'une on conçoit une certaine marche ou succession, tandis qu'il n'en est pas ainsi dans l'autre, et en outre que la déduction n'a pas besoin d'une évidence présente comme l'intuition, mais qu'elle emprunte en quelque sorte toute sa certitude de la mémoire; d'où il suit que l'on peut dire que les premières propositions, dérivées immédiatement des principes, peuvent être, suivant la manière de les considérer, connues tantôt par intuition, tantôt par déduction; tandis que les principes eux-mêmes ne sont connus que par intuition, et les conséquences éloignées que par déduction.

Ce sont là les deux voies les plus sûres pour arriver à la science ; l'esprit ne doit pas en admettre davantage; il doit rejeter toutes les autres comme suspectes et sujettes à l'erreur; ce qui n'empêche pas que les vérités de la révélation ne soient les plus certaines de toutes nos connoissances, car la foi qui les fonde est, comme dans tout ce qui est obscur, un acte non de l'esprit, mais de la volonté, et si elle a dans l'intelligence humaine un fondement quelconque, c'est par l'une des deux voies dont j'ai parlé qu'on peut et qu'on doit le trouver, ainsi que je le montrerai peut-être quelque jour avec plus de détails.

RÈGLE QUATRIÈME.

Nécessité de la méthode dans la recherche de la vérité.
Les hommes sont poussés par une curiosité si aveugle, que souvent ils dirigent leur esprit dans des voies inconnues, sans aucun espoir fondé, mais seulement pour essayer si ce qu'ils cherchent n'y seroit pas ; à peu près comme celui qui, dans l'ardeur insensée de découvrir un trésor, parcourroit perpétuellement tous les lieux pour voir si quelque voyageur n'y en a pas laissé un ; c'est dans cet esprit qu'étudient presque tous les chimistes, la plupart des géomètres, et bon nombre de philosophes. Et certes je ne disconviens pas qu'ils n'aient quelquefois le bonheur de rencontrer quelque vérité ; mais je n'accorde pas qu'ils en soient pour cela plus habiles, mais seulement plus heureux. Aussi vaut-il bien mieux ne jamais songer à chercher la vérité que de le tenter sans méthode ; car il est certain que les études sans ordre et les méditations confuses obscurcissent les lumières naturelles et aveuglent l'esprit. Ceux qui s'accoutument ainsi à marcher dans les ténè-

bres s'affoiblissent tellement la vue, qu'ils ne peuvent plus supporter la lumière du jour; ce que confirme l'expérience, puisque nous voyons des hommes qui jamais ne se sont occupés de lettres juger d'une manière plus saine et plus sûre de ce qui se présente que ceux qui ont passé leur vie dans les écoles. Or, par méthode, j'entends des règles certaines et faciles, qui, suivies rigoureusement, empêcheront qu'on ne suppose jamais ce qui est faux, et feront que sans consumer ses forces inutilement, et en augmentant graduellement sa science, l'esprit s'élève à la connoissance exacte de tout ce qu'il est capable d'atteindre.

Il faut bien noter ces deux points, *ne pas supposer vrai ce qui est faux, et tâcher d'arriver à la connoissance de toutes choses.* En effet si nous ignorons quelque chose de tout ce que nous pouvons savoir, c'est que nous n'avons jamais remarqué aucun moyen qui pût nous conduire à une pareille connoissance, ou parceque nous sommes tombés dans l'erreur contraire. Or si la méthode montre nettement comment il faut se servir de l'intuition pour éviter de prendre le faux pour le vrai, et comment la déduction doit s'opérer pour nous conduire à la science de toutes choses, elle sera complète à mon avis, et rien ne lui manquera, puisqu'il n'y a de science qu'avec l'intuition et la déduction, ainsi que je l'ai dit plus haut. Toutefois elle ne peut pas aller jusqu'à apprendre comment se font ces opérations, parcequ'elles sont les plus simples et les premières de toutes ; de telle sorte que si notre esprit ne les savoit faire d'avance, il ne comprendroit aucune des règles de la méthode, quelque faciles qu'elles fussent. Quant aux autres opérations de l'esprit, que la dialectique s'efforce de diriger à l'aide de ces deux premiers moyens, elles ne sont ici d'aucune utilité ; il y a plus, on doit les mettre au nombre des obstacles ; car on ne peut rien ajouter à la pure lumière de la raison, qui ne l'obscurcisse en quelque manière.

Comme l'utilité de cette méthode est telle que se livrer sans elle à l'étude des lettres soit plutôt une chose nuisible qu'utile, j'aime à penser que depuis long-temps les esprits supérieurs, abandonnés à leur direction naturelle, l'ont en quelque sorte entrevue. En effet l'âme humaine possède je ne sais quoi de divin où sont déposés les premiers germes des connoissances utiles, qui, malgré la négligence et la gêne des études mal faites, y portent des fruits spontanés. Nous en avons une preuve dans les plus faciles de toutes les sciences, l'arithmétique et la géométrie. On a remarqué en effet que les anciens géomètres se servoient d'une espèce d'analyse, qu'ils étendoient à la solution des problèmes, encore bien qu'ils en aient envié la connoissance à la postérité. Et ne voyons-nous pas fleurir une certaine espèce d'arithmétique, l'algèbre, qui a pour but d'opérer sur les nombres ce que les anciens opéroient sur les figures? Or ces deux analyses ne sont autre chose que les fruits spontanés des principes de cette méthode naturelle, et je ne m'étonne pas qu'appliquées à des objets si simples, elles aient plus heureusement réussi que dans d'autres sciences où de plus grands obstacles arrêtoient leur développement ; encore bien que même, dans ces sciences, pourvu qu'on les cultive avec soin, elles puissent arriver à une entière maturité.

C'est là le but que je me propose dans ce traité. En effet je ne ferois pas grand cas de ces règles, si elles ne servoient qu'à résoudre certains problèmes dont les calculateurs et les géomètres amusent leurs loisirs. Dans ce cas, que ferois-je autre chose que de m'occuper de bagatelles avec plus de subtilité peut-être que d'autres? Aussi quoique, dans ce traité, je parle souvent de figures et de nombres, parcequ'il n'est aucune science à laquelle on puisse emprunter des exemples plus évidents et plus certains, celui qui suivra attentivement ma pensée verra que je n'embrasse ici rien moins que les mathématiques ordinaires, mais que j'expose une autre méthode, dont elles sont plutôt l'enveloppe que le fond. En effet, elle doit contenir les premiers rudiments de la raison humaine, et aider à faire sortir de tout sujet les vérités qu'il renferme ; et, pour parler librement, je suis convaincu qu'elle est supérieure à tout autre moyen humain de connoître, parcequ'elle est l'origine et la source de toutes les vérités. Or je dis que les mathématiques sont l'enveloppe de cette méthode, non que je veuille la cacher et l'envelopper, pour en éloigner le vulgaire, au contraire, je veux la vêtir et l'orner, de manière qu'elle soit plus à la portée de l'esprit.

Quand j'ai commencé à m'adonner aux mathématiques, j'ai lu la plupart des ouvrages de ceux qui les ont cultivées, et j'ai étudié de préférence l'arithmétique et la géométrie, parcequ'elles étoient, disoit-on, les plus simples, et comme la clef de toutes les autres sciences ; mais je ne rencontrois dans l'une ni l'autre un auteur qui me satisfît complètement. J'y voyois diverses propositions sur les nombres dont, calcul fait, je reconnoissois la vérité ; quant aux figures, on me mettoit, pour ainsi dire, beaucoup de vérités sous les yeux, et on en concluoit quelques autres par analogie ; mais on ne me paroissoit pas dire assez clairement à l'esprit pourquoi les choses étoient comme on les montroit, et par quels moyens on parvenoit à leur découverte. Aussi, je ne m'étonnois plus de ce que des hommes habiles et savants abandonnassent ces sciences, après les avoir à peine effleurées, comme des connoissances puériles et vaines, ou, d'autre part, tremblassent de s'y livrer, comme à des études difficiles et embarrassées. En effet il n'y a rien de plus vide que de s'occuper de nombres et de figures imaginaires, comme si on vouloit s'arrêter à la connoissance de pareilles bagatelles; et de s'appliquer à ces démonstrations superficielles que le hasard découvre plus souvent que l'art, de s'y appliquer, dis-je, avec tant de soins, qu'on désapprouve, en quelque sorte, de se servir de sa raison; sans compter qu'il n'y a rien de plus difficile que de dégager, par cette méthode, les difficultés nouvelles qui se présentent pour la première fois, de la confusion des nombres qui les enveloppent. Mais quand, d'autre part, je me demandai pourquoi donc les premiers inventeurs de la philosophie vouloient n'admettre à l'étude de la sagesse que ceux qui avoient étudié les mathématiques, comme si cette science eût été la plus facile de toutes et la plus nécessaire pour préparer et dresser l'esprit à en comprendre de plus élevées, j'ai soupçonné qu'ils reconnoissoient une certaine science mathématique différente de celle de notre âge. Ce n'est pas que je croie qu'ils en eussent une connoissance parfaite: leurs transports insensés et leurs sacrifices pour les plus minces découvertes, prouvent combien ces études étoient alors dans l'enfance. Je ne suis point non plus touché des éloges que prodiguent les historiens à quelques unes de leurs inventions; car, malgré leur simplicité, on conçoit qu'une multitude ignorante et facile à étonner les ait louées comme des prodiges. Mais je me persuade que certains germes primitifs des vérités que la nature a déposées dans l'intelligence humaine, et que nous étouffons en nous à force de lire et d'entendre tant d'erreurs diverses, avoient, dans cette simple et naïve antiquité, tant de vigueur et de force, que les hommes éclairés de cette lumière de raison qui leur faisoit préférer la vertu aux plaisirs, l'honnête à l'utile, encore qu'ils ne sussent pas la raison de cette préférence, s'étoient fait des idées vraies et de la philosophie et des mathématiques, quoiqu'ils ne pussent pas encore pousser ces sciences jusqu'à la perfection. Or, je crois rencontrer quelques traces de ces mathématiques véritables dans Pappus et Diophantes, qui, sans être de la plus haute antiquité, vivoient cependant bien des siècles avant nous. Mais je croirois volontiers que les écrivains eux-mêmes en ont, par une ruse coupable, supprimé la connoissance; semblables à quelques artisans qui cachent leur secret, ils ont craint peut-être que la facilité et la simplicité de leur méthode, en les popularisant, n'en diminuât l'importance, et ils ont mieux aimé se faire admirer en nous laissant, comme produit de leur art, quelques vérités stériles subtilement déduites, que de nous

enseigner cet art lui-même, dont la connoissance
eût fait cesser toute notre admiration. Enfin quelques hommes d'un grand esprit ont, dans ce
siècle, essayé de relever cette méthode; car elle ne
paroît autre que ce qu'on appelle du nom barbare
d'algèbre, pourvu qu'on la dégage assez de cette
multiplicité de chiffres et de ces figures inexplicables qui l'écrasent, pour lui donner cette clarté
et cette facilité suprême qui, selon nous, doit se
trouver dans les vraies mathématiques. Ces pensées m'ayant détaché de l'étude spéciale de l'arithmétique et de la géométrie, pour m'appeler à la
recherche d'une science mathématique en général,
je me suis demandé d'abord ce qu'on entendoit
précisément par ce mot *mathématiques*, et pourquoi l'arithmétique et la géométrie seulement, et
non l'astronomie, la musique, l'optique, la mécanique et tant d'autres sciences, passoient pour en
faire partie : car ici il ne suffit pas de connoître
l'étymologie du mot. En effet le mot *mathématiques*
ne signifiant que *science*, celles que j'ai nommées
ont autant de droit que la géométrie à être appelées
mathématiques; et cependant il n'est personne qui,
pour peu qu'il soit entré dans une école, ne puisse
distinguer sur-le-champ ce qui se rattache aux mathématiques proprement dites, d'avec ce qui appartient aux autres sciences. Or, en réfléchissant
attentivement à ces choses, j'ai découvert que tou-

tes les sciences qui ont pour but la recherche de l'ordre et de la mesure, se rapportent aux mathématiques, qu'il importe peu que ce soit dans les nombres, les figures, les astres, les sons ou tout-autre objet qu'on cherche cette mesure, qu'ainsi il doit y avoir une science générale qui explique tout ce qu'on peut trouver sur l'ordre et la mesure, prises indépendamment de toute application à une matière spéciale, et qu'enfin cette science est appelée d'un nom propre, et depuis long-temps consacré par l'usage, savoir les *mathématiques*, parcequ'elle contient ce pourquoi les autres sciences sont dites faire partie des mathématiques. Et une preuve qu'elle surpasse de beaucoup les sciences qui en dépendent, en facilité et en importance, c'est que d'abord elle embrasse tous les objets auxquels celles-ci s'appliquent, plus un grand nombre d'autres; et qu'ensuite, si elle contient quelques difficultés, elles existent dans les autres, lesquelles en ont elles-mêmes de spéciales qui naissent de leur objet particulier, et qui n'existent pas pour la science générale. Maintenant, quand tout le monde connoît le nom de cette science, quand on en conçoit l'objet, même sans y penser beaucoup, d'où vient qu'on recherche péniblement la connoissance des autres sciences qui en dépendent, et que personne ne se met en peine de l'étudier elle-même? Je m'en étonnerois assurément, si je ne savois que tout le monde la regarde comme fort aisée, et si je n'avois remarqué, depuis quelque temps, que toujours l'esprit humain, laissant de côté ce qu'il croit facile, se hâte de courir à des objets nouveaux et plus élevés. Pour moi, qui ai la conscience de ma foiblesse, j'ai résolu d'observer constamment, dans la recherche des connoissances, un tel ordre que, commençant toujours par les plus simples et les plus faciles, je ne fisse jamais un pas en avant pour passer à d'autres, que je ne crusse n'avoir plus rien à désirer sur les premières. C'est pourquoi j'ai cultivé jusqu'à ce jour, autant que je l'ai pu, cette science mathématique universelle, de sorte que je crois pouvoir me livrer à l'avenir à des sciences plus élevées, sans craindre que mes efforts soient prématurés. Mais, avant d'en sortir, je chercherai à rassembler et à mettre en ordre ce que j'ai recueilli de plus digne de remarque dans mes études précédentes, tant pour pouvoir les retrouver au besoin dans ce livre, à l'âge où la mémoire s'affoiblit, que pour en décharger ma mémoire elle-même, et porter dans d'autres études un esprit plus libre.

RÈGLE CINQUIÈME.

Toute la méthode consiste dans l'ordre et dans la disposition des objets sur lesquels l'esprit doit tourner ses efforts pour arriver à quelques vérités. Pour la suivre, *il faut ramener graduellement les propositions embarrassées et obscures à de plus simples, et ensuite partir de l'intuition de ces dernières pour arriver, par les mêmes degrés, à la connoissance des autres.*

C'est en ce seul point que consiste la perfection de la méthode, et cette règle doit être gardée par celui qui veut entrer dans la science, aussi fidèlement que le fil de Thésée par celui qui voudroit pénétrer dans le labyrinthe. Mais beaucoup de gens ou ne réfléchissent pas à ce qu'elle enseigne, ou l'ignorent complètement, ou présument qu'ils n'en ont pas besoin; et souvent ils examinent les questions les plus difficiles avec si peu d'ordre, qu'ils ressemblent à celui qui d'un saut voudroit atteindre le faîte d'un édifice élevé, soit en négligeant les degrés qui y conduisent, soit en ne s'apercevant pas qu'ils existent. Ainsi font tous les astrologues, qui, sans connoître la nature des astres, sans même en avoir soigneusement observé les mouvements, espèrent pouvoir en déterminer les effets. Ainsi font beaucoup de gens qui étudient la mécanique sans savoir la physique, et fabriquent au hasard de nouveaux moteurs; et la plupart des philosophes, qui, négligeant l'expérience, croient que la vérité sortira de leur cerveau comme Minerve du front de Jupiter.

Or c'est contre cette règle qu'ils pèchent tous; mais parceque l'ordre qu'on exige ici est assez obscur et assez embarrassé pour que tous ne puissent reconnoître quel il est, il est à craindre qu'en voulant le suivre on ne s'égare, à moins qu'on n'observe soigneusement ce qui sera exposé dans la règle suivante.

RÈGLE SIXIÈME.

Pour distinguer les choses les plus simples de celles qui sont enveloppées, et suivre cette recherche avec ordre, il faut, dans chaque série d'objets, où de quelques vérités nous avons déduit d'autres vérités, reconnoître quelle est la chose la plus simple, et comment toutes les autres s'en éloignent plus ou moins, ou également.

Quoique cette règle ne paroisse apprendre rien de nouveau, elle contient cependant tout le secret de la méthode, et il n'en est pas de plus utile dans tout ce Traité. Elle nous apprend que toutes les choses peuvent se classer en diverses séries, non en tant qu'elles se rapportent à quelque espèce d'être (division qui rentreroit dans les catégories des philosophes), mais en tant qu'elles peuvent être connues l'une par l'autre, en sorte qu'à la rencontre d'une difficulté, nous puissions reconnoître s'il est des choses qu'il soit bien d'examiner les premières, quelles elles sont, et dans quel ordre il faut les examiner.

Or, pour le faire convenablement, il faut remarquer d'abord que les choses, pour l'usage qu'en veut faire notre règle, qui ne les considère pas isolément, mais les compare entre elles pour connoître l'une par l'autre, peuvent être appelées ou absolues ou relatives.

J'appelle absolu tout ce qui est l'élément simple et indécomposable de la chose en question, comme, par exemple, tout ce qu'on regarde comme indépendant, cause, simple, universel, un, égal, semblable, droit, etc.; et je dis que ce qu'il y a de plus simple est ce qu'il y a de plus facile, et ce dont nous devons nous servir pour arriver à la solution des questions.

J'appelle relatif ce qui est de la même nature, ou du moins y tient par un côté par où l'on peut le rattacher à l'absolu, et l'en déduire. Mais ce mot renferme encore certaines autres choses que j'appelle des rapports, tel est tout ce qu'on nomme dépendant, effet, composé, particulier, multiple, inégal, dissemblable, oblique, etc. Ces rapports s'éloignent d'autant plus de l'absolu qu'ils contiennent un plus grand nombre de rapports qui leur sont subordonnés, rapports que notre règle recommande de distinguer les uns des autres, et d'observer, dans leur connexion et leur ordre mutuel, de manière que, passant par tous les degrés, nous puissions arriver successivement à ce qu'il y a de plus absolu.

Or tout l'art consiste à chercher toujours ce qu'il y a de plus absolu. En effet, certaines choses sont sous un point de vue plus absolues que sous un autre, et envisagées autrement, elles sont plus relatives. Ainsi l'universel est plus absolu que le particulier, parceque sa nature est plus simple; mais en même temps il peut être dit plus relatif, parcequ'il faut des individus pour qu'il existe. De même encore certaines choses sont vraiment plus absolues que d'autres, mais ne sont pas les plus absolues de toutes. Si nous envisageons les individus, l'espèce est l'absolu; si nous regardons le genre, elle est le relatif. Dans les corps mesurables, l'absolu c'est l'étendue; mais dans l'étendue, c'est la longueur, etc. Enfin, pour mieux faire comprendre que nous considérons ici les choses, non quant à leur nature individuelle, mais quant aux séries dans lesquelles nous les ordonnons pour les connoître l'une par l'autre, c'est à dessein que nous avons mis au nombre des choses absolues la cause et l'égal, quoique de leur nature elles soient relatives; car, dans le langage des philosophes, cause et effet sont deux termes corrélatifs. Cependant, si nous voulons trouver ce que c'est que l'effet, il faut d'abord connoître la cause, et non pas l'effet avant la cause. Ainsi les choses égales se correspondent entre elles ; mais pour connoître l'inégal, il faut le comparer à l'égal.

Il faut noter, en second lieu, qu'il y a peu d'éléments simples et indispensables que nous puissions voir en eux-mêmes, indépendamment de tous autres, je ne dis pas seulement de prime abord, mais même par des expériences et à l'aide de la lumière qui est en nous. Aussi je dis qu'il faut les observer avec soin ; car ce sont là ceux que nous avons appelés les plus simples de chaque série. Tous les autres ne peuvent être perçus qu'en les déduisant de ceux-ci, soit immédiatement et prochainement, soit après une ou deux conclusions, ou un plus grand nombre, conclusions dont il faut encore noter le nombre, pour reconnoître si elles sont éloignées par plus ou moins de degrés de la première et de la plus simple proposition ; tel doit être partout l'enchaînement qui peut produire ces séries de questions, auxquelles il faut réduire toute recherche pour pouvoir l'examiner avec méthode. Mais, parcequ'il n'est pas aisé de les rappeler toutes et qu'il faut moins les retenir de mémoire que savoir les reconnoître par une certaine pénétration de l'esprit, il faut former les intelligences à pouvoir les retrouver aussitôt qu'elles en auront besoin. Or, pour y parvenir, j'ai éprouvé que le meilleur moyen étoit de nous accoutumer à réfléchir avec attention aux moindres choses que nous avons précédemment déterminées.

Notons, en troisième lieu, qu'il ne faut pas commencer notre étude par la recherche des choses difficiles; mais, avant d'aborder une question, recueillir au hasard et sans choix les premières vérités qui se présentent, voir si de celles-là on peut en déduire d'autres, et de celles-ci d'autres encore, et ainsi de suite. Cela fait, il faut réfléchir attentivement sur les vérités déjà trouvées, et voir avec soin pourquoi nous avons pu découvrir les unes avant les autres, et plus facilement, et reconnoître quelles elles sont. Ainsi, quand nous aborderons une question quelconque, nous saurons par quelle recherche il nous faudra d'abord commencer. Par exemple, je vois que le nombre 6 est le double de 3; je chercherai le double de 6, c'est-à-dire 12; je chercherai encore le double de celui-ci, c'est-à-dire 24, et de celui-ci ou 48; et de là je déduirai, ce qui n'est pas difficile, qu'il y a la même proportion entre 3 et 6 qu'entre 6 et 12, qu'entre 12 et 24, etc.; et qu'ainsi les nombres 3, 6, 12, 24, 48, sont en proportion continue. Quoique toutes ces choses soient si simples qu'elles paroissent presque puériles, elles m'expliquent, lorsque j'y réfléchis attentivement, de quelle manière sont enveloppées toutes les questions relatives aux proportions et aux rapports des choses, et dans quel ordre il faut en chercher la solution, ce qui contient toute la science des mathématiques pures.

D'abord je remarque que je n'ai pas eu plus de peine à trouver le double de 6 que le double de 3, et que de même, en toutes choses, ayant trouvé le rapport entre deux grandeurs quelconques, je peux en trouver un grand nombre d'autres qui sont entre elles dans le même rapport; que la nature de la difficulté ne change pas, que l'on cherche trois ou quatre, ou un plus grand nombre de ces propositions, parcequ'il faut les trouver chacune à part, et indépendamment les unes des autres. Je remarque ensuite, qu'encore bien qu'étant données les grandeurs 3 et 6, j'en trouve facilement une troisième en proportion continue; il ne m'est pas si facile, étant donnés les deux extrêmes 3 et 12, de trouver la moyenne 6. Cela m'apprend qu'il y a ici un autre genre de difficulté toute différente de la première; car, si on veut trouver la moyenne proportionnelle, il faut penser en même temps aux deux extrêmes et au rapport qui est entre eux, pour en tirer un nouveau par la division ; ce qui est tout différent de ce qu'il faut faire, lorsqu'étant données deux quantités on veut en trouver une troisième qui soit avec elles en proportion continue. Je poursuis, et j'examine si, étant données les grandeurs 3 et 24, les deux moyennes proportionnelles auroient pu être trouvées aussi facilement l'une que l'autre. Et ici je rencontre un autre genre de difficulté plus embarrassante que les précédentes ; car il ne faut pas penser seulement à un ou deux nombres à la fois, mais à trois, afin d'en découvrir un quatrième. On peut aller plus loin, et voir si, étant donnés 3 et 48, il seroit encore plus difficile de trouver une des trois moyennes proportionnelles 6, 12, 24 ; ce qui paroîtra au premier coup d'œil ; mais on voit aussitôt que la difficulté peut se diviser, et ainsi se simplifier, si l'on cherche d'abord une seule moyenne entre 3 et 48, savoir 12 ; une autre entre 3 et 12, savoir 6 ; puis une autre entre 12 et 48, savoir 24 ; et qu'ainsi on est ramené à la seconde difficulté déjà exposée.

De tout ce qui précède je remarque comment on peut arriver à la connoissance d'une même chose par deux voies diverses, dont l'une est plus difficile et plus obscure que l'autre. Par exemple, pour trouver ces quatre nombres en proportion continue, 3, 6, 12, 24, si on donne les deux conséquents 3 et 6, ou bien 6 et 12, 12 et 24, rien ne sera plus facile que de trouver les autres nombres à l'aide de ceux-là. Dans ce cas, je dis que la difficulté à résoudre est examinée directement. Si on prend deux termes alternativement, 3 et 12, 6 et 24, pour trouver les autres, je dis que la difficulté est examinée indirectement de la première manière. Si on prend les deux extrêmes, 3 et 24, pour trouver les moyens 6 et 12, je dis que la difficulté est examinée indirectement de la seconde manière. Je pourrois poursuivre ces remarques plus loin, et tirer de ce seul exemple beaucoup d'autres conséquences; mais cela suffit pour montrer au lecteur ce que j'entends, quand je dis qu'une proposition est déduite directement ou indirectement, et pour lui apprendre que les choses les plus faciles et les plus élémentaires, bien connues, peuvent même dans les autres études fournir à l'homme qui met de l'attention et de la sagacité dans ses recherches, un grand nombre de découvertes.

RÈGLE SEPTIÈME.

Pour compléter la science il faut que la pensée parcoure, d'un mouvement non interrompu et suivi, tous les objets qui appartiennent au but qu'elle veut atteindre, et qu'ensuite elle les résume dans une énumération méthodique et suffisante.

L'observation de la règle ici proposée est nécessaire pour qu'on puisse placer au nombre des choses certaines ces vérités qui, comme nous l'avons dit plus haut, ne dérivent pas immédiatement de principes évidents par eux-mêmes. On y arrive en effet par une si longue suite de conséquences, qu'il n'est pas facile de se rappeler tout le chemin qu'on a fait. Aussi disons-nous qu'il faut suppléer à la faculté de la mémoire par un exercice continuel de la pensée. Si, par exemple, après diverses opérations, je trouve quel est le rapport entre les grandeurs A et B, ensuite entre B et C, puis entre C et D, enfin entre D et E, je ne vois pas pour cela le rapport des grandeurs A et E, et je ne puis le conclure avec précision des rapports connus, si ma mémoire ne me les représente tous. Aussi j'en parcourrai la suite de manière que l'imagination à la fois en voie une et passe à une autre, jusqu'à ce que je puisse aller de la première à la dernière avec une telle rapidité que, presque sans le secours de la mémoire, je saisisse l'ensemble d'un coup d'œil. Cette méthode, tout en soulageant la mémoire, corrige la lenteur de l'esprit et lui donne de l'étendue.

J'ajoute que la marche de l'esprit ne doit pas être interrompue ; souvent, en effet, ceux qui cherchent à tirer de principes éloignés des conclusions trop rapides, ne peuvent pas suivre avec tant de soin la chaîne des déductions intermédiaires qu'il ne leur en échappe quelqu'une. Et cependant, dès qu'une conséquence, fût-elle la moins importante de toutes, a été oubliée, la chaîne est rompue, et la certitude de la conclusion ébranlée.

Je dis de plus que la science a besoin pour être complète de l'énumération. En effet, les autres préceptes servent à résoudre une infinité de problèmes; mais l'énumération seule peut nous rendre capables de porter sur l'objet quelconque auquel nous nous appliquons un jugement sûr et fondé, conséquemment de ne laisser absolument rien échapper, et d'avoir sur toutes choses des lumières certaines.

Or ici l'énumération, ou l'induction, est la recherche attentive et exacte de tout ce qui a rapport à la question proposée. Mais cette recherche doit être telle que nous puissions conclure avec certitude que nous n'avons rien omis à tort. Quand donc nous l'aurons employée, si la question n'est pas éclaircie, au moins serons-nous plus savants, en ce que nous saurons qu'on ne peut arriver à la solution par aucune des voies à nous connues; et si, par aventure, ce qui a lieu assez souvent, nous avons pu parcourir toutes les routes ouvertes à l'homme pour arriver à la vérité, nous pourrons affirmer avec assurance que la solution dépasse la portée de l'intelligence humaine.

Il faut remarquer en outre que, par énumération suffisante ou induction, nous entendons ce moyen qui nous conduit à la vérité plus sûrement que tout autre, excepté l'intuition pure et simple. En effet, si la chose est telle que nous ne puissions la ramener à l'intuition, ce n'est pas dans des formes syllogistiques, mais dans l'induction seule que nous devons mettre notre confiance. Car toutes les fois que nous avons déduit des propositions immédiatement l'une de l'autre, si la déduction a été évidente, elles seront ramenées à une véritable intuition. Mais si nous déduisons une proposition d'autres propositions nombreuses, disjointes et multiples, souvent la capacité de notre intelligence n'est pas telle, qu'elle puisse en embrasser l'ensemble d'une seule vue : dans ce cas la certitude de l'induction doit nous suffire. C'est ainsi que, sans pouvoir d'une seule vue distinguer tous les anneaux d'une longue chaîne, si cependant nous avons vu l'enchaînement de ces anneaux entre eux, cela nous permettra de dire comment le premier est joint au dernier.

J'ai dit que cette opération devoit être suffisante, car souvent elle peut être défectueuse, et ainsi sujette à l'erreur. Quelquefois, en effet, en parcourant une suite de propositions de la plus grande évidence, si nous venons à en oublier une seule, fût-ce la moins importante, la chaîne est rompue, notre conclusion perd toute sa certitude. D'autres fois nous n'oublions rien dans notre énumération, mais nous ne distinguons pas nos propositions l'une de l'autre, et nous n'avons du tout qu'une connoissance confuse.

Or quelquefois cette énumération doit être complète, d'autres fois distincte, quelquefois elle ne doit avoir aucun de ces deux caractères, aussi ai-je dit qu'elle doit être suffisante. En effet, si je veux prouver par énumération combien il y a d'êtres corporels, ou qui tombent sous les sens, je ne dirai pas qu'il y en a un tel nombre, ni plus ou moins, avant de savoir avec certitude que je les ai rapportés tous et distingués les uns des autres. Mais si je veux, par le même moyen, prouver que l'âme rationnelle n'est pas corporelle, il ne sera pas nécessaire que l'énumération soit complète; mais il suffira que je rassemble tous les corps sous quelques classes, pour prouver que l'âme ne peut se rapporter à aucune d'elles. Si enfin je veux montrer par énumération que la surface d'un cercle est plus grande que la surface de toutes les figures dont le périmètre est égal, je ne passerai pas en revue toutes les figures, mais je me contenterai de faire la preuve de ce que j'avance sur quelques figures, et de le conclure par induction pour toutes les autres.

J'ai ajouté que l'énumération devoit être méthodique, parcequ'il n'y a pas de meilleur moyen d'éviter les défauts dont nous avons parlé, que de mettre de l'ordre dans nos recherches, et parcequ'ensuite il arrive souvent que s'il falloit trouver à part chacune des choses qui ont rapport à l'objet principal de notre étude, la vie entière d'un homme n'y suffiroit pas, soit à cause du nombre des objets, soit à cause des répétitions fréquentes qui ramènent les mêmes objets sous nos yeux. Mais si nous disposons toutes choses dans le meilleur ordre, on verra le plus souvent se former des classes fixes et déterminées, dont il suffira de connoître une seule, ou de connoître celle-ci plutôt que cette autre, ou seulement quelque chose de l'une d'elles; et du moins nous n'aurions pas à revenir sur nos pas inutilement. Cette marche est si bonne, que par là on vient à bout sans peine et en peu de temps d'une science qui au premier abord paroissoit immense.

Mais l'ordre qu'il faut suivre dans l'énumération peut quelquefois varier, et dépendre du caprice de chacun; aussi, pour qu'il soit satisfaisant le plus possible, il faut se rappeler ce que nous avons dit dans la règle cinquième. Dans les moindres choses, tout le secret de la méthode consiste souvent dans l'heureux choix de cet ordre. Ainsi, voulez-vous faire un anagramme parfait en transposant les lettres d'un mot? il ne vous sera pas nécessaire d'aller du plus facile au moins facile, de distinguer l'absolu du relatif; ces principes ne sont ici d'aucune application: il suffira seulement de se tracer, dans l'examen des transpositions que les lettres peuvent subir, un ordre tel qu'on ne revienne jamais sur la même, puis de les ranger en classes, de manière à pouvoir reconnoître de suite dans laquelle il y a le plus d'espoir de trouver ce qu'on cherche. Ces préparatifs une fois faits, le travail ne sera plus long, il ne sera que puéril.

Au reste nos trois dernières propositions ne doivent pas se séparer, mais il faut les avoir toutes ensemble présentes à l'esprit, parcequ'elles concourent également à la perfection de la méthode. Peu importoit laquelle nous mettrions la première; et si nous ne leur donnons pas ici plus de développement, c'est que dans tout le reste de ce traité nous n'aurons presque autre chose à faire que de les expliquer, en montrant l'application particulière des principes généraux que nous venons d'exposer.

RÈGLE HUITIÈME.

Si dans la série des questions il s'en présente une que notre esprit ne peut comprendre parfaitement, il faut s'arrêter là, ne pas examiner ce qui suit, mais s'épargner un travail superflu.

Les trois règles précédentes tracent l'ordre et l'expliquent; celle-ci montre quand il est nécessaire, quand seulement il est utile. Car ce qui constitue un degré entier dans l'échelle qui conduit du relatif à l'absolu, et réciproquement, doit être examiné avant de passer outre; il y a là nécessité. Mais si, ce qui arrive souvent, beaucoup de choses se rapportent au même degré, il est toujours utile de les parcourir par ordre. Cependant l'observation du principe n'est pas ici si rigoureuse, et souvent sans connoître à fond toutes ces choses, seulement un petit nombre, ou même une seule d'elles, on pourra passer outre.

Cette règle suit nécessairement des raisons qui appuient la seconde. Cependant il ne faut pas croire qu'elle ne contienne rien de nouveau pour faire avancer la science, quoiqu'elle paroisse seulement nous détourner de l'étude de certaines choses, ni qu'elle n'expose aucune vérité, parcequ'elle paroit n'apprendre aux étudiants qu'à ne pas perdre leur temps, par le même motif à peu près que la seconde. Mais ceux qui connoissent parfaitement les sept règles précédentes, peuvent apprendre dans celle-ci comment en chaque science il leur est possible d'arriver au point de n'avoir plus rien à désirer. Celui, en effet, qui, dans la solution d'une difficulté, aura suivi exactement les premières règles, averti par celle-ci de s'arrêter quelque part, connoîtra qu'il n'est aucun moyen pour lui d'arriver à ce qu'il cherche, et cela non par la faute de son esprit, mais à cause de la nature de la difficulté ou de la condition humaine. Or, cette connoissance n'est pas une moindre science que celle qui nous éclaire sur la nature même des choses, et certes ce ne seroit pas faire preuve d'un bon esprit que de pousser au-delà sa curiosité.

Éclaircissons tout ceci par un ou deux exemples. Si un homme qui ne connoît que les mathématiques cherche la ligne appelée en dioptrique *anaclastique*, dans laquelle les rayons parallèles se réfractent, de manière qu'après la réfraction ils se coupent tous en un point, il s'apercevra facilement, d'après la cinquième et sixième règle, que la détermination de cette ligne dépend du rapport des angles de réfraction aux angles d'incidence. Mais comme il ne pourra faire cette recherche, qui n'est pas du ressort des mathématiques, mais de la physique, il devra s'arrêter là où il ne lui serviroit de rien de demander la solution de cette difficulté aux philosophes et à l'expérience. Il pècheroit contre la règle troisième. En outre, la proposition est composée et relative ; or, ce n'est que dans les choses simples et absolues qu'on peut s'en fier à l'expérience, ce que nous démontrerons en son lieu. En vain encore supposera-t-il entre ces divers angles un rapport qu'il soupçonnera être le véritable ; ce ne sera pas là chercher l'anaclastique, mais seulement une ligne qui puisse rendre compte de sa supposition.

Mais si un homme sachant autre chose que des mathématiques, désireux de connoître, d'après la règle première, la vérité sur tout ce qui se présente à lui, vient à rencontrer la même difficulté, il ira plus loin, et trouvera que le rapport entre les angles d'incidence et les angles de réfraction dépend de leur changement, à cause de la variété des milieux; que ce changement à son tour dépend du milieu, parceque le rayon pénètre dans la totalité du corps diaphane ; il verra que cette propriété de pénétrer ainsi un corps suppose connue la nature de la lumière; qu'enfin pour connoître la nature de la lumière, il faut savoir ce qu'est en général une puissance naturelle, dernier terme et le plus absolu de toute cette série de questions. Après avoir vu toutes ces propositions clairement à l'aide de l'intuition, il repassera les mêmes degrés d'après la règle cinquième; et si au second degré il ne peut connoître du premier coup la nature de la lumière, il énumèrera, par la règle septième, toutes les autres puissances naturelles, afin que, de la connoissance d'une d'elles, il puisse au moins déduire par analogie la connoissance de ce qu'il ignore. Cela fait, il cherchera comment le rayon traverse un tout diaphane, et poursuivant ainsi la suite des propositions, il arrivera enfin à l'anaclastique même, que beaucoup de philosophes, il est vrai, ont jusqu'ici cherchée en vain, mais qui, selon nous, ne doit offrir aucune difficulté à celui qui saura se servir de notre méthode.

Mais donnons l'exemple le plus noble de tous.

Qu'un homme se propose pour question d'examiner toutes les vérités à la connoissance desquelles l'esprit humain peut suffire, question que, selon moi, doivent se faire, une fois au moins en leur vie, ceux qui veulent sérieusement arriver à la sagesse; il trouvera, à l'aide des règles que j'ai données, que la première chose à connoître, c'est l'intelligence, puisque c'est d'elle que dépend la connoissance de toutes les autres choses, et non réciproquement. Puis, examinant ce qui suit immédiatement la connoissance de l'intelligence pure, il passera en revue tous les autres moyens de connoître que nous possédons, non compris l'intelligence; il trouvera qu'il n'y en a que deux, l'imagination et les sens. Il donnera donc tous ses soins à examiner et à distinguer ces trois moyens de connoître, et voyant qu'à proprement parler, la vérité et l'erreur ne peuvent être que dans l'intelligence toute seule, et que les deux autres modes de connoître n'en sont que les occasions, il évitera avec soin tout ce qui peut l'égarer, et comptera toutes les voies qui sont ouvertes à l'homme pour arriver à la vérité, afin de suivre la bonne. Or, elles ne sont pas tellement nombreuses qu'il ne les trouve facilement toutes après une énumération suffisante. Et ce qui paroîtra étonnant et incroyable à ceux qui n'en ont pas fait l'expérience, sitôt qu'il aura distingué les connoissances qui remplissent ou ornent la mémoire d'avec celles qui font le vrai savant, distinction qu'il fera aisément ..... [1]; il verra que s'il ignore quelque chose, ce n'est ni faute d'esprit ni de capacité, et qu'il n'est pas une chose dont un autre possède la connoissance qu'il ne soit capable de connoître comme lui, pourvu qu'il y applique convenablement son attention. Et quoiqu'on puisse souvent lui présenter des questions dont notre règle lui interdise la recherche, comme il verra qu'elles dépassent la portée de l'esprit humain, il ne s'en croira pas pour cela plus ignorant qu'un autre; mais ce peu qu'il saura, c'est-à-dire que personne ne peut rien savoir sur la question, devra, s'il est sage, satisfaire pleinement sa curiosité.

Or pour ne pas rester dans une incertitude continuelle sur ce que peut notre esprit, et ne pas nous consumer en efforts stériles et malheureux, avant d'aborder la connoissance de chaque chose en particulier, il faut une fois en sa vie s'être demandé quelles sont les connoissances que peut atteindre la raison humaine. Pour y réussir, entre deux moyens également faciles, il faut toujours commencer par celui qui est le plus utile.

Cette méthode imite celles des professions mécaniques, qui n'ont pas besoin du secours des autres, mais qui donnent elles-mêmes les moyens de construire les instruments qui leur sont nécessai-

[1] Il y a ici une lacune.

res. Qu'un homme, par exemple, veuille exercer le métier de forgeron; s'il étoit privé de tous les outils nécessaires, il sera forcé de se servir d'une pierre dure ou d'une masse grossière de fer; au lieu d'enclume, de prendre un caillou pour marteau, de disposer deux morceaux de bois en forme de pinces, et de se faire ainsi les instruments qui lui sont indispensables. Cela fait, il ne commencera pas par forger, pour l'usage des autres, des épées et des casques, ni rien de ce qu'on fait avec le fer; avant tout il se forgera des marteaux, une enclume, des pinces, et tout ce dont il a besoin. De même, ce n'est pas à notre début, avec quelques règles peu éclaircies, qui nous sont données par la constitution même de notre esprit plus tôt qu'elles ne nous sont enseignées par l'art, qu'il faudra de prime abord tenter de concilier les querelles des philosophes, et résoudre les problèmes des mathématiciens. Il faudra d'abord nous servir de ces règles pour trouver ce qui nous est le plus nécessaire à l'examen de la vérité, puisqu'il n'y a pas de raison pour que cela soit plus difficile à découvrir qu'aucune des questions qu'on agite en géométrie, en physique, ou dans les autres sciences.

Or, ici il n'est aucune question plus importante à résoudre que celle de savoir ce que c'est que la connoissance humaine, et jusqu'où elle s'étend, deux choses que nous réunissons dans une seule et même question qu'il faut traiter avant tout d'après les règles données plus haut. C'est là une question qu'il faut examiner une fois en sa vie, quand on aime tant soit peu la vérité, parceque cette recherche contient toute la méthode, et comme les vrais instruments de la science. Rien ne me semble plus absurde que de discuter audacieusement sur les mystères de la nature, sur l'influence des astres, sur les secrets de l'avenir, sans avoir une seule fois cherché si l'esprit humain peut atteindre jusque là. Et il ne doit pas nous sembler difficile et pénible de fixer ainsi les limites de notre esprit dont nous avons conscience, quand nous ne balançons pas de porter un jugement sur des choses qui sont hors de nous, et qui nous sont complètement étrangères. Ce n'est pas non plus un travail immense que de chercher à embrasser par la pensée les objets que renferme ce monde, pour reconnoître comment chacun d'eux peut être saisi par notre esprit. En effet il n'y a rien de si multiple et de si épars qui ne puisse être renfermé dans de certaines bornes, et ramené sous un certain nombre de chefs, au moyen de l'énumération dont nous avons parlé. Pour en faire l'expérience, dans la question posée plus haut, nous diviserons en deux parties tout ce qui s'y rapporte : elle est relative, en effet, ou à nous, qui sommes capables de connoître ; ou aux choses, qui peuvent être connues : ces deux points seront traités séparément.

Et d'abord nous remarquerons qu'en nous l'intelligence seule est capable de connoître, mais qu'elle peut être ou empêchée ou aidée par trois autres facultés, c'est à savoir, l'imagination, les sens, et la mémoire. Il faut donc voir successivement en quoi ces facultés peuvent nous nuire pour l'éviter, ou nous servir pour en profiter. Ce premier point sera complètement traité par une énumération suffisante, ainsi que la règle suivante le fera voir.

Il faut ensuite passer aux objets eux-mêmes, et ne les considérer qu'en tant que notre intelligence peut les atteindre. Sous ce rapport, nous les divisons en choses simples, et complexes ou composées. Les simples ne peuvent être que spirituelles ou corporelles, ou spirituelles et corporelles tout à la fois. Les composées sont de deux sortes : l'esprit trouve les unes avant qu'il puisse en rien dire de positif; il fait les autres lui-même, opération qui sera exposée plus au long dans la règle douzième, où l'on montrera que l'erreur ne peut se trouver que dans les choses que l'intelligence a composées. Aussi distinguons-nous même ces dernières en deux espèces, celles qui se déduisent des choses les plus simples, qui sont connues par elles-mêmes; nous leur consacrerons le livre suivant: et celles qui en présupposent d'autres, que l'expérience nous apprend être essentiellement composées; le livre troisième leur sera entièrement consacré.

Or dans tout ce traité nous tâcherons de suivre avec exactitude et d'aplanir les voies qui peuvent conduire l'homme à la découverte de la vérité, en sorte que l'esprit le plus médiocre, pourvu qu'il soit pénétré profondément de cette méthode, verra que la vérité ne lui est pas plus interdite qu'à tout autre, et que, s'il ignore quelque chose, ce n'est faute ni d'esprit ni de capacité. Mais toutes les fois qu'il voudra connoitre une chose quelconque, ou il la trouvera tout d'un coup, ou bien il verra que sa connoissance dépend d'une expérience qu'il n'est pas en son pouvoir de faire; et alors il n'accusera pas son esprit de ce qu'il est forcé de s'arrêter sitôt, ou enfin il reconnoîtra que la chose cherchée surpasse les efforts de l'esprit humain; ainsi il ne s'en croira pas plus ignorant, parcequ'être arrivé à ce résultat est déjà une science qui en vaut une autre.

RÈGLE NEUVIÈME.

Il faut diriger toutes les forces de son esprit sur les choses les plus faciles et de la moindre importance, et s'y arrêter long-temps, jusqu'à ce qu'on ait pris l'habitude de voir la vérité clairement et distinctement.

Après avoir exposé les deux opérations de l'intelligence, l'intuition et la déduction, les seules qui puissent nous conduire à la connoissance, nous continuons d'expliquer, dans cette règle et dans la suivante, par quels moyens nous pouvons devenir plus habiles à produire ces actes, et en même temps à cultiver les deux principales facultés de notre esprit, savoir la perspicacité, en envisageant distinctement chaque chose, et la sagacité, en déduisant habilement les choses l'une de l'autre.

La manière dont nous nous servons de nos yeux suffit pour nous apprendre l'usage de l'intuition. Celui qui veut embrasser beaucoup de choses d'un seul et même regard ne voit rien distinctement ; de même celui qui, par un seul acte de la pensée, veut atteindre plusieurs objets à la fois a l'esprit confus. Au contraire, les ouvriers qui s'occupent d'ouvrages délicats, et qui ont coutume de diriger attentivement leur regard sur chaque point en particulier, acquièrent, par l'usage, la facilité de voir les choses les plus petites et les plus fines. De même ceux qui ne partagent pas leur pensée entre mille objets divers, mais qui l'occupent tout entière à considérer les choses les plus simples et les plus faciles, acquièrent une grande perspicacité.

C'est un vice commun parmi les hommes que

les choses les plus difficiles leur paroissent les plus belles. La plupart ne croient rien savoir, quand ils trouvent aux choses une cause claire et simple; aussi admirent-ils certaines raisons subtiles et profondes des philosophes, quoiqu'elles reposent souvent sur des fondements que personne n'a rigoureusement vérifiés. C'est préférer les ténèbres à la lumière. Or il faut remarquer que ceux qui savent véritablement reconnoissent avec une égale facilité la vérité, soit qu'ils l'aient trouvée dans un sujet simple ou obscur. En effet, c'est par un acte toujours distinct et toujours semblable qu'ils comprennent chaque vérité une fois qu'ils y sont parvenus; toute la différence est dans la route, qui certes doit être plus longue, si elle conduit à une vérité plus éloignée des principes primitifs et absolus.

Il faut donc s'accoutumer à embrasser par la pensée si peu d'objets à la fois, et des objets si simples, qu'on ne croie savoir que ce dont on a une intuition aussi claire que de la chose la plus claire du monde. C'est un talent qui a été donné par la nature aux uns beaucoup plus qu'aux autres; mais l'art et l'exercice peuvent encore augmenter considérablement les dispositions naturelles. Il n'y a qu'un point sur lequel je ne puis trop insister, c'est que chacun se persuade bien fermement que ce n'est pas des choses grandes et difficiles, mais seulement des choses les plus simples et les plus faciles qu'il faut déduire les sciences même les plus cachées.

Par exemple, voulant reconnoître si une puissance naturelle quelconque peut dans le même instant arriver à un lieu éloigné et traverser le milieu qui l'en sépare, je n'irai pas penser à la force magnétique, ou à l'influence des astres, ni même à la rapidité de la lumière pour chercher si ces mouvements sont instantanés. Cela seroit plus difficile à prouver que ce que je cherche. Je réfléchirai plutôt au mouvement local des corps, car il n'est dans ce genre rien de plus sensible, et je remarquerai qu'une pierre ne peut dans un instant passer d'un lieu dans un autre, parcequ'elle est un corps, tandis qu'une puissance semblable à celle qui meut cette pierre ne peut se communiquer qu'instantanément, si elle passe toute seule d'un sujet à un autre. Ainsi, quand je remue l'extrémité d'un bâton, quelque long qu'il soit, je conçois facilement que la puissance qui le meut met aussi en mouvement dans un seul et même instant ses autres parties, parcequ'elle se communique seule, et qu'elle n'entre pas dans un corps, dans une pierre, par exemple, qui la transporte avec elle.

De la même façon, si je veux reconnoître comment une seule et même cause peut produire en même temps des effets contraires, je n'emprunterai pas aux médecins des remèdes qui chassent certaines humeurs et en retiennent d'autres; je n'irai pas dire follement de la lune qu'elle échauffe par sa chaleur, et refroidit par sa qualité occulte. Je regarderai une balance, où le même poids dans un seul et même instant élève un des bassins et abaisse l'autre.

RÈGLE DIXIÈME.

Pour que l'esprit acquière de la facilité, il faut l'exercer à trouver les choses que d'autres ont déjà découvertes, et à parcourir avec méthode même les arts les plus communs, surtout ceux qui expliquent l'ordre ou le supposent.

J'avoue que je suis né avec un esprit tel, que le plus grand bonheur de l'étude consiste pour moi, non pas à entendre les raisons des autres, mais à les trouver moi-même. Cette disposition seule m'excita jeune encore à l'étude des sciences; aussi, toutes les fois qu'un livre quelconque me promettoit par son titre une découverte nouvelle, avant d'en pousser plus loin la lecture, j'essayois si ma sagacité naturelle pouvoit me conduire à quelque chose de semblable, et je prenois grand soin qu'une lecture empressée ne m'enlevât pas cet innocent plaisir. Cela me réussit tant de fois que je m'aperçus enfin que j'arrivois à la vérité, non plus comme les autres hommes après des recherches aveugles et incertaines, par un coup de fortune plutôt que par art, mais qu'une longue expérience m'avoit appris des règles fixes, qui m'aidoient merveilleusement, et dont je me suis servi dans la suite pour trouver plusieurs vérités. Aussi ai-je pratiqué avec soin cette méthode, persuadé que dès le principe j'avois suivi la direction la plus utile.

Mais comme tous les esprits ne sont pas également aptes à découvrir tout seuls la vérité, cette règle nous apprend qu'il ne faut pas tout-à-coup s'occuper de choses difficiles et ardues, mais commencer par les arts les moins importants et les plus simples, ceux surtout où l'ordre règne, comme sont les métiers du tisserand, du tapissier, des femmes qui brodent ou font de la dentelle; comme sont encore les combinaisons des nombres, et tout ce qui a rapport à l'arithmétique, tant d'autres arts semblables en un mot, qui exercent merveilleusement l'esprit, pourvu que nous n'en empruntions pas la connoissance aux autres, mais que nous les découvrions nous-mêmes. En effet, comme ils n'ont rien d'obscur, et qu'ils sont parfaitement à la portée de l'intelligence humaine, ils nous montrent distinctement des systèmes innombrables, divers entre eux, et néanmoins réguliers. Or c'est à en observer rigoureusement l'enchaînement que consiste presque toute la sagacité humaine. Aussi avons-nous averti qu'il faut examiner ces choses avec méthode; or la méthode, dans ces arts subalternes, n'est autre que la constante observation de l'ordre qui se trouve dans la chose même, ou qu'y a mis une heureuse invention. De même, quand nous voulons lire des caractères inconnus au milieu desquels nous ne découvrons aucun ordre, nous en imaginons d'abord un, soit pour vérifier les conjectures qui se présentent à nous sur chaque signe, chaque mot ou chaque phrase, soit pour les disposer de manière que nous puissions connoître par énumération ce qu'on en peut déduire. Il faut surtout prendre garde de perdre notre temps à deviner de pareilles choses par hasard ou sans méthode. En effet, quoiqu'il fût souvent possible de les découvrir sans le secours de l'art, et même avec du bonheur plus vite que par la méthode, elles émousseroient l'esprit, et l'accoutumeroient tellement aux choses vaines et puériles, qu'il courroit risque de s'arrêter à la superficie sans jamais pénétrer plus avant. Gardons-nous cependant de tomber dans l'erreur de ceux qui n'occupent leurs pensées que de choses sérieuses et élevées, dont après beaucoup de peines ils n'acquièrent que des notions confuses, tout en en voulant de profondes. Il faut donc commencer par des choses faciles, mais avec méthode, pour nous accoutumer à pénétrer par les chemins ouverts et connus, comme en nous jouant, jusqu'à la vérité intime des choses. Par ce moyen nous deviendrons insensiblement, et en moins de temps que nous ne pourrions l'espérer, capables de déduire avec une égale facilité de principes évidents un grand nombre de propositions qui nous paroissent très difficiles et très embarrassées.

Plusieurs personnes s'étonneront peut-être que, traitant ici des moyens de nous rendre plus propres à déduire des vérités les unes des autres, nous omettions de parler des préceptes des dialecticiens, qui croient diriger la raison humaine en lui prescrivant certaines formules de raisonnement si concluantes, que la raison qui s'y confie, encore bien qu'elle se dispense de donner à la déduction même une attention suivie, peut cependant par la vertu de la forme seule arriver à une conclusion certaine. Nous remarquons en effet que la vérité échappe souvent à ces liens, et que ceux qui s'en servent y restent enveloppés. C'est ce qui n'arrive pas si souvent à ceux qui n'en font pas usage, et notre expérience nous a démontré que les sophismes les plus subtils ne trompent que les sophistes, et presque jamais ceux qui se servent de leur seule raison.

Aussi, dans la crainte que la raison ne nous abandonne quand nous recherchons la vérité dans quelque chose, nous rejetons toutes ces formules comme contraires à notre but, et nous rassemblons seulement tous les secours qui peuvent retenir notre pensée attentive, ainsi que nous le montrerons par la suite. Or pour se convaincre plus complètement que cet art syllogistique ne sert en rien à la découverte de la vérité, il faut remarquer que les dialecticiens ne peuvent former aucun syllogisme qui conclue le vrai, sans en avoir eu avant la matière, c'est-à-dire sans avoir connu d'avance la vérité que ce syllogisme développe. De là il suit que cette forme ne leur donne rien de nouveau; qu'ainsi la dialectique vulgaire est complètement inutile à celui qui veut découvrir la vérité, mais que seulement elle peut servir à exposer plus facilement aux autres les vérités déjà connues, et qu'ainsi il faut la renvoyer de la philosophie à la rhétorique.

RÈGLE ONZIÈME.

Après avoir aperçu par l'intuition quelques propositions simples, si nous en concluons quelque autre, il est inutile de les suivre sans interrompre un seul instant le mouvement de la pensée, de réfléchir à leurs rapports mutuels, et d'en concevoir distinctement à la fois le plus grand nombre possible; c'est le moyen de donner à notre science plus de certitude et à notre esprit plus d'étendue.

C'est ici le lieu d'expliquer avec plus de clarté ce que nous avons dit de l'intuition à la règle troisième et septième. Dans l'une nous l'avons opposée à la déduction, dans l'autre seulement à l'énumération, que nous avons définie une collection de plusieurs choses distinctes, tandis que la simple opération de déduire une chose d'une autre se fait par l'intuition.

Il en a dû être ainsi; car nous exigeons deux conditions pour l'intuition, savoir que la proposition apparoisse claire et distincte, ensuite qu'elle soit comprise tout entière à la fois et non successivement. La déduction au contraire, si, comme dans la règle troisième, nous examinons sa formation, ne paroît pas s'opérer instantanément, mais elle implique un certain mouvement de notre esprit inférant une chose d'une autre; aussi dans cette règle l'avons-nous à bon droit distinguée de l'intuition. Mais si nous la considérons comme faite, suivant ce que nous avons dit à la règle septième, alors elle ne désigne plus un mouvement, mais le terme d'un mouvement. Aussi supposons-nous qu'on la voit par intuition quand elle est simple et claire, mais non quand elle est multiple et enveloppée. Alors nous lui avons donné le nom d'énumération et d'induction, parcequ'elle ne peut pas être comprise tout entière d'un seul coup par l'esprit, mais que sa certitude dépend en quelque façon de la mémoire, qui doit conserver les jugements portés sur chacune des parties, afin d'en conclure un jugement unique.

Toutes ces distinctions étoient nécessaires pour l'intelligence de cette règle. La neuvième ayant traité de l'intuition et la dixième de l'énumération, la règle actuelle explique comment ces deux règles s'aident et se perfectionnent mutuellement, au point de paroitre n'en faire qu'une seule, en vertu d'un mouvement de la pensée qui considère attentivement chaque objet en particulier et en même temps passe à d'autres objets.

Nous trouvons à cela le double avantage, d'une part de connoître avec plus de certitude la conclusion qui nous occupe, d'autre part de rendre notre esprit plus apte à en découvrir d'autres. En effet, la mémoire, dont nous avons dit que dépend la certitude des conclusions trop complexes pour que l'intuition puisse les embrasser d'un seul coup, la mémoire, foible et fugitive de sa nature, a besoin d'être renouvelée et raffermie par ce mouvement continuel et répété de la pensée. Ainsi quand, après plusieurs opérations, je viens à connoître quel est le rapport entre une première et une seconde grandeur, entre une seconde et une troisième, entre une troisième et une quatrième, enfin entre une quatrième et une cinquième, je ne vois pas pour cela le rapport de la première à la cinquième, et je ne puis le déduire des rapports déjà connus sans me les rappeler tous. Il est donc nécessaire que ma pensée les parcoure de nouveau, jusqu'à ce qu'enfin je puisse passer de la première à la dernière assez vite pour paroître, presque sans le secours de la mémoire, en embrasser la totalité d'une seule et même intuition.

Cette méthode, comme tout le monde le voit, remédie à la lenteur de l'esprit, et augmente même son étendue. Mais ce qu'il faut en outre remarquer, c'est que l'utilité de cette règle consiste surtout en ce que, accoutumés à réfléchir à la dépendance mutuelle de propositions simples, nous acquérons l'habitude de distinguer d'un seul coup celles qui sont plus ou moins relatives, et par quels degrés il faut passer pour les ramener à l'absolu. Par exemple, si je parcours un certain nombre de grandeurs en proportion continue, je remarquerai tout ceci : savoir, que c'est par une conception égale, et ni plus ni moins facile, que je reconnois le rapport de la première à la deuxième, de la deuxième à la troisième, de la troisième à la quatrième, et ainsi de suite, tandis qu'il ne m'est pas si facile de reconnoître dans quelle dépendance est la seconde de la première et de la troisième tout à la fois, beaucoup plus difficile de reconnoître dans quelle dépendance est la seconde de la première et de la quatrième, et ainsi des autres. Par là je comprends pourquoi, si on ne me donne que la première et la seconde, je puis trouver la troisième et la quatrième et les autres, parceque cela se faisoit par des conceptions particulières et distinctes; si au contraire on ne me donne que la première ou la troisième, je ne découvrirai pas si facilement celle du milieu, parceque cela ne se peut faire que par une conception qui embrasse à la fois deux des précédentes. Si l'on ne me donne que la première et la quatrième, il me sera plus difficile encore de trouver les deux moyennes, parcequ'il faut d'un seul coup embrasser trois conceptions; en sorte que conséquemment il paroîtroit encore plus difficile, la première et la cinquième étant données, de trouver les trois moyennes. Mais il est une autre raison pour qu'il en arrive autrement, c'est qu'encore bien qu'il y ait dans notre dernier exemple quatre conceptions jointes ensemble, il est possible cependant de les séparer, parceque le nombre quatre se divise par un autre nombre. Ainsi je puis chercher la troisième grandeur seulement entre la première et la cinquième; ensuite la deuxième entre la première et la troisième, etc. L'homme accoutumé à réfléchir à ce procédé, chaque fois qu'il examinera une question nouvelle, reconnoîtra aussitôt la cause de la difficulté et en même temps le mode de solution le plus simple de tous, ce qui est le plus puissant secours pour la connoissance de la vérité.

RÈGLE DOUZIÈME.

Enfin il faut se servir de toutes les ressources de l'intelligence, de l'imagination, des sens, de la mémoire, pour avoir une intuition distincte des propositions simples, pour comparer convenablement ce qu'on cherche avec ce qu'on connoît, et pour trouver les choses qui doivent être ainsi comparées entre elles; en un mot on ne doit négliger aucun des moyens dont l'homme est pourvu.

Cette règle renferme tout ce qui a été dit plus haut, et montre en général ce qu'il falloit expliquer en particulier.

Pour arriver à la connoissance, il n'y a que deux choses à considérer, nous qui connoissons, et les objets qui doivent être connus. Il y a en nous quatre facultés dont nous pouvons nous servir pour connoître, l'intelligence, l'imagination, les sens et la mémoire. L'intelligence seule est capable de concevoir la vérité. Elle doit cependant s'aider de l'imagination, des sens et de la mémoire, afin de ne laisser sans emploi aucun de nos moyens. Quant aux objets eux-mêmes, trois choses seulement sont à considérer; il faut voir d'abord ce qui s'offre à nous spontanément, ensuite comment une chose est connue par une autre ; enfin quelles choses sont déduites des autres, et desquelles elles sont déduites. Cette énumération me paroît complète, elle embrasse tout ce que les facultés de l'homme peuvent atteindre.

M'arrêtant donc sur le premier point, je voudrois pouvoir montrer ici ce que c'est que l'âme de l'homme, ce que c'est que son corps, comment l'un est formé par l'autre ; quelles sont, dans ce tout complexe, les facultés qui servent à la connoissance, et en quoi y contribue chacune d'elles ; mais les bornes de cet écrit ne peuvent contenir tous les préliminaires nécessaires pour que ces vérités soient évidentes pour tous. En effet, je désire toujours écrire de manière à ne rien prononcer d'affirmatif sur les questions controversées, avant d'avoir exposé les raisons qui m'ont conduit à mon opinion, et par lesquelles je pense que les autres peuvent aussi être persuadés ; mais comme cela ne m'est pas permis ici, il me suffira d'indiquer le plus brièvement possible la manière, selon moi, la plus utile à mon dessein, de concevoir toutes les facultés qui sont en nous destinées à l'acquisition des connoissances. Vous êtes libre de ne pas croire que les choses sont ainsi ; mais qui empêche que vous n'adoptiez les mêmes suppositions, s'il est évident que, sans altérer la vérité, elles rendent seulement tout plus clair? de même qu'en géométrie vous faites sur une quantité des suppositions qui n'ébranlent nullement la force des démonstrations, quoique souvent la physique nous donne de la nature de cette quantité une idée différente.

Il faut concevoir, avant tout, que les sens externes, en tant qu'ils font partie du corps, quoique nous les appliquions aux objets par notre action, c'est-à-dire en vertu d'un mouvement local, ne sentent toutefois que passivement, c'est-à-dire de la même manière que la cire reçoit l'empreinte d'un cachet. Et il ne faut pas croire que cette comparaison soit prise seulement de l'analogie, mais il faut bien concevoir que la forme externe du corps sentant est réellement modifiée par l'objet, de la même manière que la superficie de la cire est modifiée par le cachet. Cela n'a pas seulement lieu lorsque nous touchons un corps, en tant que figuré, dur, âpre, etc., mais même lorsque par le tact nous avons la perception de la chaleur et du froid. Il en est de même des autres sens. Ainsi la partie d'abord opaque qui est dans l'œil reçoit la figure que lui apporte l'impression de la lumière teinte des différentes couleurs. La peau des oreilles, des narines, de la langue, d'abord impénétrable à l'objet, emprunte également une nouvelle figure du son, de l'odeur et de la saveur.

Il est commode de concevoir ainsi toutes ces choses ; en effet, rien ne tombe plus facilement sous les sens qu'une figure : on la touche, on la voit; cette supposition n'entraîne pas plus d'inconvénient que toute autre. La preuve en est que la conception de la figure est si simple et si commune qu'elle est contenue dans tout objet sensible. Par exemple, supposez que la couleur soit tout ce qu'il vous plaira, vous ne pourrez nier qu'elle ne soit toujours quelque chose d'étendu, par conséquent de figuré. Quel inconvénient y a-t-il donc à ce qu'au lieu d'admettre une hypothèse inutile, et sans nier de la couleur ce qu'il plaît aux autres d'en penser, nous ne la considérions qu'en tant que figurée, et que nous concevions la différence qui existe entre le blanc, le bleu et le rouge, etc., comme la différence qui est entre ces figures et d'autres semblables ?

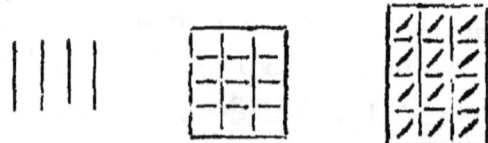

Or on peut en dire autant de toutes choses, puisque l'infinie multitude des figures suffit pour exprimer les différences des objets sensibles.

En second lieu, il faut concevoir qu'à l'instant où le sens externe est mis en mouvement par l'objet, la figure qu'il reçoit est portée à une autre partie du corps qui se nomme le *sens commun ;* et cela instantanément, et sans qu'il existe un passage réel d'aucun être d'un point à un autre; tout de même que quand j'écris, je sais qu'à l'instant où chaque caractère est tracé sur le papier, non seulement la partie inférieure de ma plume est en mouvement, mais encore qu'elle ne peut recevoir le moindre mouvement qui ne se communique simultanément à la plume tout entière, dont la partie supérieure décrit en l'air les mêmes figures, encore bien que rien de réel ne passe d'une extrémité à l'autre. Or, qui pourroit croire la connexion des parties du corps humain moins entière que celle de la plume, et où trouver une image plus simple pour la représenter?

Il faut, en troisième lieu, concevoir que le sens commun joue le rôle du cachet, qui imprime dans l'imagination, comme dans de la cire, ces figures ou *idées* que les sens externes envoient pures et incorporelles; que cette imagination est une véritable partie du corps, et d'une grandeur telle que ses diverses parties peuvent revêtir plusieurs figures distinctes l'une de l'autre, et même en garder long-temps l'empreinte : dans ce cas, on l'appelle *mémoire*.

En quatrième lieu, il faut concevoir que la force motrice ou les nerfs eux-mêmes prennent naissance dans le cerveau, qui contient l'imagination, laquelle les meut de mille façons, comme le sens commun est mû par le sens externe, ou la plume tout entière par son extrémité inférieure ; exemple qui montre comment l'imagination peut être la cause d'un grand nombre de mouvements dans les nerfs, sans qu'il soit besoin qu'elle en possède en elle-même l'empreinte, pourvu qu'elle possède d'autres empreintes dont ces mouvements puissent être la suite ; en effet toute la plume n'est pas mue comme sa partie inférieure. Il y a plus, elle paroît, dans sa plus grande partie, suivre un mouvement inverse tout-à-fait contraire. Cela explique comment naissent tous les mouvements de tous les animaux, quoiqu'on ne leur accorde aucune connoissance des choses, mais seulement une imagination purement corporelle, et comment se produisent en nous toutes les opérations qui n'ont pas besoin du concours de la raison.

Cinquièmement enfin, il faut concevoir que cette force par laquelle nous connoissons proprement les objets, est purement spirituelle, et n'est pas moins distincte du corps tout entier que ne l'est le sang des os et la main de l'œil ; qu'elle est une et identique, soit qu'avec l'imagination elle reçoive les figures que lui envoie le sens commun, soit qu'elle s'applique à celles que la mémoire garde en dépôt, soit qu'elle en forme de nouvelles, lesquelles s'emparent tellement de l'imagination qu'elle ne peut suffire à recevoir en même temps les idées que lui apporte le sens commun, ou à les transmettre à la force motrice, selon le mode de dispensation qui lui convient. Dans tous ces cas, la force qui connoît est tantôt passive et tantôt active ; elle imite tantôt le cachet, tantôt la cire ; comparaison qu'il ne faut prendre cependant que comme une simple analogie; car, parmi les objets matériels, il n'existe rien qui lui ressemble. C'est toujours une seule et même force qui, s'appliquant avec l'imagination au sens commun, est dite voir, toucher, etc. ; à l'imagination, en tant qu'elle revêt des formes diverses, est dite se souvenir; à l'imagination qui crée des formes nouvelles, est dite imaginer ou concevoir; qui enfin, lorsqu'elle agit seule, est dite comprendre, ce que nous expliquerons plus longuement en son lieu. Aussi reçoit-elle, à raison de ces diverses facultés, les noms divers d'intelligence pure, d'imagination, de mémoire, de sensibilité. Elle s'appelle proprement esprit, lorsqu'elle forme dans l'imagination de nouvelles idées, ou lorsqu'elle s'applique à celles qui sont déjà formées, et que nous la considérons comme la cause de ces différentes opérations. Il faudra plus tard observer la distinction de ces noms. Toutes ces choses une fois bien conçues, le lecteur attentif n'aura pas de peine à conclure de quel secours chacune de ces facultés nous peut être, et jusqu'à quel point l'art peut suppléer aux défauts naturels de l'esprit.

Car comme l'intelligence peut être mue par l'imagination, et agir sur elle, comme celle-ci à son tour peut agir sur les sens à l'aide de la force motrice en les appliquant aux objets, et que les sens d'autre part agissent sur elle en y peignant les images des corps, comme en outre la mémoire, au moins celle qui est corporelle et qui ressemble à celle des bêtes, est identique avec l'imagination, il suit de là que si l'intelligence s'occupe de choses qui n'ont rien de corporel ou d'analogue au corps, en vain espèrera-t-elle du secours de ces facultés. Il y a plus, pour que son action n'en soit pas arrêtée, il faut écarter les sens, et dépouiller, autant qu'il est possible, l'imagination de toute impression distincte. Si, au contraire, l'intelligence se propose d'examiner quelque chose qui puisse se rapporter à un corps, il faudra s'en former dans l'imagination l'idée la plus distincte possible. Pour y parvenir plus facilement, il faut montrer aux sens externes l'objet même que cette idée représentera. La pluralité des objets ne facilitera pas l'intuition distincte d'un objet individuel; mais si de cette pluralité on veut distraire un individu, ce qui est souvent nécessaire, il faut débarrasser l'imagination de tout ce qui pourroit partager l'attention, afin que le reste se grave mieux dans la mémoire. De la même manière, il ne faudra pas présenter les objets eux-mêmes aux sens externes, mais seulement en offrir des images abrégées, qui, pourvu qu'elles ne nous induisent pas en erreur, seront d'autant meilleures qu'elles seront plus courtes. Ce sont là les préceptes qu'il faut observer, si l'on ne veut rien omettre de ce qui est relatif à la première partie de notre règle.

Venons à la seconde, et distinguons avec soin les notions des choses simples de celles des choses composées; voyons dans lesquelles peut être la fausseté, pour prendre nos précautions relativement à celles-ci; celles dans lesquelles peut se trouver la certitude, pour nous appliquer exclusivement à leur étude. Ici, comme dans notre précédente recherche, il faut admettre certaines propositions qui peut-être n'auront pas l'assentiment de tout le monde; mais peu importe qu'on ne les croie pas plus vraies que ces cercles imaginaires qui servent aux astronomes à renfermer leurs phénomènes, pourvu qu'elles nous aident à distinguer de quels objets on peut avoir une connoissance vraie ou fausse.

Nous disons donc premièrement que les choses doivent être considérées sous un autre point de vue quand nous les examinons par rapport à notre intelligence, qui ne les connoît que quand nous en parlons par rapport à leur existence réelle. Ainsi soit un corps étendu et figuré : en lui-même nous avouons que c'est quelque chose d'un et de simple ; en effet, on ne peut pas dire qu'il soit composé parcequ'il a la corporalité, l'étendue et la figure, car ces éléments n'ont jamais existé indépendants l'un de l'autre. Mais, par rapport à notre intelligence, c'est un composé de ces trois éléments, parceque chacun d'eux se présente séparément à notre esprit, avant que nous ayons le temps de reconnoître qu'ils se trouvent tous trois réunis dans un seul et même sujet. Ainsi, ne traitant ici des choses que dans leur rapport avec notre intelligence, nous appellerons simples celles-là seulement dont la notion est si claire et si distincte que l'esprit ne puisse la diviser en d'autres notions plus simples encore ; telles sont la figure, l'étendue, le mouvement, etc. Nous concevons toutes les autres comme étant, en quelque sorte, composées de celles-ci ; ce qu'il faut entendre de la manière la plus générale, sans excepter même les choses qu'il nous est possible d'abstraire de ces notions simples, comme quand on dit que la figure est la limite de l'étendue, entendant ainsi par limite quelque chose de plus général que la figure, parcequ'on peut dire la limite de la durée, du mouvement, etc. Dans ce cas, bien que la notion de limite soit abstraite de celle de figure, elle n'en doit pas pour cela paroître plus simple que celle-ci. Au contraire, comme on l'attribue à d'autres choses essentiellement différentes de la figure, telles que la durée et le mouvement, il a fallu l'abstraire même de ces notions, et conséquemment c'est un composé d'éléments tout-à-fait divers, à chacun desquels elle ne s'applique que par équivoque.

Nous disons, en second lieu, que les choses appelées simples par rapport à notre intelligence sont ou purement intellectuelles, ou purement matérielles, ou intellectuelles et matérielles tout à la fois. Sont purement intellectuelles les choses que l'intelligence connoît à l'aide d'une certaine lumière naturelle, et sans le secours d'aucune image corporelle. Or il en est un grand nombre de cette espèce; et, par exemple, il est impossible de se faire une image matérielle du doute, de l'ignorance, de l'action de la volonté, qu'on me permettra d'appeler volition, et de tant d'autres choses, que cependant nous connoissons effectivement, et si facilement qu'il nous suffit pour cela d'être doués de raison. Sont purement matérielles les choses que l'on ne connoît que dans les corps, comme la figure, l'étendue, le mouvement, etc. Enfin il faut appeler communes celles qu'on attribue indistinctement aux corps et aux esprits, comme l'existence, l'unité, la durée, et d'autres semblables. A cette classe doivent être rapportées ces notions communes, qui sont comme des liens qui unissent entre elles diverses natures simples, et sur l'évidence desquelles reposent les conclusions du raisonnement; par exemple, la proposition, deux choses égales à une troisième sont égales entre elles ; et encore, deux choses qui ne peuvent pas être rapportées de la même manière à une troisième, ont entre elles quelque diversité. Or ces idées peuvent être connues, ou par l'intelligence pure, ou par l'intelligence examinant les images des objets matériels.

Au nombre des choses simples, il faut encore placer leur négation et leur privation, en tant qu'elles tombent sous notre intelligence, parceque l'idée du néant, de l'instant, du repos, n'est pas une idée moins vraie que celle de l'existence, de la durée, du mouvement. Cette manière de voir nous permettra de dire, dans la suite, que toutes les autres choses que nous connoîtrons sont composées de ces éléments simples: ainsi quand je juge qu'une figure n'est pas en mouvement, je puis dire que mon idée est composée, en quelque façon, de la figure et du repos, et ainsi des autres.

Nous dirons, en troisième lieu, que ces éléments simples sont tous connus par eux-mêmes, et ne contiennent rien de faux, ce qui se verra facilement si nous distinguons la faculté de l'intelligence qui voit et connoît les choses, de celle qui juge en affirmant et en niant. Il peut se faire en effet que nous croyions ignorer les choses que nous savons réellement; par exemple, si nous supposons qu'outre ce que nous voyons, et ce que nous atteignons par la pensée, elles contiennent encore quelque chose qui nous est inconnu, et que cette supposition soit fausse. A ce compte, il est évident que nous nous trompons, si nous croyons ne pas connoître tout entière quelqu'une de ces natures simples; car si notre intelligence se met le moins du monde en rapport avec elles, ce qui est nécessaire puisque nous sommes supposés en porter un jugement quelconque, il faut conclure de là que nous la connoissons tout entière. Autrement on ne pourroit pas dire qu'elle est simple, mais bien composée, d'abord, de ce que nous connoissons d'elle, ensuite, de ce que nous en croyons ignorer.

Nous disons, en quatrième lieu, que la liaison des choses simples entre elles est nécessaire ou contingente. Elle est nécessaire, lorsque l'idée de l'une est tellement mêlée à l'idée de l'autre, qu'en voulant les juger séparées, il nous est impossible de concevoir distinctement l'une des deux. C'est de cette manière que la figure est liée à l'étendue, le mouvement à la durée ou au temps, parcequ'il est impossible de concevoir la figure privée d'étendue, et le mouvement de durée. De même quand je dis, quatre et trois font sept, cette liaison est nécessaire, parcequ'on ne peut pas concevoir distinctement le nombre sept sans y renfermer d'une manière confuse le nombre quatre et le nombre trois. De même encore tout ce qu'on démontre des figures et des nombres est nécessairement lié à la chose sur laquelle porte l'affirmation. Cette nécessité n'a pas seulement lieu dans les objets sensibles. Par exemple, si Socrate dit qu'il doute de tout, il s'ensuit nécessairement cette conséquence, donc il comprend au moins qu'il doute; et celle-ci, donc il connoît que quelque chose peut être vrai ou faux : car ce sont là des notions qui accompagnent nécessairement le doute. La liaison est contingente quand les choses ne sont pas liées entre elles inséparablement, par exemple lorsque nous disons, le corps est animé, l'homme est habillé. Il est même beaucoup de propositions qui sont nécessairement jointes entre elles, et que le grand nombre range parmi les contingentes, parcequ'on n'en remarque pas la relation : par exemple, Je suis, donc Dieu est; Je comprends, donc j'ai une âme distincte de mon corps. Enfin il faut remarquer qu'il est un grand nombre de propositions nécessaires, dont la réciproque est contingente : ainsi, quoique, de ce que je suis, je conclue avec certitude que Dieu est, je ne puis réciproquement affirmer, de ce que Dieu est, que j'existe.

Nous disons, en cinquième lieu, que nous ne pouvons rien comprendre au-delà de ces natures simples, et des composées qui s'en forment; et même il est souvent plus facile d'en examiner plusieurs jointes ensemble que d'en abstraire une seule. Ainsi je puis connoître un triangle sans avoir jamais remarqué que cette connoissance contient celle de l'angle, de la ligne, du nombre trois, de la figure, de l'étendue, etc.; ce qui n'empêche pas que nous ne disions que la nature du triangle est un composé de toutes ces natures, et qu'elles sont mieux connues que le triangle, puisque ce sont elles que l'on comprend en lui. Il y a plus, dans cette même notion du triangle, il en est beaucoup d'autres qui s'y trouvent et qui nous échappent, telles que la grandeur des angles, qui sont égaux à deux droits, et les innombrables rapports des côtés aux angles ou à la capacité de l'aire.

Nous disons, en sixième lieu, que les natures appelées composées sont connues de nous, parceque nous trouvons par expérience qu'elles sont composées, ou parceque nous les composons nous-mêmes. Nous connoissons, par exemple, tout ce que nous percevons par les sens, tout ce que nous entendons dire par d'autres, et généralement tout ce qui arrive à notre entendement, soit d'ailleurs, soit de la contemplation réfléchie de l'entendement par lui-même. Il faut ici noter que l'entendement ne peut être trompé par aucune expérience, s'il se borne à l'intuition précise de l'objet.

tel qu'il le possède dans son idée ou dans son image. Et qu'on ne juge pas pour cela que l'imagination nous représente fidèlement les objets des sens : les sens eux-mêmes ne réfléchissent pas la véritable figure des choses ; et enfin les objets externes ne sont pas toujours tels qu'ils nous apparoissent ; nous sommes à tous ces égards exposés à l'erreur, tout comme nous pouvons prendre un conte pour une histoire véritable. L'homme attaqué de la jaunisse croit que tout est jaune, parceque son œil est de cette couleur : un esprit malade et mélancolique peut prendre pour des réalités les vains fantômes de son imagination. Mais ces mêmes choses n'induiront pas en erreur l'intelligence du sage, parceque, tout en reconnoissant que ce qui lui vient de l'imagination y a été empreint réellement, il n'affirmera jamais que la notion soit arrivée non altérée des objets externes aux sens, et des sens à l'imagination, à moins qu'il n'ait quelque autre moyen de s'en assurer. D'autre part, c'est nous qui composons nous-mêmes les objets de notre connoissance, toutes les fois que nous croyons qu'ils contiennent quelque chose que notre esprit perçoit immédiatement sans aucune expérience. Ainsi, quand l'homme malade de la jaunisse se persuade que ce qu'il voit est jaune, sa connoissance est composée et de ce que son imagination lui représente, et de ce qu'il tire de lui-même, savoir, que la couleur jaune vient non d'un défaut de son œil, mais de ce que les choses qu'il voit sont réellement jaunes. Il suit de tout ceci que nous ne pouvons nous tromper que quand nous composons nous-mêmes les notions que nous admettons.

Nous disons, en septième lieu, que cette composition peut se faire de trois manières, par impulsion, par conjecture, ou par déduction. Ceux-là composent leurs jugements sur les choses par impulsion qui se portent d'eux-mêmes à croire quelque chose sans être persuadés par aucune raison, mais seulement déterminés, ou par une puissance supérieure, ou par leur propre liberté, ou par une disposition de leur imagination. La première ne trompe jamais; la seconde, rarement; la troisième, presque toujours: mais la première n'appartient pas à ce traité, parcequ'elle ne tombe pas sous les règles de l'art. La composition se fait par conjecture quand, par exemple, de ce que l'eau, plus éloignée du centre de la terre, est aussi d'une substance plus ténue; de ce que l'air, placé au-dessus de la terre, est aussi plus léger qu'elle, nous concluons qu'au-delà de l'air il n'y a rien qu'une substance éthérée, très pure, et beaucoup plus ténue que l'air lui-même. Les notions que nous composons de cette manière ne nous trompent pas, pourvu que nous ne les prenions que pour des probabilités, jamais pour des vérités ; mais elles ne nous rendent pas plus savants.

Reste donc la seule déduction par laquelle nous puissions composer des notions de la justesse desquelles nous soyons sûrs ; et cependant il peut s'y commettre encore un grand nombre d'erreurs. Par exemple, de ce que dans l'air il n'est rien que la vue, le tact ou quelque autre sens puisse saisir, nous concluons que l'espace qui le renferme est vide, nous joignons mal à propos la nature du vide à celle de l'espace ; or il en arrive ainsi toutes les fois que d'une chose particulière et contingente nous croyons pouvoir déduire quelque chose de général et de nécessaire. Mais il est en notre pouvoir d'éviter cette erreur, c'est de ne jamais faire de liaisons que celles que nous avons reconnues nécessaires : comme, par exemple, quand nous concluons que rien ne peut être figuré qui ne soit étendu, de ce que la figure a avec l'étendue un rapport nécessaire.

De tout cela il résulte premièrement que nous avons exposé clairement, et, ce me semble, par une énumération suffisante, ce que nous n'avons pu montrer au commencement que confusément et sans art ; savoir, qu'il n'y a que deux voies ouvertes à l'homme pour arriver à une connoissance certaine de la vérité, l'intuition évidente, et la déduction nécessaire. Nous avons de plus expliqué ce que c'est que ces natures simples dont il est question dans la règle huitième. Il est clair que l'intuition s'applique et à ces natures, et à leur connexion nécessaire entre elles, et enfin à toutes les autres choses que l'entendement trouve par une expérience précise, soit en lui-même, soit dans l'imagination. Quant à la déduction, nous en traiterons plus au long dans les règles suivantes.

Il s'ensuit secondement qu'il ne faut pas se donner beaucoup de peine pour connoître ces natures simples, car elles sont suffisamment connues par elles-mêmes. Il faut seulement les distinguer les unes des autres, et les considérer avec attention successivement et à part. Il n'est personne en effet d'un esprit si obtus qui ne s'aperçoive qu'il y a une différence quelconque à être assis et à être debout. Mais tous ne distinguent pas aussi nettement la nature de la position des autres choses contenues dans cette idée, et ils ne peuvent affirmer que dans ce cas rien n'est changé que la position. Et nous ne faisons pas cette remarque en vain, parceque les savants sont d'habitude assez ingénieux pour trouver le moyen de répandre des ténèbres même dans les choses qui sont évidentes par elles-mêmes, et que les paysans n'ignorent pas. Cela leur arrive lorsqu'ils cherchent à exposer, à l'aide de quelque chose de plus évident, des choses qui sont connues par elles-mêmes.

En effet, ou ils expliquent autre chose, ou ils n'expliquent rien du tout ; car qui ne connoît pas parfaitement le changement quelconque qui s'opère quand nous changeons de lieu, et quel homme concevra l'idée de ce même changement quand on lui dira, *Le lieu est la superficie du corps ambiant*, puisque cette superficie peut changer moi restant immobile et ne changeant pas de place, et d'autre part se mouvoir avec moi de telle sorte que, encore bien que ce soit toujours la même qui m'entoure, je ne me trouve plus dans le même lieu? Mais n'est-ce pas paroître proférer des paroles magiques, qui ont une vertu cachée et passent la portée de l'esprit humain, que de dire que *le mouvement* (la chose la mieux connue de chacun) *est l'acte d'une puissance, en tant que puissance?* Qui comprend ces paroles, et qui ignore ce que c'est que le mouvement? Qui n'avoueroit que c'est là chercher un nœud dans un brin de jonc? On doit donc reconnoître qu'il ne faut jamais expliquer les choses de cette espèce par des définitions, de peur de prendre le simple pour le composé, mais seulement les distinguer les unes des autres, et les examiner attentivement selon les lumières de son esprit.

Il suit, en troisième lieu, que toute la science humaine consiste seulement à voir distinctement comment ces natures simples concourent entre elles à la formation des autres choses, remarque très utile à faire. Car toutes les fois qu'on propose une difficulté à examiner, presque tous s'arrêtent au début, incertains à quelles pensées ils doivent d'abord se livrer, et persuadés qu'ils ont à chercher une nouvelle espèce d'être qui leur est inconnue. Ainsi, quand on demande quelle est la nature de l'aimant, aussitôt, et parcequ'ils augurent que la chose est difficile et ardue, éloignant leur esprit de tout ce qui est évident, ils l'appliquent à ce qu'il y a de plus difficile, et attendent dans le vague si par hasard, en parcourant l'espace vide de causes infinies, ils ne trouveront pas quelque chose de nouveau. Mais celui qui pense qu'on ne peut rien connoître dans l'aimant qui ne soit formé de certaines natures simples et connues par elles-mêmes, sûr de ce qu'il doit faire, rassemble d'abord avec soin toutes les expériences qu'il possède sur cette pierre, et cherche ensuite à en déduire quel doit être le mélange nécessaire de natures simples pour produire les effets qu'il a reconnus dans l'aimant. Cela trouvé, il peut affirmer hardiment qu'il connoît la véritable nature de l'aimant, autant qu'un homme avec les expériences données peut y parvenir.

Il résulte quatrièmement de ce que nous avons dit, qu'il ne faut pas regarder une connoissance comme plus obscure qu'une autre, puisque toutes sont de la même nature, et consistent seulement dans la composition des choses qui sont connues par elles-mêmes : c'est une vérité à laquelle peu font attention. Mais, prévenus de l'opinion contraire, les plus présomptueux se permettent de donner leurs conjectures comme des démonstrations réelles; et dans des choses qu'ils ignorent complètement ils se flattent de voir comme à travers un nuage des vérités cachées, ils ne craignent pas de les mettre en avant, et enveloppent leurs conceptions de certaines paroles, qui leur servent à discourir long-temps et à parler de suite, mais que dans le fait ni eux ni leurs auditeurs ne comprennent. Les plus modestes s'abstiennent d'examiner beaucoup de choses quelquefois très faciles et très importantes pour la vie, parcequ'ils se croient incapables d'y atteindre; et comme ils pensent qu'elles peuvent être comprises par d'autres hommes doués de plus de génie, ils embrassent le sentiment de ceux dans l'autorité desquels ils ont le plus de confiance.

Nous disons, en huitième lieu, que l'on ne peut déduire que les choses des paroles, la cause de l'effet, l'effet de la cause, le même du même, ou bien les parties ou même le tout des parties [1].....

Au reste, pour que personne ne se trompe sur l'enchaînement de nos préceptes, nous divisons

---

[1] Il y a ici une lacune.

tout ce qui peut être connu en propositions simples et en questions. Pour les propositions simples nous ne donnerons d'autres préceptes que ceux qui préparent l'entendement à voir distinctement et à étudier avec sagacité tous les objets quelconques, parceque ces propositions doivent se présenter spontanément et ne peuvent être cherchées. C'est ce que nous avons fait dans nos douze premières règles, dans lesquelles nous croyons avoir montré tout ce qui, selon nous, peut faciliter de quelque manière l'usage de la raison. Parmi les questions, les unes se comprennent facilement, quoiqu'on en ignore la solution; celles-là seules forment l'objet de nos douze règles suivantes : les autres ne se comprennent pas facilement; nous leur consacrons douze autres règles. Cette division n'a pas été faite sans dessein; elle a pour but de nous éviter de rien dire qui suppose la connoissance de ce qui suit, et de nous instruire d'abord de ce que nous regardons comme une étude préalable nécessaire à la culture de l'esprit. Il faut remarquer que, parmi les questions qui se comprennent facilement, nous n'admettons que celles où l'on perçoit distinctement ces trois choses, savoir, à quels signes ce qu'on cherche peut-il être reconnu quand il se présentera? de quoi devons-nous précisément le déduire? et comment faut-il prouver que ces deux choses dépendent tellement l'une de l'autre, que l'une ne peut changer quand l'autre ne change pas. Ainsi nous aurons toutes nos prémisses, et il ne nous restera plus qu'à faire voir comment il faut trouver la conclusion, non pas en déduisant une chose quelconque d'une chose simple (car, comme nous l'avons dit, cela se fait sans précepte), mais en dégageant avec tant d'art une chose d'un grand nombre d'autres parmi lesquelles elle est enveloppée, qu'il ne faille jamais une plus grande capacité d'esprit que pour la plus simple conclusion. Ces questions, qui sont pour la plupart abstraites et ne se rencontrent que dans l'arithmétique et la géométrie, paroîtront peu utiles à ceux qui ignorent ces sciences; je les avertis cependant qu'on doit s'appliquer long-temps et s'exercer à apprendre cette méthode, si l'on veut posséder parfaitement la seconde partie de ce traité, où nous traiterons de toutes les autres questions.

RÈGLE TREIZIÈME.

Quand nous comprenons parfaitement une question, il faut la dégager de toute conception superflue, la réduire au plus simple, la subdiviser le plus possible au moyen de l'énumération.

Voici le seul point dans lequel nous initions les dialecticiens, c'est que, comme, pour apprendre les formes des syllogismes, ils supposent que les termes ou la matière en est connue, de même nous exigeons au préalable que la question soit parfaitement comprise. Mais nous ne distinguons pas comme eux deux extrêmes et un moyen : nous considérons la chose tout entière de cette façon. D'abord, dans toute question il est nécessaire qu'il y ait quelque chose d'inconnu, sans quoi il n'y auroit pas de question. Secondement, ce quelque chose doit être désigné d'une manière quelconque, autrement il n'y auroit pas de raison pour chercher telle chose plutôt que telle autre. Troisièmement, il ne peut être désigné que par quelque chose qui soit connu. Tout cela se trouve dans les questions même imparfaites. Ainsi quand on demande quelle est la nature de l'aimant, ce qu'on entend par ces deux mots *aimant* et *nature* est connu, c'est ce qui nous détermine à chercher cela plutôt qu'autre chose. Mais, de plus, pour que la question soit parfaite, nous voulons qu'elle soit entièrement déterminée, tellement qu'on ne cherche rien de plus que ce qui peut se déduire des données : par exemple, si l'on me demande ce qu'il faut inférer sur la nature de l'aimant, précisément des expériences que Gilbert dit avoir faites, qu'elles soient vraies ou fausses ; ou encore, si on me demande ce que je pense sur la nature du son, précisément de ce

que les trois cordes a, b. c rendent un son égal;
b, dans l'hypothèse, étant deux fois plus gros que
a, d'une longueur égale, et tendu par un poids
double; et c n'étant pas plus gros que a, mais deux
fois plus long, et tendu par un poids quatre fois
plus lourd, etc. Tous ces exemples montrent comment toutes les questions imparfaites peuvent être
ramenées à des questions parfaites, ce que l'on
montrera plus longuement en son lieu; et de plus
ils enseignent de quelle manière notre règle peut
être observée quand elle commande de dégager
de toute conception superflue la difficulté bien
comprise, et de la ramener à ce point que nous
ne nous occupons plus de tel ou tel objet, mais
seulement, en général, de grandeurs à comparer
entre elles. Car, par exemple, une fois que nous
sommes déterminés à n'examiner que telle ou telle
expérience sur l'aimant, nous n'avons plus aucune
difficulté à éloigner notre pensée de toute autre
chose.

On ajoute qu'il faut ramener la difficulté au
plus simple possible, d'après les règles cinq et six,
et la diviser d'après la règle sept. Ainsi, quand
j'examine l'aimant, d'après plusieurs expériences,
je les parcours séparément l'une après l'autre. De
même, si je m'occupe du son, je compare séparément entre elles les cordes a et b, puis a et c, etc.,
pour ensuite embrasser le tout dans une énuméra-

tion suffisante. Ce sont les trois seules règles que l'intelligence doive observer sur toute proposition, avant d'arriver à la solution dernière, encore bien qu'elle ait besoin des onze règles suivantes, dont la troisième partie de ce traité expliquera l'usage. Du reste nous entendons par questions toutes les choses sur lesquelles l'on trouve le vrai et le faux ; or, il faut énumérer les divers genres de ces questions, pour déterminer ce que nous pouvons faire sur chacune.

Nous avons déjà dit que la fausseté ne peut pas se trouver dans la seule intuition des choses, soit simples, soit composées : en ce sens, il n'y a pas question sur ces choses; mais elles sont matière à question sitôt que nous voulons porter sur elles un jugement déterminé. En effet, nous ne comptons pas seulement au nombre des questions les demandes qui nous sont faites par d'autres, mais c'étoit même une question que l'ignorance, ou plutôt le doute de Socrate, lorsque, pour la première fois, Socrate réfléchissant chercha s'il étoit vrai qu'il doutât de tout, et l'affirma ensuite.

Or nous cherchons les choses par les mots, les causes par les effets, les effets par les causes, le tout ou les parties par une partie, ou enfin plusieurs choses ensemble par tout cela.

Nous disons que nous cherchons les choses par les mots toutes les fois que la difficulté consiste dans l'obscurité du langage. Ici ne se rapportent pas seulement toutes les énigmes, comme celle du Sphinx, sur l'animal qui au commencement est quadrupède, puis bipède, et enfin marche sur trois pieds; ou celle des pêcheurs qui, debout sur le rivage avec leur ligne et leurs hameçons, disoient qu'ils n'avoient plus les poissons qu'ils avoient pris, mais qu'en revanche ils avoient ceux qu'ils n'avoient pu prendre. Mais, outre cela, la plus grande partie des questions sur lesquelles les savants disputent ne sont presque toujours que des questions de mots. Même il ne faut pas mal penser des grands esprits au point de croire qu'ils ont imparfaitement conçu les choses toutes les fois qu'ils ne les expliquent pas en termes assez clairs. Ainsi, quand ils appellent *lieu* la superficie d'un corps ambiant, ils n'ont pas là une idée fausse, mais seulement ils abusent du mot *lieu*, qui, dans l'usage commun, signifie cette nature simple et connue par elle-même, à raison de laquelle on dit que quelque chose est ici ou là, et qui consiste tout entière dans une certaine relation de la chose qu'on dit être en un lieu, avec les parties de l'espace étendu, et que quelques uns, voyant le nom de *lieu* appliqué à une surface ambiante, ont dit improprement être la localité en soi[1]; et ainsi du reste. Ces questions de noms se rencontrent si fréquemment, que, si les

---

[1] *Ubi intrinsecum.*

philosophes étoient toujours d'accord sur la signification des mots, presque toutes leurs controverses cesseroient.

On cherche la cause par l'effet toutes les fois qu'on demande d'une chose si elle est, ou ce qu'elle est [1].....

Mais parceque, quand on nous propose une question à résoudre, nous ne remarquons pas tout d'un coup de quelle espèce elle est, ni s'il s'agit de chercher ou la chose par les mots, ou la cause par l'effet, il me semble superflu d'entrer ici dans plus de détails; il sera plus court et plus facile d'examiner par ordre ce qu'il faut faire pour arriver en général à la solution de toute difficulté; et, en conséquence, une question étant donnée, le premier point est de s'efforcer de comprendre distinctement ce qu'on cherche.

En effet la plupart des hommes se hâtent tellement dans leurs recherches qu'ils apportent à la solution de la question tout le vague d'un esprit qui n'a pas remarqué à quels signes reconnoître la chose cherchée, si elle vient à se présenter; aussi insensés qu'un valet envoyé quelque part par son maître, et si empressé d'obéir, qu'il se mettroit à courir sans avoir encore reçu ses ordres, et sans savoir où il doit aller.

[1] Il y a ici une lacune.

Mais dans toute question, quoiqu'il doive y avoir quelque chose d'inconnu (car autrement il n'y auroit pas de question), il faut cependant que la chose cherchée soit tellement désignée par de certaines conditions, que nous soyons conduits à chercher une chose plutôt qu'une autre. Ce sont ces conditions que nous disons qu'il faut d'abord étudier; pour ce faire, il faut diriger notre esprit sur chacune d'elles en particulier, examinant avec soin jusqu'à quel point chacune détermine cet inconnu que nous cherchons. Car l'esprit de l'homme tombe ici dans une double erreur: ou il prend pour déterminer la question plus qu'il ne lui est donné, ou au contraire il omet quelque chose.

Il faut nous garder de supposer plus et quelque chose de plus positif que ce que nous avons, surtout dans les énigmes et dans toutes les questions captieuses inventées pour embarrasser l'esprit; et même dans les autres questions, lorsque pour les résoudre on paroît admettre comme certaines des suppositions qui ne nous sont pas données par une raison positive, mais par une opinion d'habitude. Par exemple, dans l'énigme du Sphinx, il ne faut pas croire que le mot pied signifie seulement les pieds véritables des animaux, il faut voir encore s'il ne s'appliqueroit pas métaphoriquement à quelque autre chose, comme ici aux mains de l'enfant, au bâton du vieillard, parceque l'un et l'autre s'en sert comme de pieds pour marcher. De même, dans l'énigme des pêcheurs, il faut prendre garde que l'idée de poissons s'empare tellement de notre esprit, qu'elle le détourne de la pensée de ces animaux que souvent les pauvres portent sur eux sans le vouloir, et qu'ils rejettent quand ils les ont pris. De même encore si on demande comment a été construit le vase que nous avons pu voir quelquefois, au milieu duquel s'élevoit une colonne surmontée de la figure de Tantale dans l'attitude d'un homme qui veut boire; l'eau qu'on y versoit y restoit contenue tant qu'elle n'atteignoit pas la bouche de Tantale, mais à peine touchoit-elle les lèvres du malheureux qu'elle s'échappoit tout-à-coup entièrement; au premier coup d'œil tout l'artifice paroit devoir être dans la construction de la figure du Tantale, qui cependant ne détermine nullement la question, mais seulement l'accompagne. Toute la difficulté consiste à trouver comment un vase peut être construit de manière à ce que toute l'eau s'en échappe dès qu'elle est parvenue à une certaine hauteur, et pas avant. Enfin, si de toutes les observations que nous possédons sur les astres, nous cherchons ce que nous pouvons affirmer de certain sur leurs mouvements, il ne faudra pas admettre gratuitement que la terre est immobile au centre, comme ont fait les anciens, parceque dès notre enfance il nous a paru en être ainsi ; mais il faudra révoquer en doute cette assertion même, pour examiner ensuite ce que nous pourrons juger de certain sur ce sujet.

Nous péchons par omission toutes les fois que nous ne réfléchissons pas à quelque condition requise pour la détermination de la question, soit qu'elle s'y trouve exprimée, soit qu'on puisse la reconnoître d'une manière quelconque. Ainsi font ceux qui cherchent le mouvement perpétuel, non celui de la nature, des astres ou des sources, par exemple, mais un mouvement créé par l'art humain, découverte que plusieurs ont crue possible. Calculant que la terre est perpétuellement mue d'un mouvement circulaire autour de son axe, et que l'aimant retient les propriétés de la terre, ils espéroient découvrir le mouvement perpétuel en disposant cette pierre de manière qu'elle se mût en cercle, ou au moins communiquât au fer son mouvement avec ses autres vertus. Or, quand ils y réussiroient, ils n'auroient pas encore trouvé le mouvement perpétuel. Ils n'auroient fait que se servir de celui que leur donne la nature, tout de même que s'ils disposoient une roue au courant d'un fleuve pour qu'elle tournât toujours. C'est là omettre une condition requise pour la détermination de la question.

La question étant suffisamment comprise, il faut

voir précisément en quoi consiste sa difficulté, afin qu'abstraite de tout le reste, elle soit plus facilement résolue.

Il ne suffit pas toujours de comprendre la question pour connoître en quoi consiste sa difficulté ; il faut réfléchir en outre à chacune des choses qu'elle contient, afin que si on rencontre quelque chose de facile à trouver on le laisse de côté, et qu'il ne reste de la question ainsi dégagée que ce que nous ignorons. Ainsi, dans la question du vase décrit plus haut, il est facile de voir comment le vase doit être fait, la colonne placée au milieu, l'oiseau peint; tout cela mis de côté comme n'important pas à la question, la difficulté reste nue, laquelle consiste à chercher pourquoi l'eau contenue auparavant dans un vase, s'en échappe tout entière quand elle est parvenue à une certaine hauteur.

Nous nous contentons donc ici de dire qu'il est important de parcourir par ordre tout ce qui est contenu dans la question donnée, en rejetant ce qu'on voit n'y pas servir, en gardant ce qui est nécessaire, et en remettant ce qui est douteux à un examen plus attentif.

RÈGLE QUATORZIÈME.

La même règle doit s'appliquer à l'étendue réelle des corps, et il faut la représenter tout entière à l'imagination, au moyen de figures nues; de cette manière l'entendement la comprendra bien plus distinctement.

Pour nous servir aussi du secours de l'imagination, il faut remarquer que toutes les fois que nous déduisons une chose inconnue d'une chose qui nous étoit connue auparavant, nous ne trouvons pas pour cela un être nouveau, mais seulement la connoissance que nous possédions s'étend au point de nous faire comprendre que la chose cherchée participe d'une façon ou d'une autre à la nature des choses que contiennent les données. Ainsi il ne faut pas espérer pouvoir jamais donner à un aveugle de naissance des idées vraies sur les couleurs, telles que nous les avons reçues des sens. Mais soit un homme qui ait vu quelquefois les *couleurs fondamentales*, et jamais les couleurs intermédiaires et mixtes; il se peut faire que par une sorte de déduction il se représente celles qu'il n'a pas vues, par leur ressemblance avec les autres. De même si l'aimant contient une espèce d'être auquel notre intelligence n'ait jusqu'à ce jour perçu rien de semblable, il ne faut pas espérer que le raisonnement nous la fera connoître; il nous faudroit ou de nouveaux sens ou une âme divine. Mais tout ce que l'esprit humain peut faire en ce cas, nous croirons l'avoir atteint quand nous aurons perçu distinctement le mélange d'êtres ou de matières déjà connues, qui produisent les mêmes effets que l'aimant développe.

Or, tous les êtres déjà connus, tels que l'étendue, la figure, le mouvement, et tant d'autres, que ce n'est pas ici le lieu d'énumérer, sont, dans les divers sujets, connus par une seule et même idée; et qu'une couronne soit d'or ou d'argent, cela ne change rien à l'idée que nous avons de sa figure. Cette idée générale passe d'un sujet à un autre par une simple comparaison, par laquelle nous affirmons que l'objet cherché est sous tel ou tel rapport semblable, identique, ou égal à une chose donnée; tellement que, dans tout raisonnement, nous ne connoissons précisément la vérité que par comparaison. Ainsi, dans ce raisonnement, tout A est B, tout B est C, donc tout A est C, on compare ensemble la chose cherchée et la chose donnée A et C, sous ce rapport, savoir que A et C sont B. Mais comme, ainsi que nous l'avons souvent répété, les formes et syllogismes ne servent de rien pour découvrir la vérité des choses, le lecteur profitera, si, les rejetant complètement, il se persuade que toute connoissance qui ne sort pas de l'intuition pure et simple d'un objet individuel dérive de la comparaison de deux ou de plusieurs entre eux; et même presque toute l'industrie de la raison humaine consiste à préparer cette opération: quand en effet la comparaison est simple et claire, il n'est besoin d'aucun secours de l'art, mais de la seule lumière de la nature, pour percevoir la vérité qu'elle nous découvre. Or, il faut noter que les comparaisons sont dites simples et claires, seulement quand la chose cherchée et la chose donnée participent également d'une certaine nature; que les autres comparaisons n'ont besoin de préparation que parceque cette nature commune ne se trouve pas également dans l'une et dans l'autre, mais selon des rapports ou des proportions dans lesquelles elle est enveloppée; et qu'enfin la plus grande partie de l'industrie humaine ne consiste qu'à réduire ces proportions à un point tel que l'égalité entre ce qui est cherché et quelque chose qui soit connu apparoisse clairement.

Il faut noter ensuite que rien ne peut être ramené à cette égalité que ce qui comporte le plus ou le moins, et que tout cela est compris sous le nom de grandeur; de telle sorte que quand, d'après la règle précédente, les termes de la difficulté sont abstraits de tout sujet, nous comprenons que toute la question ne roule plus que sur des grandeurs en général.

Mais pour imaginer ici encore quelque chose, et nous servir non de l'intelligence pure, mais de l'intelligence aidée des figures peintes dans l'imagination, remarquons qu'on ne dit rien des grandeurs en général qui ne puisse se rapporter à chacune d'elles en particulier.

De là il est facile de conclure qu'il ne nous sera pas peu utile de transporter ce que nous connoîtrons des grandeurs en général à cette espèce de grandeur particulière qui se représentera le plus facilement et le plus distinctement dans notre imagination.

Or que cette grandeur soit l'étendue réelle d'un corps, abstraite de tout ce qui n'est pas la figure, c'est ce qui résulte de ce que nous avons dit dans la règle douzième, où nous avons montré que l'imagination elle-même avec les idées qui existent en elle, n'est autre chose que le véritable corps réel, étendu et figuré; ce qui est évident par soi-même puisque toutes les différences de position ne paroissent plus distinctement en aucun autre sujet. En effet, quoiqu'on puisse dire d'une chose qu'elle est plus ou moins blanche qu'une autre, d'un son qu'il est plus ou moins aigu, et ainsi du reste, nous ne pouvons cependant exactement définir si cet excès est en proportion double ou triple, sinon par une analogie quelconque à l'étendue du corps figuré. Qu'il reste donc certain et arrêté que les questions parfaitement déterminées contiennent à peine d'autre difficulté que celle qui consiste à trouver la mesure proportionnelle de l'inégalité; que toutes les choses où se trouve précisément une telle difficulté peuvent facilement et doivent être séparées de tout autre sujet, et se transporter à l'étendue et aux figures, dont à cause de cela nous traiterons exclusivement jusqu'à la règle vingt-cinquième, en laissant de côté toute autre pensée.

Je désirerois ici un lecteur qui n'eût de goût que pour les études mathématiques et géométriques, quoique j'aimasse mieux qu'il n'y fût pas versé du tout qu'instruit d'après la méthode vulgaire. En effet, l'usage des règles que je donnerai ici, et qui suffit pour les apprendre, est bien plus facile que dans toute autre espèce de question, et leur utilité est si grande pour acquérir une science plus haute, que je ne crains pas de dire que cette partie de notre méthode n'a pas été inventée pour résoudre des problèmes mathématiques, mais plutôt que les mathématiques ne doivent être apprises que pour s'exercer à la pratique de cette méthode. Je ne supposerai de ces études que ce qui est connu par soi-même et se présente à chacun. Mais la connoissance que les autres en ont, encore bien qu'elle ne soit gâtée par aucune erreur évidente, est cependant obscurcie par des principes équivoques et mal conçus, que nous tâcherons par la suite de corriger à mesure que nous les rencontrerons.

Nous entendons par étendue tout ce qui a de la longueur, de la largeur et de la profondeur, sans rechercher si c'est un corps véritable ou seulement un espace ; et cela n'a pas besoin de plus d'explication, puisqu'il n'est rien que notre imagination perçoive plus facilement. Mais comme les savants usent souvent de distinctions tellement subtiles qu'ils troublent les lumières naturelles, et trouvent des ténèbres même dans les choses que les paysans n'ont jamais ignorées, il faut les avertir que par étendue nous ne désignons pas quelque chose de distinct ni de séparé d'un sujet, et qu'en général nous ne reconnoissons aucun des êtres philosophiques de cette sorte, qui ne tombent pas réellement sous l'imagination. Car, encore bien que quelqu'un puisse se persuader qu'en anéantissant tout ce qui est étendu dans la nature, rien ne répugne à ce que l'étendue seule existe par elle-même, il ne se servira pas pour cette conception d'une idée corporelle, mais de sa seule intelligence portant un faux jugement. Il le reconnoitra lui-même, pourvu qu'il réfléchisse attentivement à cette image même de l'étendue qu'il s'efforcera alors de se représenter dans l'imagination. Il remarquera en effet qu'il ne l'aperçoit pas abstraction faite de tout sujet, mais qu'il l'imagine tout autrement qu'il ne la juge : de telle sorte que tous ces êtres abstraits, quelque opinion qu'ait d'ailleurs l'intelligence sur la vérité de la chose, ne se forment jamais dans l'imagination séparés de tout sujet.

Mais, comme désormais nous ne ferons plus rien sans le secours de l'imagination, il faut distinguer avec soin sous quelle idée chaque mot doit se présenter à notre intelligence. Aussi nous proposons-nous d'examiner ces trois manières de parler : *l'étendue occupe le lieu*, *tout corps a de l'étendue*, *l'étendue n'est pas le corps*. La première montre comment l'étendue se prend pour ce qui est étendu; en effet, je conçois tout-à-fait la même chose quand je dis *l'étendue occupe le lieu*, que si je disois *l'être étendu occupe le lieu*. Et il n'en résulte pas cependant qu'il vaille mieux, pour éviter l'équivoque, se servir du mot *l'être étendu*; il n'exprimeroit pas aussi distinctement l'idée que nous concevons, savoir, qu'un sujet occupe le lieu parcequ'il est étendu; et peut-être pourroit-on entendre que *l'être étendu est un sujet qui occupe le lieu*, tout comme quand je dis qu'*un être animé occupe le lieu*. Cela explique pourquoi nous avons préféré dire que nous traiterions de l'étendue (*extensione*), plutôt que de l'être étendu (*de extenso*), encore bien que nous pensions que la première ne doit pas être comprise autrement que comme *l'être étendu*. Passons à ces mots, *tout corps a de l'étendue*; où nous comprenons qu'*étendue* veut dire quelque autre chose que corps, sans cependant que nous formions dans notre imagination deux idées distinctes, l'une d'un corps, l'autre de l'étendue, mais simplement une seule, celle d'un corps étendu : au fond c'est comme si je disois, *tout corps est étendu*, ou plutôt, *ce qui est étendu est étendu* Et c'est un caractère particulier à tout ce qui n'existe que dans un autre, et ne peut jamais être conçu sans un sujet, caractère qui ne se retrouve pas dans ce qui se distingue réellement du sujet. Ainsi, quand je dis : *Pierre a des richesses*, l'idée de Pierre est tout-à-fait différente de celle de richesses ; de même, quand je dis, *Paul est riche*, je m'imagine tout autre chose que quand je dis *le riche est riche*. Faute de faire cette différence, la plupart s'imaginent faussement que l'étendue contient quelque chose de distinct de ce qui est étendu, de même que les richesses de Paul sont autre chose que Paul. Enfin, si on dit, *l'étendue n'est pas un corps*, le mot d'étendue se prend d'une tout autre manière que plus haut, et dans ce sens aucune idée ne lui correspond dans l'imagination. Mais cette énonciation part tout entière de l'intelligence pure, qui seule a la faculté de distinguer les êtres abstraits de cette espèce. C'est là pour beaucoup de gens une cause d'erreur. Car, sans remarquer que l'étendue prise en ce sens ne peut être imaginée, ils s'en représentent une idée réelle, et cette idée impliquant nécessairement la conception d'un corps, s'ils disent que l'étendue ainsi conçue n'est pas un corps, ils s'embarrassent sans le savoir dans cette proposition, que la même chose est à la fois un corps et n'en est pas un. Aussi il est d'une grande importance de distinguer les énoncés dans lesquels les noms de cette espèce, étendue, figure, nombre, surface, ligne, point, unité, ont une signification si exacte qu'ils excluent quelque chose dont, dans la réalité, ils ne sont pas distincts; par exemple, quand on dit *l'étendue ou la figure n'est pas un corps, le nombre n'est pas la chose comptée, la surface est la limite d'un corps, la ligne de la surface, le point de la ligne, l'unité n'est pas une quantité :* toutes propositions qui doivent être éloignées de l'imagination, quelle que soit leur vérité; aussi ne nous en occuperons-nous pas dans la suite. Il faut remarquer soigneusement que dans toutes les autres propositions dans lesquelles ces noms, tout en gardant le même sens et étant employés abstraction faite de tout sujet, n'excluent cependant ou ne nient pas une chose dont ils ne sont pas réellement distincts, nous pouvons et nous devons nous aider du secours de l'imagination, parceque, encore bien que l'intelligence ne fasse précisément attention qu'à ce que désigne le mot, l'imagination cependant doit se figurer une image vraie de la chose, afin que, s'il en est besoin, l'intelligence puisse se reporter sur les autres conditions que le mot n'exprime pas, et ne croie pas imprudemment qu'elles ont été exclues. Est-il question de nombres, nous imaginerons un sujet quelconque, mesurable par plusieurs unités, et, quoique l'intelligence ne réfléchisse actuellement qu'à la seule pluralité, il nous faudra prendre garde que dans la suite elle ne conclue quelque chose qui fasse supposer que la chose comptée étoit exclue de notre conception ; comme font ceux qui attribuent aux nombres des propriétés mystérieuses, pures frivolités auxquelles ils n'attribueroient pas tant de foi, s'ils ne concevoient pas le nombre comme distinct des choses comptées. De même si nous traitons de la figure, nous penserons que nous nous occupons d'un sujet étendu, conçu sous ce rapport qu'il est figuré : si c'est d'un corps, il faut penser que nous l'examinons en tant que long, large et profond; si c'est d'une surface, en tant que longue et large, à part la profondeur, mais sans la nier; si c'est d'une ligne, en tant que longue seulement; si c'est d'un point, nous abstrairons tous les autres caractères, si ce n'est qu'il est un être. Tout cela est ici très développé; mais les hommes ont tant de préjugés dans l'esprit, que je crains encore qu'un petit nombre seulement soit ici à l'abri de toute erreur, et qu'on ne trouve l'explication de ma pensée trop courte malgré la longueur du discours. En effet l'arithmétique et la géométrie elles-mêmes, quoique les plus certaines de toutes les sciences, nous trompent cependant en ce point. Quel est le calculateur qui ne croie pas devoir, non seulement abstraire, ses nombres de tout sujet par l'intelligence, mais encore les en distinguer réellement par l'imagination? Quel géomètre n'obscurcit pas malgré les principes l'évidence de son objet, quand il juge que les lignes n'ont pas de largeur, ni les surfaces de profondeur, et qu'après cela il les compose les unes avec les autres, sans songer que cette ligne dont il conçoit que le mouvement engendre une surface, est un corps véritable, et que celle au contraire qui manque de largeur n'est rien qu'une modification du corps, etc.? Mais, pour ne pas nous arrêter trop long-temps sur ces observations, il sera plus court d'exposer de quelle manière nous supposons que notre objet doit être conçu, pour démontrer à cet égard le plus facilement qu'il nous sera possible tout ce que l'arithmétique et la géométrie contiennent de vérités.

Nous nous occupons donc ici d'un objet étendu, sans considérer en lui rien autre chose que l'étendue elle-même, et nous abstenant à dessein du mot quantité, parceque les philosophes sont assez subtils pour distinguer aussi la quantité de l'étendue. Nous supposons que toutes les questions en sont venues au point qu'il ne reste plus à chercher qu'une certaine étendue que nous connoîtrons en la comparant à une autre étendue déjà connue. En effet, comme ici nous ne nous attendons à la connoissance d'aucun nouvel être, mais que nous voulons seulement ramener les propositions, quelque embarrassées qu'elles soient, à ce point que l'inconnu soit trouvé égal à quelque chose de connu, il est certain que toutes les différences de proportions qui existent dans d'autres sujets peuvent se trouver aussi entre deux ou plusieurs étendues. Et conséquemment il suffit à notre dessein de considérer dans l'étendue elle-même tous les éléments qui peuvent aider à exposer les différences des proportions, éléments qui se présentent seulement au nombre de trois : la dimension, l'unité, la figure.

Par dimension nous n'entendons rien autre chose que le mode et la manière selon laquelle un objet quelconque est considéré comme mesurable; de sorte que, non seulement la longueur, la largeur et la profondeur sont des dimensions des corps, mais encore la pesanteur est la dimension selon laquelle les objets sont pesés; la vitesse, la dimension du mouvement: et ainsi des autres. La division elle-même en plusieurs parties égales, qu'elle soit ou réelle, ou intellectuelle, est proprement la dimension selon laquelle nous comptons les choses; et ce mode qui fait le nombre est, à proprement parler, une espèce de dimension, quoiqu'il y ait quelque diversité dans la signification du mot. En effet, si nous considérons les parties par rapport au tout, on dit que nous comptons ; si au contraire nous considérons le tout en tant que divisé en parties, nous le mesurons : par exemple, nous mesurons les siècles par les années, les jours, les heures, les moments ; si au contraire nous comptons les moments, les jours, les années, nous finirons par compléter les siècles.

Il résulte de là que dans un même objet il peut y avoir des dimensions diverses à l'infini, qu'elles n'ajoutent absolument rien aux choses qui les possèdent, mais qu'on doit les entendre de la même façon, soit qu'elles aient un fondement réel dans les objets eux-mêmes, soit qu'elles aient été inventées arbitrairement par notre esprit. En effet, c'est quelque chose de réel que la pesanteur d'un corps, la vitesse du mouvement, ou la division du siècle en années et en jours : mais il n'en est pas de même de la division du jour en heures et en moments. Cependant toutes ces choses sont égales si on les considère seulement sous le rapport de la dimension, ainsi qu'il faut le faire ici et dans les mathématiques. En effet il appartient plutôt à la physique d'examiner si le fondement de ces divisions est réel ou ne l'est pas.

Cette considération répand un grand jour sur la géométrie, parceque dans cette science presque tous concevront mal à propos trois espèces de quantités, la ligne, la surface et le corps. Nous avons rapporté plus haut que la ligne et la surface ne tomboient pas sous la conception, comme véritablement distinctes du corps, ou l'une de l'autre; si au contraire on les considère simplement en tant qu'abstraites par l'intelligence, il n'y a pas plus de diverses espèces de quantité qu'être animé et vivant ne sont dans l'homme diverses espèces de substance. Il faut remarquer en passant que les trois dimensions des corps, la longueur, la largeur et la profondeur, ne diffèrent que de nom l'une de l'autre. En effet, rien n'empêche dans un solide donné de prendre l'une quelconque des trois étendues pour la longueur, l'autre pour la largeur, etc. Et quoique ces trois choses seulement aient un fondement réel dans tout objet étendu, en tant qu'étendu, cependant nous ne nous en occupons pas plus ici que de tant d'autres, qui, ou sont des fictions de l'intelligence, ou ont d'autres fondements dans les choses. Ainsi, dans un triangle, quand on veut le mesurer exactement, trois choses sont à connoître du côté de l'objet, c'est à savoir les trois côtés, ou deux côtés et un angle, ou deux angles et l'aire, etc.; de même dans un trapèze il faut cinq données, six dans un tétraèdre, etc. Tout cela peut s'appeler des dimensions; mais pour choisir ici celles qui aident le plus notre imagination, il ne faut jamais embrasser plus d'une ou deux de celles qui sont dans notre imagination, quand même nous verrions que dans la proposition qui nous occupe il en existe plusieurs autres. L'art, en effet, consiste à les diviser le plus possible, et à diriger son attention sur un petit nombre à la fois, mais cependant successivement sur toutes.

L'unité est cette nature commune à laquelle doivent participer également, ainsi que je l'ai dit plus haut, toutes les choses qu'on compare entre elles. Et si dans la question il n'y a pas déjà d'unité déterminée, on peut prendre à sa place, soit une des grandeurs déjà données, soit une autre quelconque; ce sera la mesure de toutes les autres. Dans cette unité nous mettons autant de dimensions que dans les extrêmes, qui devront être comparés entre eux; nous la concevons alors, ou simplement comme quelque chose d'étendu, abstraction faite de toute autre chose (et alors elle sera identique au point des géomètres, lorsqu'ils composent la ligne par son mouvement), ou comme une ligne, ou comme le carré.

Quant aux figures, il a été montré plus haut comment c'est par elles seules qu'on peut se former des idées de toutes choses. Il reste à avertir en ce lieu que, dans la diversité de leurs innombrables espèces, nous ne nous servirons ici que de celles

DE L'ESPRIT.   309

qui expriment le plus facilement toutes les différences des rapports ou proportions. Or il n'est que deux choses que l'on compare entre elles, les quantités et les grandeurs; nous avons aussi deux espèces de figures propres à nous les représenter :

ainsi les points ∴ qui désignent un nombre de triangles, ou un arbre généalogique,

sont des figures pour représenter des quantités; celles au contraire qui sont continues et indivisées, comme un triangle △, un carré □, expriment des grandeurs.

Maintenant, pour montrer quels sont dans tout cela les principes dont nous ferons usage, il faut savoir que tous les rapports qui peuvent exister entre les êtres d'un même genre se réduisent à deux, l'ordre et la mesure. On doit savoir en outre qu'il ne faut pas peu d'art pour trouver l'ordre, ainsi qu'on peut le voir dans cette méthode, qui n'enseigne presque rien autre chose. Quant à connoître l'ordre une fois qu'on l'a trouvé, il n'y a là aucune difficulté; nous pouvons très facilement, d'après la règle sept, porter notre esprit sur chacune des parties ordonnées; parceque, dans ce genre de rapports, les uns se réfèrent aux autres par eux-mêmes, et non par l'intermédiaire d'un troisième, comme cela a lieu dans les mesures, dont pour ce motif nous nous occupons exclusivement ici. Je reconnois en effet que l'ordre existe entre *A* et *B*, sans rien considérer autre chose que les deux extrêmes; mais je ne reconnois pas quelle est la proportion de grandeur entre deux et trois, si je ne considère un troisième terme, savoir l'unité, qui est la mesure commune de l'une et de l'autre.

De plus il faut savoir que les grandeurs continues peuvent, à l'aide de l'unité supposée, être quelquefois ramenées toutes à la pluralité, et toujours au moins en partie; et que la multitude des unités peut être disposée de telle sorte que la difficulté, qui appartient à la connoissance de la mesure, dépende seulement de l'inspection de l'ordre, progrès dans lequel l'art est d'un grand secours.

Il faut savoir enfin que, parmi les dimensions d'une grandeur continue, on n'en conçoit aucune plus distinctement que la longueur et la largeur; qu'il ne faut pas faire attention à plusieurs à la fois dans la même figure, mais à deux seulement qui soient diverses entre elles; parceque si l'on en a à comparer ensemble plus que deux qui ne se ressemblent pas, l'art veut qu'on les parcoure successivement, et qu'on n'en observe que deux à la fois.

Cela posé, on en conclut facilement qu'il faut abstraire les proportions des figures mêmes dont s'occupent les géomètres, lorsqu'il en est question, aussi bien que de toute autre matière. Pour cela il ne faut garder que des superficies rectangulaires et rectilignes, et des lignes droites que nous appelons aussi figures, parcequ'elles ne nous servent pas moins que les surfaces à représenter un sujet véritablement étendu, comme je l'ai déjà dit; enfin par ces lignes il faut représenter tantôt des grandeurs continues, tantôt la pluralité et le nombre, et l'industrie humaine ne peut rien trouver de plus simple pour exposer toutes les différences des rapports.

RÈGLE QUINZIÈME.

Souvent il est bon de tracer ces figures, et de les montrer aux sens externes, pour tenir plus facilement notre esprit attentif.

Il apparoît de soi-même comment il faut les tracer, pour qu'au moment où elles frappent nos yeux leur figure se représente dans notre imagination. Nous pouvons peindre l'unité de trois manières, par un carré ▢, si nous la considérons comme longue et large; par une ligne —, si nous la considérons seulement comme longue; et enfin par un point ., si nous ne l'examinons qu'en tant qu'elle sert à former la pluralité. Mais, de quelque manière qu'on la représente et qu'on la conçoive, nous comprendrons toujours qu'elle est un sujet étendu en tous sens, et capable d'une infinité de dimensions. De même, nous représenterons ainsi à l'œil les termes d'une proposition, lorsqu'il faudra en examiner à la fois les grandeurs diverses, par un rectangle dans lequel deux côtés seront les deux grandeurs proposées, de cette manière ▭, si elles sont commensurables avec l'unité; ou de cette autre

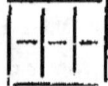

ou de celle-ci ⋯, si elles sont commensurables, sans rien ajouter, à moins qu'il ne soit question d'une multitude d'unités. Si enfin nous n'examinons qu'une seule de leurs grandeurs, nous représenterons la ligne, soit par le rectangle ▭, dont un des côtés sera la grandeur proposée, et l'autre l'unité de cette façon ▭, ce qui se fait chaque fois que la même ligne doit être comparée avec une surface quelconque; ou bien par la ligne seule —, si on la considère comme une longueur incommensurable; ou de cette manière ⋯ ⋯, si c'est une multitude d'unités.

RÈGLE SEIZIÈME.

Quant à ce qui n'exige pas l'attention de l'esprit, quoique nécessaire pour la conclusion, il vaut mieux le désigner par de courtes notes que par des figures entières. Par ce moyen la mémoire ne pourra nous faire défaut, et cependant la pensée ne sera pas distraite, pour le retenir, des autres opérations auxquelles elle est occupée.

Au reste, comme, parmi les innombrables dimensions qui peuvent se figurer dans notre imagination, nous avons dit qu'on ne pouvoit en embrasser plus de deux à la fois, d'un seul et même regard, soit des yeux, soit de l'esprit, il est bon de retenir toutes les autres assez exactement pour qu'elles puissent se présenter à nous toutes les fois que nous en aurons besoin. C'est dans ce but que la nature nous paroît avoir donné la mémoire; mais comme elle est souvent sujette à faillir, et pour ne pas être obligés de donner une partie de notre attention à la renouveler, pendant que nous sommes occupés à d'autres pensées, l'art a fort à propos inventé l'écriture, à l'aide de laquelle, sans rien remettre à notre mémoire, et abandonnant notre imagination librement et sans partage aux idées qui l'occupent, nous confions au papier ce que nous voudrons retenir, et cela au moyen de courtes notes, de manière qu'après avoir examiné chaque chose séparément, d'après la règle neuvième, nous puissions, d'après la règle onzième, les parcourir tous par le mouvement rapide de la pensée, et en embrasser à la fois le plus grand nombre possible.

Ainsi tout ce qu'il faudra considérer comme l'unité, pour la solution de la question, nous le désignerons par une note unique, que l'on peut prendre arbitrairement. Mais pour plus de facilité, nous nous servirons des caractères a, b, c, etc., pour exprimer les grandeurs déjà connues, et A, B, C, pour les grandeurs inconnues, que nous ferons précéder des chiffres 1, 2, 3, 4, etc., pour en indiquer le nombre, et suivre des mêmes chiffres pour exprimer le nombre des relations qu'elles contiennent. Par exemple, si j'écris $2\,a^3$, c'est comme si je disois, le double de la grandeur représentée par a, laquelle contient trois rapports. Par ce moyen, non seulement nous économiserons les mots, mais encore, ce qui est capital, nous présenterons les termes de la difficulté tellement nus et tellement dégagés, que même en n'oubliant rien d'utile, nous n'y laisserons cependant rien qui soit superflu, et qui occupe en vain la capacité de notre esprit quand il lui faudra embrasser plusieurs choses à la fois.

Pour rendre tout ceci plus clair, remarquez d'abord que les calculateurs ont coutume de désiguer chaque grandeur par plusieurs unités, ou par un nombre quelconque, tandis que nous, nous ne faisons ici pas moins abstraction des nombres, que tout à l'heure des figures de géométrie ou de toute autre chose que ce soit. Nous le faisons dans le dessein, et d'éviter l'ennui d'un calcul long et superflu, et principalement de laisser toujours distinctes les parties du sujet dans lesquelles consiste la difficulté, sans les envelopper dans des nombres inutiles. Ainsi soit cherchée la base d'un triangle rectangle, dont les côtés donnés sont 9 et 12, un calculateur dira que c'est $\sqrt{225}$ ou 15. Pour nous, à la place de 9 et 12, nous mettrons a et b, et nous trouverons que la base est $\sqrt{a^2 + b^2}$; ainsi resteront distinctes ces deux parties, a et b, qui dans le nombre sont confuses.

Il faut remarquer ensuite que, par *nombre des relations*, il faut entendre les proportions qui se suivent en ordre continu, proportions que dans l'algèbre vulgaire on cherche à exprimer par plusieurs dimensions et figures, et dont on appelle la première racine, la seconde carré, la troisième cube, la quatrième carré carré, mots qui, je l'avoue, m'ont long-temps trompé. Il me sembloit en effet qu'on ne pouvoit offrir à mon imagination rien de plus clair, après la ligne et le carré, que le cube et d'autres figures semblables. Elles me servoient même à résoudre bon nombre de difficultés ; mais enfin, après beaucoup d'expériences, je me suis aperçu que je n'avois rien trouvé par cette manière de concevoir que je n'eusse pu reconnoître plus facilement et plus distinctement sans elle; qu'il falloit enfin repousser tous ces noms, de peur qu'ils ne troublassent notre conception, par la raison que la même grandeur, qu'on l'appelle cube ou carré carré, ne doit cependant jamais, d'après la règle précédente, se présenter à notre imagination que comme une ligne ou une surface. Il faut noter avant tout que la racine, le carré, le cube, ne sont que des grandeurs en proportion continue, que l'on suppose toujours précédées de cette unité d'emprunt dont nous avons déjà parlé. C'est à cette unité que la première proportionnelle se rapporte immédiatement, et par une relation unique; la seconde, qui a pour intermédiaire la première, par deux relations; la troisième, qui a pour intermédiaire la première et la seconde, par trois relations; nous appellerons donc désormais première proportionnelle la grandeur qui, en algèbre, porte le nom de racine; seconde proportionnelle, le carré; et ainsi de suite.

Enfin, remarquons que, quoique nous croyions ici devoir abstraire de certains nombres les termes de la difficulté pour en examiner la nature, il arrive souvent qu'elle eût pu être résolue plus simplement avec les nombres donnés, que dégagée de ces nombres. Cela a lieu par le double usage des nombres, dont nous avons plus haut touché quelque chose; c'est que les mêmes expliquent tantôt l'ordre, tantôt la mesure. Et partant, après avoir cherché la solution de la difficulté lorsque cette difficulté est exprimée par des termes généraux, il faut la rappeler aux nombres donnés, pour voir si par hasard ils ne nous donneroient pas eux-mêmes une solution plus simple. Par exemple, après avoir vu que la base d'un triangle rectangle dont les côtés sont a et b étoit $\sqrt{a^2+b^2}$, que pour a^2 il falloit placer 81, et pour b^2 144, qui, ajoutés l'un à l'autre, font 225, dont la racine ou la moyenne proportionnelle entre l'unité et 225 est 15; nous en concluons que la base 15 est commensurable avec les côtés 9 et 12, non généralement parceque c'est la base d'un triangle rectangle, dont un des côtés est à l'autre comme 3 à 4. Tout cela nous le distinguons, nous qui cherchons à avoir des choses une connoissance claire et nette; mais les calculateurs ne s'en inquiètent pas, se contentant de rencontrer la somme cherchée, sans remarquer comment elle dépend des données, seul et unique point dans lequel consiste la science.

Enfin, il faut observer en général qu'il ne faut confier à sa mémoire rien de ce qui n'exige pas une attention perpétuelle, si l'on peut le déposer sur le papier, de peur que ce souvenir superflu ne dérobe une partie de notre esprit à la pensée de l'objet présent. Il faut dresser une table pour y écrire les termes de la question, telle qu'elle aura été proposée la première fois; ensuite nous indiquerons comment on les abstrait, et par quels signes on les représente, afin que, quand les signes mêmes nous auront donné la solution, nous puissions l'appliquer sans aucun secours de notre mémoire au sujet particulier; en effet, on ne peut abstraire une chose que d'une autre moins générale. J'écrirai donc de cette manière : on cherche la base A, C dans le triangle rectangle A, B, C; et j'abstrais la difficulté pour chercher en général la grandeur de la base d'après la grandeur des côtés; ensuite, au lieu de *ab*, qui égale 9, au lieu de *bc*, qui égale 12, je pose *b*.

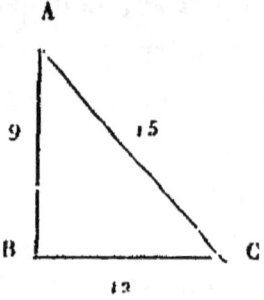

et ainsi de reste.

Il faut noter en outre que ces quatre règles nous serviront encore dans la troisième partie de ce traité, mais prises dans une plus grande latitude qu'ici, comme il sera dit en son lieu.

REGLE DIX-SEPTIÈME.

Il faut parcourir directement la difficulté proposée, en faisant abstraction de ce que quelques uns de ses termes sont connus et les autres inconnus, et en suivant, par la marche véritable, la mutuelle dépendance des unes et des autres.

Les quatre dernières règles ont appris comment les difficultés déterminées et parfaitement comprises doivent être abstraites de chaque sujet, et réduites au point qu'on n'ait plus rien à chercher que quelques grandeurs que l'on connoîtra, parcequ'elles se rapportent de telle ou telle façon à certaines données. Maintenant nous exposerons dans les cinq règles suivantes comment ces difficultés doivent être traitées, de façon que toutes les grandeurs inconnues, contenues dans une proportion, soient subordonnées les unes aux autres, et que le rang que la première occupe par rapport à l'unité, la seconde l'occupe à l'égard de la première, la troisième à l'égard de la seconde, la quatrième à l'égard de la troisième, et ainsi de suite, si le nombre va plus loin, pour qu'elles fassent une somme égale à une grandeur connue; et tout cela par une méthode tellement certaine, que nous pouvons affirmer sûrement qu'aucun autre procédé n'eût pu la réduire à des termes plus simples.

Mais quant à présent, il faut remarquer que,

dans toute question à résoudre par déduction, il est une voie simple et directe par laquelle nous pouvons passer d'un terme à un autre avec la plus grande facilité, tandis que tous les autres chemins sont indirects et plus difficiles. Pour comprendre ceci, il suffit de se rappeler ce que nous avons dit à la règle xie, où nous avons exposé quel est l'enchaînement des propositions, qui, comparées isolément, chacune avec la plus voisine, nous laissent facilement apercevoir comment la première et la dernière sont en rapport, encore bien que nous ne puissions pas aussi facilement déduire les intermédiaires des extrêmes. Maintenant, si nous considérons la dépendance de chacune entre elles, sans que l'ordre soit nulle part interrompu, pour conclure de là comment la dernière dépend de la première, nous parcourons directement la difficulté. Mais au contraire, si, de ce que nous savons que la première et la dernière sont jointes entre elles par une connexion quelconque, nous voulions en déduire les intermédiaires qui les unissent, ce seroit suivre la marche indirecte et contraire à l'ordre naturel. Mais comme ici nous ne nous occupons que de questions enveloppées, dans lesquelles il faut découvrir par une marche inverse, les extrêmes [1] étant connus, certains termes intermédiaires, tout l'art en ce lieu doit con-

---

[1] Le texte : *externis*. Lisez : *extremis*.

sister à pouvoir, en supposant connu ce qui ne l'est pas, nous munir d'un moyen facile et direct de recherche même dans les difficultés les plus embarrassées ; et rien n'empêche que cela n'ait toujours lieu, puisque nous avons supposé, au commencement de cette partie, que nous reconnoissons que les termes inconnus dans la question sont dans une mutuelle dépendance des termes connus. tellement qu'ils en sont parfaitement déterminés. Si donc nous réfléchissons aux choses qui se présentent d'abord aussitôt que nous reconnoissons cette détermination, et que nous les mettions, quoique inconnues, au nombre des choses connues, pour en déduire, graduellement et par la vraie route, le connu même comme s'il étoit inconnu, nous remplirons tout ce que cette règle exige. Nous en remettons les exemples, ainsi que d'autres choses dont nous avons à parler, à la règle vingt-quatrième, parceque ce sera mieux là leur place.

RÈGLE DIX-HUITIÈME.

Pour cela il n'est besoin que de quatre opérations, l'addition, la soustraction, la multiplication et la division ; même les deux dernières n'ont souvent pas besoin d'être faites, tant pour ne rien embrasser inutilement, que parcequ'elles peuvent par la suite être plus facilement exécutées.

La multiplicité des règles vient souvent de l'ignorance des maîtres, et ce qui pourroit se réduire à un principe général unique est moins clair lorsqu'on le divise en plusieurs règles particulières. Aussi réduisons-nous sous quatre chefs seulement toutes les opérations dont nous avons besoin pour parcourir les questions, c'est-à-dire pour déduire les grandeurs les unes des autres. Comment ce nombre est-il suffisant? c'est ce que l'explication de cette règle démontrera.

En effet, si nous parvenons à la connoissance d'une grandeur parceque nous avons les parties dont elle se compose, cela a lieu par l'addition; si nous connoissons une partie parceque nous avons le tout et l'excédant du tout sur la partie, cela se fait par soustraction. Il n'y a pas d'autre moyen pour déduire une grandeur quelconque d'autres grandeurs prises absolument, et dans lesquelles elle est contenue de quelque manière que ce soit. Si au contraire une grandeur est intermédiaire entre d'autres, dont elle est entièrement distincte et qui ne la contiennent nullement, il faut l'y rapporter par quelque point; et ce rapport, si c'est directement qu'on le cherche, on le trouvera par la multiplication; si c'est indirectement, par la division.

Pour éclaircir ces deux choses, il faut savoir que l'unité, dont nous avons déjà parlé, est ici la base et le fondement de tous les rapports, et que dans une série de grandeurs en proportion continue elle occupe le premier degré ; que les grandeurs données sont au second degré ; que dans le troisième, le quatrième et les autres sont les grandeurs cherchées si la proportion est directe; si au contraire elle est indirecte, l'inconnu est dans le second degré et dans les degrés intermédiaires, et le connu dans le dernier. Car si l'on dit : comme l'unité est à a ou à 5, nombre donné, ainsi b ou 7, nombre donné, est à l'inconnu, lequel est ab ou 35, alors a et b sont au second degré, et ab qui en est le produit est au troisième ; si l'on ajoute, comme l'unité est à c ou 9, ainsi ab ou 35 est à l'inconnu abc ou 315, alors abc est au quatrième degré, et le produit de deux multiplications d'ab et de c qui sont au second degré, et ainsi du reste. De même, comme l'unité est à $a=5$, ainsi $a=5$ est à a^2 ou 25 ; et d'autre part, comme l'unité est à $a=5$, ainsi a^2 ou 25 est à a^3 ou 125 ; et enfin, comme l'unité est à $a=5$, ainsi $a^2=125$ est à a^4 qui égale 625, etc. En effet, la multiplication ne se fait pas autrement, qu'on multiplie une même grandeur par elle-même, ou qu'on la multiplie par une autre qui en diffère entièrement.

Maintenant si l'on dit : comme l'unité est à $a=5$, diviseur donné, ainsi B ou r inconnu est à ab ou 35, dividende donné, l'ordre est renversé. Aussi B inconnu ne peut se trouver qu'en divisant ab par a donné aussi ; de même si l'on dit, comme l'unité est à a ou 5 inconnu, ainsi a ou 5 inconnu est à A^2 ou 25 donné, ou encore comme l'unité est à $A=5$ inconnu, ainsi A^2 ou 25 cherché, est à A^3 ou 125 donné, et ainsi de suite. Nous embrassons toutes ces opérations sous le titre de division, quoiqu'il faille noter que ces dernières espèces renferment plus de difficultés que les premières, parceque souvent la grandeur cherchée y est contenue, laquelle par conséquent renferme plus de rapports. Car ces exemples reviennent à dire, qu'il faut extraire la racine carrée de a^2 ou 25, ou le cube de a^3 ou 125, et ainsi de suite. Cette manière de s'exprimer, usitée parmi les calculateurs, équivaut, pour nous servir des expressions des géomètres, à cette forme, qu'il faut chercher la moyenne proportionnelle, entre cette grandeur de laquelle on part, et que nous nommons unité, et celle que nous désignons par a^2, ou les deux moyennes proportionnelles entre l'unité et a^3, et ainsi des autres.

De là, on comprend facilement comment ces deux opérations suffisent pour faire trouver toutes les grandeurs, qui par un rapport quelconque doivent se déduire de certaines autres. Cela bien entendu, il nous reste à exposer comment ces opérations doivent être ramenées à l'examen de l'imagination, et comment il faut les figurer aux

DE L'ESPRIT. 325

yeux, pour ensuite en expliquer l'usage et la pratique.

S'il s'agit de faire une division, ou une soustraction, nous concevons le sujet sous la forme d'une ligne ou d'une grandeur étendue dans laquelle il ne faut considérer que la longueur. Car s'il faut ajouter la ligne ———————— a à la ligne ——— b, nous joindrons l'une à l'autre de cette manière ———— a ———— b ————, et nous aurons ———————— c ————————. Si au contraire il faut extraire la plus petite de la plus grande, par exemple b de a, nous les appliquons l'une sur l'autre ainsi, ———— b ———————— a, et nous avons la partie de la plus grande que la plus petite ne peut couvrir, à savoir ————. Dans la multiplication nous aurons aussi ces grandes données sous la forme de lignes ; mais nous imaginons qu'elles forment un rectangle, car si nous multiplions a par b, nous adoptons nos deux lignes à angle droit ab de cette manière a ⌐——— b ———, et nous avons le rectangle

De plus, si nous voulons multiplier $\underline{\quad ab \quad}$ par $\underline{\quad c \quad}$, il faut concevoir ab comme une ligne, savoir $\underline{\quad ab \quad}$, pour avoir ab

pour abc.

Enfin dans la division où le diviseur est donné, nous imaginons que la grandeur à diviser est un rectangle, dont un des côtés est diviseur et l'autre quotient. Ainsi soit le rectangle a ▭ à diviser par $\underline{\quad a \quad}$, on ôte la largeur $\underline{\quad a \quad}$ et on a $\underline{\quad b \quad}$ pour quotient, ou au contraire si on divise par $\underline{\quad b \quad}$ on ôtera la largeur $\underline{\quad b \quad}$ et le quotient sera $\underline{\quad a \quad}$.

Mais dans les divisions où le diviseur n'est pas donné, mais seulement indiqué par un rapport quelconque, comme quand on dit qu'il faut extraire la racine carrée ou cubique, etc., il faut alors concevoir le dividende et tous les autres termes, comme des lignes existant dans une série de proportions continues, dont la première est l'unité, et la dernière la grandeur à diviser ; au reste, comment il faudra trouver entre cette dernière et l'unité toutes les moyennes proportionnelles, c'est ce qui sera dit en son lieu. Il suffit d'avertir que nous supposons de telles opérations non encore achevées ici, puisqu'elles ne peuvent avoir lieu que par une direction inverse et réfléchie de l'imagination, et que nous ne traitons ici que des opérations qui se font directement.

Quant aux autres opérations, elles sont très faciles à faire, de la manière dont nous avons dit qu'il faut les concevoir. Il reste cependant à exposer comment les termes en doivent être préparés; car, encore bien qu'à la première apparition d'une difficulté nous soyons libres d'en concevoir les termes, comme des lignes ou des rectangles, sans jamais leur attribuer d'autres figures, ainsi qu'il a été dit règle xiv°, souvent cependant, dans le cours de l'opération, le rectangle une fois produit par la multiplication de deux lignes doit être bientôt conçu comme une ligne pour l'usage d'une autre opération, ou bien le même rectangle, ou la ligne produite par une addition ou une soustraction, doit être conçu comme un autre rectangle indiqué au-dessus de la ligne par laquelle il doit être divisé.

Il est donc nécessaire d'exposer ici comment tout rectangle peut se transformer en une ligne, et, d'autre part, la ligne ou même le rectangle en un autre rectangle, dont le côté soit désigné; cela est très aisé pour les géomètres pour peu qu'ils remarquent que par lignes, toutes les fois que nous les comparons, comme ici, avec un rectangle, nous concevons toujours des rectangles dont un côté est la longueur que nous avons prise pour unité. Ainsi tout se réduit à cette proposition-ci: Étant donné un rectangle, en construire un autre égal sur un côté donné.

Quoique cette opération soit familière aux moins avancés en géométrie, je l'exposerai cependant pour ne pas paroître avoir rien oublié.

RÈGLE DIX-NEUVIÈME.

C'est par cette méthode qu'il faut chercher autant de grandeurs exprimées de deux manières différentes que nous supposons connus de termes inconnus, pour parcourir directement la difficulté; car, par ce moyen, nous aurons autant de comparaisons entre deux choses égales.

RÈGLE VINGTIÈME.

Après avoir trouvé les équations, il faut achever les opérations que nous avons omises, sans jamais employer la multiplication toutes les fois qu'il y aura lieu à division.

(Le reste manque.)

RÈGLE VINGT ET UNIÈME.

S'il y a plusieurs équations de cette espèce, il faudra les réduire toutes à une seule, savoir à celle dont les termes occuperont le plus petit nombre de degrés, dans la série des grandeurs en proportion continue, selon laquelle ces termes eux-mêmes doivent être disposés.

RECHERCHE
DE LA VÉRITÉ
PAR LES
LUMIÈRES NATURELLES.

RECHERCHE
DE LA VÉRITÉ

PAR LES

LUMIÈRES NATURELLES,

QUI, A ELLES SEULES,
ET SANS LE SECOURS DE LA RELIGION ET DE LA PHILOSOPHIE,
DÉTERMINENT LES OPINIONS QUE DOIT AVOIR UN HONNÊTE HOMME
SUR TOUTES LES CHOSES
QUI DOIVENT FAIRE L'OBJET DE SES PENSÉES,
ET QUI PÉNÈTRENT DANS LES SECRETS DES SCIENCES
LES PLUS ABSTRAITES.

PRÉAMBULE.

L'honnête homme n'a pas besoin d'avoir lu tous les livres, ni d'avoir appris soigneusement tout ce qu'on enseigne dans les écoles. Il y a plus, son éducation seroit mauvaise s'il avoit consacré trop de temps aux lettres. Il y a beaucoup d'autres choses à faire dans la vie, et il doit la diriger de manière que la plus grande partie lui en reste pour faire de belles actions, que sa propre raison devroit lui apprendre, s'il ne recevoit de leçons que d'elle seule. Mais il vient ignorant dans le monde, et comme les connoissances de ses premières années ne reposent que sur la foiblesse des sens ou l'autorité des maîtres, il peut à peine se faire que son imagination ne soit remplie d'un nombre infini d'idées fausses, avant que sa raison ait pu prendre l'empire sur elle; en sorte que par la suite il a besoin d'un bon naturel ou des leçons fréquentes d'un homme sage, tant pour secouer les fausses doctrines dont son esprit est prévenu, que pour jeter les premiers fondements d'une science solide, et découvrir tous les moyens par lesquels il peut porter ses connoissances au plus haut point qu'elles puissent atteindre.

J'ai dessein dans cet ouvrage d'enseigner quels sont ces moyens, et de mettre au jour les véritables richesses de notre nature, en ouvrant à chacun la voie par laquelle il peut trouver en lui-même, sans rien emprunter à un autre, la science qui lui est nécessaire pour diriger sa vie, et ensuite acquérir, en s'exerçant, les sciences les plus curieuses que la raison humaine puisse posséder.

Mais, pour que la grandeur de mon dessein ne saisisse pas en commençant votre esprit d'un étonnement tel que la foi en mes paroles ne puisse plus y trouver place, je vous avertis que ce que j'entreprends n'est pas aussi difficile qu'on pourroit se l'imaginer. En effet les connoissances qui ne dépassent pas la portée de l'esprit humain sont unies entre elles par un lien si merveilleux, et peuvent se déduire l'une de l'autre par des conséquences si nécessaires, qu'il n'est pas besoin de beaucoup d'art et d'adresse pour les trouver, pourvu qu'en commençant par les plus simples, on apprenne à s'élever par degrés jusqu'aux plus sublimes. C'est ce que je veux montrer ici à l'aide d'une suite de raisonnements tellement clairs et tellement vulgaires, que chacun jugera que s'il n'a pas remarqué les mêmes choses que moi, c'est uniquement parcequ'il n'a pas jeté les yeux du bon côté, ni dirigé ses pensées sur les mêmes objets que moi, et que je ne mérite pas plus de gloire pour les avoir découvertes, qu'un paysan n'en mériteroit pour avoir trouvé par hasard sous ses pas un trésor qui depuis long-temps auroit échappé à de nombreuses recherches.

Et certes, je m'étonne que parmi tant d'excellents esprits, qui en ce genre eussent réussi bien mieux que moi, il ne s'en soit trouvé aucun qui ait daigné faire cette distinction, et que presque tous se soient conduits comme le voyageur qui, abandonnant la grande route, s'égare dans un chemin de traverse au milieu des ronces et des précipices.

Mais je ne veux pas examiner ce que d'autres ont su ou ont ignoré. Il me suffira de noter que, quand même toute la science que nous pouvons désirer se trouveroit dans les livres, ce qu'ils renferment de bon est mêlé de tant d'inutilités, et dispersé dans la masse de tant de gros volumes, que pour les lire il faudroit plus de temps que la vie humaine ne nous en donne, et pour y reconnoître ce qui est utile, plus de talent que pour le trouver nous-mêmes.

C'est ce qui me fait espérer que le lecteur ne sera pas fâché de trouver ici une voie plus abrégée, et que les vérités que j'avancerai lui agréeront, quoique je ne les emprunte pas à Platon ou à Aristote, mais qu'elles auront par elles-mêmes de la valeur, comme l'argent qui a tout autant de prix qu'il sorte de la bourse d'un paysan ou de la trésorerie. J'ai même fait en sorte de les rendre également utiles à tous les hommes. Je n'ai donc pas pu trouver de style plus conforme à ce dessein que celui dont on se sert dans les conversations, où chacun expose familièrement à ses amis ce qu'il croit savoir le mieux. Je suppose donc, sous les noms d'Eudoxe, de Polyandre et d'Épistémon, un homme doué d'un esprit ordinaire, mais dont le jugement n'est gâté par aucune fausse opinion, et qui possède toute sa raison intacte, telle qu'il l'a reçue de la nature; et qui, dans sa maison de campagne, où il habite, reçoit la visite de deux hommes du plus grand esprit, et des plus distingués du siècle, dont l'un n'a jamais rien étudié, tandis que l'autre sait très bien tout ce qu'on peut apprendre dans les écoles. Et là, entre autres discours que chacun peut imaginer à son gré, ainsi que les circonstances locales, et les objets qui les entourent, objets parmi lesquels je leur ferai prendre souvent des exemples pour rendre leurs conceptions plus claires, j'amène au milieu de leur entretien le sujet dont ils traiteront jusqu'à la fin de ces deux livres.

POLYANDRE, ÉPISTÉMON, EUDOXE.

POLYANDRE. Je vous trouve heureux d'avoir découvert toutes ces belles choses dans les livres grecs et latins, et il me semble que si j'avois donné autant de temps que vous à ces études, je serois aussi différent de ce que je suis maintenant que les anges le sont de vous. Et je ne peux excuser l'erreur de mes parents, qui, persuadés que les lettres amollissent l'esprit, m'ont envoyé à la cour et dans les camps dans un âge si tendre, que j'aurois toute ma vie à gémir de mon ignorance, si je n'apprenois quelque chose dans vos entretiens.

EPISTÉMON. La meilleure chose que vous y puissiez apprendre, c'est que le désir de connoître, qui est commun à tous les hommes, est un mal qui ne peut pas se guérir. Car la curiosité s'accroît avec la science ; et, comme nos défauts ne nous font de peine qu'autant que nous les connoissons, vous avez sur nous cette espèce d'avantage, de ne pas voir aussi clairement tout ce qui vous manque.

EUDOXE. Peut-il se faire, Épistémon, que vous, qui êtes si instruit, puissiez croire qu'il est dans la nature un mal tellement universel qu'on ne puisse y apporter remède? Quant à moi je pense que, tout comme dans chaque pays, il est assez de fruits et de ruisseaux pour apaiser la faim et la soif de tous les hommes, de même il est assez de vérités que l'on peut connoître en chaque matière pour satisfaire la curiosité des esprits sains; et je crois que le corps d'un hydropique n'est guère plus malade que l'esprit de ceux qui sont perpétuellement agités d'une curiosité insatiable.

ÉPISTÉMON. J'ai bien, il est vrai, entendu dire autrefois que nos désirs ne pouvoient s'étendre jusqu'aux choses qui nous paroissent impossibles; mais on peut savoir tant de choses qui sont évidemment à notre portée, et qui non seulement sont honnêtes et agréables, mais encore utiles pour la conduite de la vie, que je ne crois pas que jamais personne en sache assez pour ne pas avoir toujours des raisons légitimes d'en désirer savoir davantage.

EUDOXE. Que diriez-vous donc de moi, si je vous affirmois que je ne me sens plus aucun désir d'apprendre quoi que ce soit, et que je suis aussi content de ma petite science qu'autrefois Diogène de son tonneau, et cela sans que j'aie besoin de sa philosophie? En effet la science de mes voisins n'est pas la limite de la mienne, comme leurs champs qui entourent de tous côtés ce peu de terre que je possède ici ; et mon esprit, disposant à son gré de toutes les vérités qu'il a trouvées, ne pense pas à en découvrir d'autres, et il jouit du même repos que le roi d'un pays qui seroit assez isolé de tous les autres pour que ce roi s'imaginât qu'au-delà de ses frontières il n'y a que des déserts stériles et des monts inhabitables.

Épistémon. Si tout autre homme que vous me parloit ainsi, je le regarderois comme un esprit superbe ou trop peu curieux ; mais la retraite que vous avez choisie dans cette solitude, et le peu de soin que vous prenez pour briller, éloignent de vous tout soupçon d'ostentation, et le temps que vous avez jadis consacré à des voyages, à visiter les savants, à examiner tout ce que chaque science contenoit de plus difficile, nous assure que vous ne manquez pas de curiosité. Aussi ne puis-je dire autre chose sinon que vous êtes entièrement content, et que votre science est réellement supérieure à celle des autres.

Eudoxe. Je vous remercie de la bonne opinion que vous avez de moi ; mais je ne veux pas abuser de votre politesse au point de vouloir que vous croyiez ce que je viens de dire uniquement sur la foi de mes paroles. Il ne faut pas avancer des opinions si éloignées de la croyance vulgaire, sans pouvoir en même temps en montrer quelques effets; c'est pourquoi je vous prie tous deux de vouloir bien passer ici cette belle saison, pour que je vous puisse montrer une partie des choses que je sais. J'ose me flatter que non seulement vous reconnoîtrez que j'ai des raisons pour être content, mais qu'en outre vous serez vous-mêmes très contents de ce que vous aurez appris.

ÉPISTÉMON. Je ne veux pas refuser une faveur que je souhaitois si ardemment.

POLYANDRE. Et moi j'aurai grand plaisir à assister à cet entretien, quoique je n'aie pas la conviction que je puisse en retirer aucun fruit.

EUDOXE. Bien au contraire, Polyandre, croyez qu'il ne sera pas pour vous sans utilité, parceque votre esprit n'est préoccupé d'aucun préjugé, et qu'il me sera plus facile d'amener au bon parti un esprit neutre qu'Epistémon, que nous trouverons souvent dans le parti contraire. Mais, pour vous faire comprendre plus facilement de quelle nature est la science dont je vais vous entretenir, permettez-moi, je vous prie, de noter une différence qui se trouve entre les sciences et les simples connoissances qui s'acquièrent sans le secours du raisonnement, telles que les langues, l'histoire, la géographie, et en général tout ce qui ne dépend que de l'expérience. Je veux bien accorder que la vie d'un homme ne suffiroit pas pour acquérir l'expérience de tout ce que renferme le monde ; mais je suis persuadé que ce seroit folie que de le désirer, et qu'il n'est pas plus du devoir d'un honnête homme de savoir le grec ou le latin que le langage suisse ou bas breton, ni l'histoire de l'empire romano-germanique, que celle du plus petit état qui se trouve en Europe; et je pense qu'il doit seulement consacrer ses loisirs aux choses bonnes et utiles, et n'emplir sa mémoire que des plus nécessaires. Quant aux sciences qui ne sont autres que des jugements que nous basons sur quelque connoissance précédemment acquise, les unes se déduisent d'objets vulgaires et connus de tous, les autres d'expériences plus rares et faites exprès. J'avoue qu'il est impossible que nous traitions en particulier de chacune de ces dernières; car il nous faudroit d'abord examiner toutes les herbes et toutes les pierres que l'on apporte ici des Indes ; il nous faudroit avoir vu le phénix, en un mot n'ignorer aucun des plus merveilleux secrets de la nature. Mais je croirai avoir suffisamment rempli ma promesse, si, en vous expliquant les vérités qui peuvent se déduire des choses vulgaires et connues de tous, je vous apprends à trouver après cela toutes les autres de vous-mêmes, si vous croyez bon de les chercher.

POLYANDRE. Je crois, pour moi, que c'est là tout ce que nous pouvons désirer; et je me contenterois que vous m'apprissiez un certain nombre de ces propositions qui sont si célèbres que personne ne les ignore, telles que celles qui regardent la Divinité, l'âme, les vertus, leur récompense, etc., propositions que je compare à ces familles antiques qui sont reconnues par tous pour très illustres, quoique leurs titres soient cachés sous les ruines des temps passés. Je ne doute pas en effet que ceux qui les premiers portèrent le genre humain à croire à toutes ces choses n'aient employé d'excellentes raisons pour les prouver; mais elles ont été depuis si rarement répétées que personne ne les sait : et cependant ce sont des vérités d'une telle importance que la prudence nous porte à y avoir une foi aveugle, au risque de nous tromper, plutôt que d'attendre la vie future pour en être mieux instruits.

ÉPISTÉMON. Pour ce qui me regarde, je suis un peu plus curieux, et je désirerois volontiers que vous m'expliquassiez certaines difficultés particulières qui s'offrent à moi dans chaque science, et principalement dans ce qui concerne les secrets des arts, les apparitions, les prestiges, en un mot tous les effets admirables qu'on attribue à la magie. Je pense qu'il est utile de connoître tout cela, non pour s'en servir, mais pour ne pas laisser surprendre son jugement à l'admiration d'une chose inconnue.

Eudoxe. Je tâcherai de vous satisfaire l'un et l'autre ; et, pour nous servir d'un ordre que nous puissions garder jusqu'à la fin, je désire d'abord, Polyandre, que nous parlions de toutes les choses que renferme le monde, en les considérant en elles-mêmes ; et à condition qu'Épistémon interrompra notre discours le moins possible, parceque ses objections nous forceroient souvent d'abandonner notre sujet. Ensuite nous considérerons de nouveau toutes ces choses, mais sous une autre face, en tant qu'elles sont en rapport avec nous, et qu'elles peuvent être appelées vraies ou fausses, bonnes ou mauvaises. C'est là qu'Épistémon trouvera l'occasion d'exposer toutes les difficultés qui lui resteront des discours précédents.

Polyandre. Dites-nous donc quel ordre vous suivrez en expliquant chaque chose.

Eudoxe. Il faudra commencer par l'âme de l'homme, parceque toutes nos connoissances dépendent d'elle ; et, après avoir considéré sa nature et ses effets, nous arriverons à son auteur. Quand nous connoîtrons quel il est et comment il a créé toutes les choses qui sont dans le monde, nous noterons ce qu'il y a de plus certain sur les autres créatures ; nous examinerons comment nos sens perçoivent les choses, et comment nos connoissances deviennent fausses ou vraies. Ensuite je vous mettrai sous les yeux les travaux de l'homme sur les objets corporels; et, après vous avoir frappé d'admiration à la vue des machines les plus puissantes, des automates les plus rares, des visions les plus spécieuses, et des tours les plus subtils que l'art puisse inventer, je vous en révèlerai les secrets, qui sont si simples, que vous n'admirerez désormais plus rien dans les ouvrages de nos mains. J'arriverai après cela aux œuvres de la nature, et, après vous avoir montré la cause de tous ses changements, la diversité de ses qualités et la raison pour laquelle l'âme des plantes et des animaux diffère de la nôtre, je vous donnerai à considérer l'architecture des choses sensibles. Les phénomènes du ciel observés, et les conclusions certaines qu'on en peut tirer, déduites, je m'élèverai aux conjectures les plus saines sur ce que l'homme ne peut déterminer positivement, pour essayer de rendre compte de la relation des choses sensibles aux intellectuelles, et des unes et des autres au Créateur, de l'immortalité des créatures, et de leur état après la consommation des siècles. Ensuite nous viendrons à la deuxième partie de cet entretien, dans laquelle nous traiterons spécialement de toutes les sciences, choisissant dans chacune ce qu'elle a de plus solide, et nous proposerons une méthode pour les pousser beaucoup plus loin, et trouver de nous-mêmes, avec un esprit ordinaire, ce que les plus fins peuvent découvrir. Après avoir ainsi préparé notre intelligence à juger parfaitement de la vérité, il faut encore nous accoutumer à diriger notre volonté en distinguant le bien du mal, et en observant la vraie différence qui est entre la vertu et le vice. Cela fait, j'espère que votre ardeur de connoître ne sera pas si violente, et tout ce que je vous dirai vous paroîtra si bien prouvé que vous viendrez à croire qu'un homme d'un esprit sain, eût-il été élevé dans un désert, et n'eût-il été jamais éclairé que des lumières de la nature, ne pourroit, s'il pesoit les mêmes raisons, embrasser un avis différent du nôtre. Pour commencer ce discours, il faut examiner quelle est la première connoissance de l'homme, en quelle partie de l'âme elle réside, et pourquoi au commencement elle est si imparfaite.

Epistémon. Tout cela me paroît s'expliquer très clairement, si on compare l'imagination des enfants à une table rase sur laquelle nos idées, qui sont comme la vive image des objets, doivent se peindre. Les sens, les penchants de l'esprit, les maîtres et l'intelligence sont les divers peintres qui peuvent faire cette œuvre, et, parmi eux, ceux qui sont les moins propres à y réussir la commencent; c'est à savoir, les sens imparfaits.

l'instinct aveugle et de sottes nourrices. Vient enfin le meilleur de tous, l'intelligence; et cependant est-il encore nécessaire qu'elle fasse un apprentissage de plusieurs années, et suive long-temps l'exemple de ses maîtres, avant d'oser rectifier une seule de leurs erreurs; c'est là à mon sens une des principales causes de la difficulté que nous avons à parvenir à la science. Nos sens en effet ne perçoivent que ce qu'il y a de plus grossier et de plus commun; notre instinct est entièrement corrompu; et quant aux maîtres, encore qu'on en puisse certainement trouver de bons, ils ne peuvent cependant nous forcer d'avoir foi en leurs raisonnements, et de les avouer avant de les avoir examinés avec notre intelligence, qui seule a le pouvoir de le faire. Mais elle est comme un peintre habile, qui, appelé pour mettre la dernière main à un tableau ébauché par des apprentis, auroit beau employer toutes les règles de l'art, corriger peu à peu, tantôt un trait, tantôt un autre, ajouter enfin tout ce qui y manque, ne pourroit cependant empêcher qu'il n'y restât encore de grands défauts, parceque dans le principe le tableau auroit été mal esquissé, les personnages mal placés, et les proportions observées peu rigoureusement.

EUDOXE. Votre comparaison nous met parfaitement sous les yeux le premier obstacle qui nous arrête; mais vous ne montrez pas le moyen de l'éviter. Or, selon moi, le voici : tout de même que votre peintre eût mieux fait, après avoir effacé tous les traits du tableau, de le recommencer en entier, que de perdre son temps à le corriger ; de même tous les hommes arrivés à l'âge où l'intelligence commence à être dans sa force, devroient former le dessein d'effacer de leur imagination toutes les idées inexactes qui sont venues s'y graver jusqu'alors, et appliquer sérieusement toutes les forces de leur intelligence à s'en former de nouvelles. Certes, si ce moyen ne les conduisoit pas à la perfection, au moins n'auroient-ils plus le droit d'en rejeter la faute sur la foiblesse des sens et les erreurs de la nature.

ÉPISTÉMON. Ce seroit le meilleur moyen si on pouvoit l'employer facilement ; mais vous n'ignorez pas que les premières opinions que notre imagination a reçues y restent si profondément empreintes, que notre volonté seule, si elle n'imploroit le secours de quelques fortes raisons, ne pourroit parvenir à les effacer.

EUDOXE. C'est justement quelques unes de ces raisons que je prétends vous enseigner ; et si vous voulez retirer quelque fruit de cet entretien, il faut que vous me prêtiez toute votre attention, et que vous me laissiez converser avec Polyandre, afin que je puisse en commençant renverser toute sa science acquise. En effet, comme elle ne suffit pas à le satisfaire, elle ne peut être que mauvaise, et je la compare à un édifice mal construit, dont les fondements ne sont pas assez solides. Je ne sais pas de meilleur remède que de le démolir et de le renverser de fond en comble, pour en élever un nouveau. Car, je ne veux pas être mis au nombre de ces artisans sans talents, qui ne s'appliquent qu'à restaurer de vieux ouvrages, parcequ'au fond ils sont incapables d'en achever de neufs. Mais, Polyandre, pendant que nous sommes occupés à détruire cet édifice, nous pouvons en même temps jeter les fondements qui peuvent servir à notre dessein, et préparer la matière la plus solide pour y réussir; pour peu que vous vouliez examiner avec moi quelles sont, de toutes les vérités que les hommes peuvent savoir, les plus certaines et les plus faciles à connoître.

POLYANDRE. Y a-t-il quelqu'un qui doute que les choses sensibles (j'entends par là celles qui se voient et se touchent) ne soient de beaucoup plus certaines que les autres? Pour moi je m'étonnerois fort si vous me montriez aussi clairement quelques unes des choses qu'on dit de Dieu et de notre âme.

EUDOXE. C'est cependant ce que j'espère faire, et il me paroît surprenant que les hommes soient assez crédules pour baser leur science sur la certitude des sens, quand il n'est personne qui ignore qu'ils nous trompent quelquefois, et que nous avons de bonnes raisons de nous en défier toujours, puisqu'une fois ils ont pu nous induire en erreur.

Polyandre. Je sais bien que les sens nous trompent quelquefois quand ils souffrent, ainsi un malade croit que tous les mets sont amers ; quand ils sont trop éloignés de l'objet, ainsi les étoiles ne nous paroissent jamais aussi grandes qu'elles sont réellement ; en général, quand ils n'agissent pas librement selon leur nature. Mais toutes leurs erreurs sont faciles à connoître, et n'empêchent pas que je ne sois persuadé que je vous vois, que nous nous promenons dans un jardin, que le soleil luit, en un mot, que tout ce que mes sens m'offrent habituellement, est vrai.

Eudoxe. Puisqu'il ne me suffit pas de vous dire que les sens nous trompent dans certains cas où vous vous en apercevez bien, pour vous faire craindre d'être trompé par eux dans d'autres occasions où vous ne le savez pas, j'irai plus loin, et vous demanderai si vous n'avez jamais vu un homme mélancolique de l'espèce de ceux qui se croient des vases remplis d'eau, ou qui pensent avoir une partie quelconque du corps d'une grandeur démesurée ; ils jureroient qu'ils voient cela et le touchent comme ils l'imaginent. Il est vrai toutefois que celui-là s'indigneroit auquel on viendroit dire qu'il n'a pas plus de raison qu'eux de croire son opinion certaine, puisque tous deux s'appuient également sur les données des sens et de l'imagination. Mais sans aller jusque là, vous ne pouvez vous fâcher si je vous demandois, si vous n'êtes pas comme les autres hommes sujet au sommeil, et si vous ne pouvez pas penser en dormant que vous me voyez, que vous vous promenez dans ce jardin, que le soleil luit, en un mot mille autres choses que vous pensez voir aujourd'hui très clairement. N'avez-vous jamais entendu dans les vieilles comédies cette formule d'étonnement, *Est-ce que je dors ?* Comment pouvez-vous être certain que votre vie ne soit pas un songe perpétuel, et que tout ce que vous apprenez par les sens n'est pas aussi faux que quand vous dormez, surtout sachant que vous avez été créé par un être supérieur, auquel dans sa toute-puissance il n'eût pas été plus difficile de nous créer tels que je vous ai dit, que tels que vous croyez être ?

POLYANDRE. Voilà certes des raisons qui suffiroient pour renverser toute la science d'Épistémon, s'il y pouvoit donner toute son attention ; quant à moi je craindrois d'être tant soit peu fou, si, ne m'étant jamais appliqué à l'étude, ni accoutumé à détourner mon esprit des choses sensibles, j'allois l'appliquer à des méditations qui surpassent mes forces.

ÉPISTÉMON. Je pense qu'il est très dangereux de s'avancer trop loin dans cette manière de raisonner : les doutes universels de ce genre nous conduisent droit à l'ignorance de Socrate, ou à l'incertitude des pyrrhoniens, qui est comme une eau profonde où l'on ne peut trouver pied.

EUDOXE. J'avoue que ce n'est pas sans grand danger qu'on s'y hasarde sans guide, quand on n'en connoît pas le gué, et que beaucoup même s'y sont perdus ; mais vous ne devez rien craindre si vous suivez mes pas. Ce sont de telles craintes, en effet, qui ont empêché beaucoup d'hommes savants d'acquérir des connoissances assez solides et assez certaines pour mériter le nom de sciences ; ils s'imaginoient qu'il n'y avoit rien de plus ferme et de plus solide sur quoi ils pussent appuyer leur foi que les choses sensibles ; aussi ont-ils bâti sur ce sable plutôt que de chercher en creusant plus avant un terrain ferme. Ce n'est point ici qu'il faut nous arrêter. Il y a plus ; quand vous n'examineriez pas ultérieurement les raisons que je viens de vous dire, elles auroient cependant rempli leur principal but, celui que je voulois atteindre, si elles ont frappé votre esprit assez pour vous mettre sur vos gardes. Elles montrent en effet que votre science n'est pas tellement infaillible que vous ne deviez craindre d'en voir renverser les fondements, puisqu'elles vous font douter de tout, et que vous doutez dès maintenant de votre science même. Elles prouvent ensuite que j'ai rempli mon but, qui étoit de renverser votre science, en vous en montrant l'incertitude. Mais, de crainte que vous ne refusiez de me suivre plus loin, je vous déclare que ces doutes, qui en commençant vous ont fait peur, sont comme ces fantômes et ces vaines images qui paroissent dans la nuit à la lueur incertaine d'une foible lumière. La peur vous poursuit si vous les fuyez, mais approchez-en, touchez-les, vous ne trouverez que du vent, qu'une ombre, et vous serez rassuré pour toujours.

Polyandre. Soit : je désire donc, vaincu par vos raisons, me représenter toutes ces difficultés, dans leur plus grande force possible, et m'appliquer à douter si par hasard je n'ai pas été toute ma vie en délire, si même toutes ces idées que je croyois entrées dans mon esprit, pour ainsi dire, par la porte des sens, ne pourroient pas s'être formées d'elles-mêmes, tout comme se forment de semblables idées quand je dors, ou que j'ai la certitude que mes yeux sont fermés, mes oreilles bouchées, en un mot qu'aucun de mes sens n'y est pour rien. De cette façon je douterai non seulement si vous êtes dans le monde, s'il existe une terre, s'il est un soleil, mais encore si j'ai des yeux, des oreilles, un corps, si même je parle avec vous, si vous m'adressez la parole, en un mot je douterai de toutes choses.

Eudoxe. Vous voilà très bien préparé, et c'est

là que je voulois vous amener ; mais voici le moment de prêter votre attention aux conséquences que j'en veux tirer. Vous voyez bien que vous pouvez raisonnablement douter de toutes les choses dont la connoissance ne vous parvient que par les sens ; mais pouvez-vous douter de votre doute, et rester incertain si vous doutez ou non?

POLYANDRE. J'avoue que cela m'étonne, et ce peu de perspicacité que me donne un assez mince bon sens fait que je ne me vois pas sans stupeur forcé à avouer que je ne sais rien avec certitude, mais que je doute de tout, et que je ne suis certain d'aucune chose. Mais qu'en voulez-vous conclure ? Je ne vois pas à quoi peut servir cet étonnement universel, ni par quelle raison un doute de cette espèce peut être un principe qu'il nous faille déduire de si loin. Bien au contraire vous avez donné pour but à cet entretien de nous débarrasser de nos doutes, et de nous apprendre à trouver des vérités qu'Épistémon, tout savant qu'il est, pourroit bien ignorer.

EUDOXE. Prêtez-moi seulement votre attention; je vais vous conduire plus loin que vous ne pensez. En effet, c'est de ce doute universel que, comme d'un point fixe et immuable, j'ai résolu de dériver la connoissance de Dieu, de vous-même, et de tout ce que renferme le monde.

Polyandre. Voilà certes de grandes promesses, et elles valent bien la peine, pourvu que vous les accomplissiez, que nous vous accordions ce que vous demandez. Tenez donc vos promesses, nous vous tiendrons les nôtres.

Eudoxe. Puis donc que vous ne pouvez nier que vous doutiez, et qu'au contraire il est certain que vous doutez, et si certain que vous ne pouvez douter de cela même, il est vrai aussi que vous êtes, vous qui doutez ; et cela est si vrai que vous n'en pouvez pas douter davantage.

Polyandre. Je suis de votre avis ; car, si je n'étois pas, je ne pourrois douter.

Eudoxe. Vous êtes donc, et vous savez que vous êtes, et vous le savez, parceque vous doutez.

Polyandre. Tout cela est très vrai.

Eudoxe. Mais, pour que vous ne soyez pas détourné de votre dessein, avançons peu à peu, et, comme je vous l'ai dit, vous vous sentirez entraîné plus loin que vous ne croyez. Vous êtes, et vous savez que vous êtes, et vous savez cela parceque vous savez que vous doutez. Mais, vous qui doutez de tout et qui ne pouvez pas douter de vous-même, qui êtes-vous ?

Polyandre. La réponse n'est pas difficile, et je vois bien que vous m'avez choisi au lieu d'Épistémon, pour que je pusse satisfaire à vos questions. Vous n'avez pas dessein d'en faire aucune à laquelle il ne fût très facile de répondre. Je vous dirai donc que je suis un homme.

EUDOXE. Vous ne faites pas attention à ma question, et la réponse que vous me faites, quelque simple qu'elle vous paroisse, nous jetteroit dans un dédale de difficultés, si je voulois tant soit peu la presser. Par exemple, si je demandois à Épistémon lui-même ce que c'est qu'un homme, et qu'il me répondît, comme on fait dans les écoles, qu'un homme est un animal raisonnable; et si outre cela, pour nous expliquer ces deux termes, qui ne sont pas moins obscurs que le premier, il nous conduisoit par tous les degrés qu'on appelle métaphysiques, nous serions entraînés dans un labyrinthe duquel il nous seroit impossible de sortir. En effet, de cette question il en naît deux autres : la première, qu'est-ce qu'un animal ? la seconde, qu'est-ce que raisonnable ? Et de plus, si pour expliquer ce que c'est qu'un animal, il nous disoit que c'est quelque chose de vivant, que quelque chose de vivant est un corps animé, qu'un corps est une substance corporelle, vous voyez que les questions, comme les branches d'un arbre généalogique, iroient en s'augmentant et en se multipliant; et, en définitive, toutes ces belles questions finiroient par une pure battologie, qui n'éclairciroit rien, et nous laisseroit dans notre première ignorance.

Épistémon. J'ai peine à voir que vous méprisiez cet arbre de Porphyre qui a toujours excité l'admiration des érudits, et je suis fâché que vous vouliez montrer à Polyandre quel il est, par une autre voie que celle qui depuis si long-temps est admise dans les écoles. Jusqu'à ce jour, en effet, on n'y a pas trouvé de moyen meilleur ni plus propre à nous apprendre ce que nous sommes qu'en mettant successivement sous nos yeux tous les degrés qui constituent la totalité de notre nature, afin que par ce moyen, en remontant et en descendant par tous les degrés, nous puissions reconnoître ce que nous avons de commun avec les autres êtres, et ce en quoi nous en différons. C'est là le plus haut point auquel puisse atteindre notre science.

Eudoxe. Je n'ai eu ni n'aurai jamais l'intention de blâmer la méthode qu'on emploie dans les écoles; c'est à elle que je dois le peu que je sais, et c'est de son secours que je me suis servi pour reconnoître l'incertitude de tout ce que j'y ai appris. Aussi, quoique mes maîtres ne m'aient rien enseigné de certain, je leur dois toutefois des actions de grâces pour avoir appris d'eux à le reconnoître ; et je leur en dois de plus grandes, parceque les choses qu'ils m'ont apprises sont douteuses, que si elles eussent été plus conformes à la raison ; car, dans ce cas, je me fusse peut-être contenté du peu de raison que j'y aurois découvert, et cela m'eût rendu moins actif à la recherche de la vérité. L'avertissement que j'ai donné à Polyandre sert moins à dissiper l'obscurité dans laquelle vous jette sa réponse, qu'à le rendre plus attentif à mes questions. Je reviens donc à mon sujet, et pour ne pas nous en écarter plus long-temps, je lui demande une seconde fois ce qu'il est, lui, qui peut douter de toutes choses, et ne peut pas douter de lui-même.

POLYANDRE. Je croyois vous avoir satisfait en vous disant que j'étois un homme, mais je vois maintenant que je n'ai pas bien fait mon calcul. Je vois très bien que cette réponse ne vous satisfait pas, et, à vrai dire, j'avoue qu'elle ne me contente pas maintenant moi-même, surtout depuis que vous m'avez montré l'embarras et l'incertitude dans laquelle elle pourroit nous jeter, si nous voulions l'éclaircir et la comprendre. En effet, quoi qu'en dise Épistémon, je vois beaucoup d'obscurité dans tous ces degrés métaphysiques. Si l'on dit, par exemple, qu'un corps est une substance corporelle, sans dire ce que c'est qu'une substance corporelle, ces deux mots ne nous apprendront rien de plus que le mot corps. De même si on dit que ce qui vit est un corps animé, sans avoir expliqué auparavant ce que c'est que corps, et ce que c'est qu'animé, et si l'on en agit ainsi pour tous les autres degrés métaphysiques, c'est là avancer des paroles peut-être même dans un certain ordre, mais c'est ne rien dire; car cela ne signifie rien qui puisse être conçu et former dans notre esprit une idée claire et distincte. Même quand, pour répondre à votre question, j'ai dit que j'étois un homme, je ne pensois pas à tous les êtres scolastiques que j'ignorois, dont jamais je n'avois entendu parler, et qui selon moi n'existent que dans l'imagination de ceux qui les ont inventés; mais j'ai parlé des choses que nous voyons, que nous touchons, que nous sentons, que nous éprouvons en nous-mêmes, en un mot des choses que sait le plus simple des hommes aussi bien que le plus grand philosophe du monde, c'est-à-dire que je suis un certain tout composé de deux bras, de deux jambes, d'une tête, et de toutes les parties qui constituent ce qu'on appelle le corps humain, et qui en outre se nourrit, marche, sent et pense.

Eudoxe. Je voyois déjà par votre réponse que vous n'aviez pas bien saisi ma question, et que vous répondiez à plus de choses que je ne vous en avois demandé. Mais comme au nombre des choses dont vous doutez vous avez déjà mis les bras, les jambes, la tête, et toutes les autres parties qui composent la machine du corps humain, je n'ai nullement voulu vous interroger sur toutes ces choses, de l'existence desquelles vous n'êtes pas sûr. Dites-moi donc ce que vous êtes proprement en tant que vous doutez. C'est sur ce seul point, le seul que vous puissiez connoître avec certitude, que je voulois vous questionner.

POLYANDRE. Je vois maintenant que je me suis trompé dans ma réponse, et que je suis allé plus loin qu'il ne falloit, parceque je n'avois pas bien compris votre pensée. Cela me rendra plus circonspect à l'avenir, et me fait en même temps admirer l'exactitude de votre méthode, par laquelle vous nous conduisez peu à peu par des voies simples et faciles à la connoissance des choses que vous voulez nous apprendre. J'ai lieu cependant d'appeler heureuse l'erreur que j'ai commise, puisque, grâce à elle, je connois très bien que ce que je suis en tant que doutant n'est nullement ce que j'appelle mon corps. Bien plus, je ne sais pas même que j'ai un corps, car vous m'avez montré que je pouvois en douter. J'ajoute à cela que je ne puis pas même nier absolument que j'aie un corps. Cependant, tout en laissant entières toutes ces suppositions, cela n'empêchera pas que je ne sois certain que j'existe. Au contraire, elles me confirment davantage dans cette certitude, que j'existe, et que je ne suis pas un corps ; autrement, doutant de mon corps, je douterois en même temps de moi-même, ce que je ne puis ; car je suis entièrement convaincu que j'existe, et j'en suis tellement convaincu, que je n'en puis nullement douter.

Eudoxe. Voilà qui est parfaitement exposé, et vous vous en tirez si bien, que je ne dirois pas mieux moi-même. Je vois bien qu'il n'est plus besoin que de vous abandonner entièrement à vous-même, en ayant toutefois le soin de vous conduire dans la route. Il y a mieux; je pense que, pour trouver les vérités les plus difficiles, il n'est besoin, pourvu que nous soyons bien conduits, que du sens commun, comme on dit vulgairement, et comme je vous en trouve très bien pourvu, comme je l'espérois, je n'ai plus qu'à vous montrer la route que vous devez suivre désormais. Continuez donc à déduire de vous-même les conséquences qui sortent de ce premier principe.

Polyandre. Ce principe me paroît si fécond, et il s'offre à moi tant de choses à la fois, qu'il me faudroit, je crois, beaucoup de travail pour les mettre en ordre. Ce seul avertissement que vous m'avez donné d'examiner qui je suis, moi qui doute, et de ne pas me confondre avec ce qu'autrefois je croyois être moi, a tellement jeté de lumière en mon esprit, et dès l'abord tellement dissipé les ténèbres, qu'à la lueur de ce flambeau je vois plus exactement en moi ce qu'on n'y peut voir des yeux, et que je suis plus persuadé que je possède ce qui ne se touche pas, que je ne l'ai jamais été de posséder un corps.

EUDOXE. Cette chaleur me plaît infiniment, quoiqu'elle puisse déplaire à Épistémon, qui, tant que vous ne lui aurez pas enlevé son erreur, et que vous ne lui aurez pas mis sous les yeux une partie des choses que vous dites être contenues dans ce principe, croira toujours, ou au moins craindra que le flambeau qui vous est offert ne soit semblable à ces feux qui s'éteignent et s'évanouissent dès qu'on s'en approche, et qu'ainsi vous ne retombiez dans vos premières ténèbres, c'est-à-dire dans votre ancienne ignorance. Et certes ce seroit merveille que vous, qui n'avez jamais étudié ni ouvert les livres des philosophes, devinssiez tout d'un coup savant à si peu de frais. Aussi ne devons-nous pas nous étonner qu'Épistémon juge de cette manière.

ÉPISTÉMON. Oui, je l'avoue, j'ai pris cela pour de l'enthousiasme, et j'ai cru que Polyandre, qui jamais n'a médité sur les grandes vérités qu'enseigne la philosophie, étoit si transporté de la découverte de la moindre d'entre elles, qu'il n'a pu s'empêcher de vous le témoigner par les éclats de sa joie. Mais ceux qui comme vous ont marché long-temps dans ce chemin, et ont dépensé beaucoup d'huile et de peine à lire et relire les écrits des anciens, et à débrouiller et expliquer ce qu'il y a de plus embarrassé dans les philosophes, ne s'étonnent pas plus de cet enthousiasme et n'en font pas plus de cas que du vain espoir qui saisit souvent en commençant les mathématiques, quand on n'a fait encore que saluer le seuil du temple. A peine avez-vous donné à ces novices la ligne et le cercle, et montré ce que c'est qu'une ligne droite et une ligne courbe, qu'ils croient aussitôt qu'ils vont trouver la quadrature du cercle et la duplication du cube. Mais nous avons tant de fois réfuté l'opinion des pyrrhoniens, et eux-mêmes ont retiré si peu de fruit de cette méthode de philosopher, qu'ils ont erré toute leur vie et n'ont pu sortir des doutes qu'ils ont introduits dans la philosophie ; aussi paroissent-ils n'avoir travaillé que pour apprendre à douter : c'est pourquoi, avec la permission de Polyandre, je douterai s'il peut lui même en tirer quelque chose de meilleur.

EUDOXE. Je vois bien que vous vous adressez à Polyandre pour m'épargner ; vos plaisanteries toutefois m'attaquent évidemment ; mais laissons parler Polyandre, et après cela nous verrons qui de nous rira le dernier.

POLYANDRE. Je le ferai volontiers ; aussi bien je crains que cette dispute ne s'échauffe entre vous deux, et que si vous reprenez les choses de trop haut, je finisse par n'y plus rien comprendre. Je perdrois ainsi le fruit que je me promets en revenant sur mes premières études. Je prie donc Épistémon de me permettre de nourrir cet espoir, tant qu'il plaira à Eudoxe de me conduire par la main dans la route où il m'a placé.

Eudoxe. Vous avez déjà bien reconnu, en vous considérant simplement comme doutant, que vous n'étiez pas corps, et que comme tel vous ne trouviez en vous aucune des parties qui constituent la machine humaine, c'est-à-dire que vous n'aviez ni bras, ni jambes, ni tête, ni yeux, ni oreilles, ni enfin aucun organe qui puisse servir à un sens quel qu'il soit. Mais voyez si de la même manière vous ne pouvez pas rejeter toutes les choses que vous compreniez auparavant sous la description que vous avez donnée de l'idée que vous aviez autrefois de l'homme. Car, comme vous l'avez judicieusement remarqué, c'a été une heureuse erreur que celle que vous avez commise en dépassant les limites de ma question. Grâce à elle en effet, vous pouvez parvenir à la connoissance de ce que vous êtes, en éloignant et en rejetant tout ce que vous voyez clairement ne pas vous appartenir, et en admettant seulement ce qui vous appartient si nécessairement, que vous en soyez aussi certain que de votre existence et de votre doute.

Polyandre. Je vous remercie de me remettre ainsi dans mon chemin ; je ne savois déjà plus où j'en étois. J'ai dit d'abord que j'étois un tout formé de bras, de jambes, d'une tête, de toutes les parties qui composent le corps humain, en outre que je marche, que je me nourris, que je sens, que je pense. Il m'a été nécessaire, pour me considérer simplement tel que je me sais être, de rejeter toutes ces parties ou tous ces membres qui constituent la machine humaine, c'est-à-dire il a fallu que je me considérasse sans bras, sans jambes, sans tête, en un mot sans corps. Or, il est vrai que ce qui en moi doute, n'est pas ce que nous disons être notre corps; donc il est vrai aussi que moi, en tant que je doute, je ne me nourris pas, je ne marche pas; car aucune de ces deux choses ne peut se faire sans le corps. Il y a plus; je ne peux pas même affirmer que moi, en tant que je doute, je puisse sentir. Comme en effet les pieds servent pour marcher, ainsi les yeux pour voir, et les oreilles pour entendre. Mais comme je n'ai aucun de ces organes, parceque je n'ai pas de corps, je ne puis pas dire que je sente. Outre cela, j'ai autrefois en rêve cru sentir beaucoup de choses que je ne sentois pas réellement, et comme j'ai résolu de n'admettre ici que ce qui est tellement vrai que je n'en puisse douter, je ne puis dire que je sois quelque chose de sentant, c'est-à-dire qui voie des yeux et entende des oreilles. Il pourroit se faire en effet que je crusse sentir, quoiqu'il ne se passât aucune de ces choses.

Eudoxe. Je ne peux m'empêcher de vous arrêter ici, non pour vous détourner du chemin, mais pour vous encourager, et vous faire examiner ce que peut faire le bon sens, pourvu qu'il soit bien dirigé. En effet, dans tout ceci y a-t-il rien qui ne soit exact, qui ne soit légitimement conclu, ni bien déduit de ce qui précède? Or, tout cela se dit et se fait sans logique, sans règle, sans formule d'argumentation, avec la seule lumière de la raison et avec un sens droit, qui, agissant seul et par lui-même, est moins exposé à l'erreur que quand il cherche avec inquiétude à suivre mille routes diverses, que l'art et la paresse humaine ont trouvées, moins pour le perfectionner que pour le corrompre. Épistémon même paroît ici de notre avis; en effet, en ne disant rien, il donne à entendre qu'il approuve ce que nous avons dit. Continuez donc, Polyandre, et montrez-lui jusqu'où le bon sens peut aller, et en même temps quelles conséquences on peut déduire de notre principe.

Polyandre. De tous les attributs que je m'étois donnés, il n'en reste plus qu'un à examiner, c'est la pensée; et je vois que c'est le seul que je ne puisse séparer de moi-même. Car s'il est vrai que je doute, ce dont je ne puis douter, il est également vrai que je pense; car qu'est-ce que douter, si ce n'est penser d'une certaine manière? et de fait, si je ne pensois pas, je ne pourrois savoir si je doute, ni si j'existe. Je suis cependant, et je sais que je suis, et je le sais parceque je doute, c'est-à-dire parceque je pense. Il y a mieux, il se pourroit faire que si je cessois un instant de penser, je cessasse en même temps d'être. Aussi la seule chose que je ne puis séparer de moi, que je sais certainement être moi, et que je puis maintenant affirmer sans crainte de me tromper, cette seule chose, dis-je, c'est que je suis quelque chose de pensant.

EUDOXE. Que vous semble, Épistémon, de ce que vient de dire Polyandre? Trouvez-vous dans son raisonnement quelque chose qui cloche, ou qui ne soit pas conséquent? Auriez-vous cru qu'un homme illettré et qui n'avoit jamais étudié dût raisonner si bien, et suivre ses idées avec tant de rigueur? Ici, si je ne me trompe, il faut que vous commenciez à voir que celui qui saura se servir convenablement du doute, pourra en déduire des connoissances très certaines, il y a mieux, plus certaines et plus utiles que celles qu'on dérive de ce grand principe que nous établissons ordinairement comme la base ou le centre auquel tous les autres principes se ramènent et aboutissent, *il est impossible qu'une seule et même chose soit et ne soit pas.* J'aurai peut-être occasion de vous en démontrer l'utilité. Mais n'interrompons pas le discours de Polyandre, et ne nous écartons pas de notre sujet; et vous, voyez si vous n'avez pas quelque chose à dire ou quelque objection à faire.

Épistémon. Puisque vous me prenez à partie, et que même vous me piquez, je vais vous montrer ce que peut la logique irritée, et en même temps j'éleverai des embarras et des obstacles tels, que non seulement Polyandre, mais encore vous-même aurez bien de la peine à vous en tirer. N'allons donc pas plus loin, mais arrêtons-nous ici, et examinons sévèrement vos principes et vos conséquences. En effet, avec le secours de la vraie logique, d'après vos principes mêmes, je démontrerai que tout ce qu'a dit Polyandre ne repose pas sur un fondement légitime, et ne conclut rien. Vous dites que vous êtes, et que vous savez que vous êtes, que vous le savez parceque vous doutez et parceque vous pensez. Mais savez-vous ce que c'est que douter, ce que c'est que penser? Et, comme vous ne voulez rien admettre dont vous ne soyez certain, et que vous ne connoissiez parfaitement, comment pouvez-vous être certain que vous êtes, en partant de données si obscures et conséquemment si peu certaines? Il auroit donc fallu d'abord apprendre à Polyandre ce que c'est que le doute, ce que c'est que la pensée, ce que c'est que l'existence, afin que son raisonnement pût avoir la force d'une démonstration, et qu'il pût d'abord se comprendre lui-même, avant de se donner à comprendre aux autres.

Polyandre. Cela passe ma portée, aussi j'abandonne la partie, vous laissant débrouiller ce nœud avec Épistémon.

Eudoxe. Cette fois je m'en charge avec plaisir, mais à cette condition que vous serez juge de notre différent ; car je n'ose pas espérer qu'Épistémon se rende à mes raisons. Celui qui, comme lui, est plein d'opinions toutes faites et prévenu de cent préjugés, peut difficilement se livrer à la seule lumière de la nature ; il s'est depuis long-temps accoutumé à céder à l'autorité plutôt qu'à prêter l'oreille à la voix de sa propre raison. Il aime mieux interroger les autres, peser ce qu'ont écrit les anciens, que de se consulter lui-même sur le jugement qu'il doit porter ; et comme dès son enfance il a pris pour la raison ce qui n'étoit appuyé que sur l'autorité des préceptes, maintenant il donne son autorité pour une raison, et il veut se faire payer par les autres le tribut qu'autrefois il a payé aux autres. Mais j'aurai lieu d'être content, et je croirai avoir suffisamment répondu aux objections que vous a proposées Épistémon, si vous donnez votre assentiment à ce que je dirai, et si votre raison vous en convainc.

Épistémon. Je ne suis pas si rebelle ni si difficile à persuader, et l'on n'a pas tant de peine à me satisfaire que vous le pensez. Bien plus, quoique j'aie des raisons pour me défier de Polyandre, je désire volontiers remettre notre procès à son arbitrage; et aussitôt qu'il vous donnera les mains, je vous promets de m'avouer vaincu. Mais il faut qu'il se garde de se laisser tromper et de tomber dans l'erreur qu'il reproche aux autres, c'est-à-dire de prendre pour un motif de persuasion l'estime qu'il a conçue pour vous.

Eudoxe. S'il venoit à s'appuyer sur un si foible fondement, il entendroit mal ses intérêts, et je promets qu'il y prendra garde. Mais revenons à notre sujet. Je suis bien de votre avis, Épistémon, qu'il faut savoir ce que c'est que le doute, ce que c'est que la pensée, avant d'être pleinement convaincu de la vérité de ce raisonnement, *Je doute, donc je suis;* ou, ce qui revient au même, *Je pense, donc je suis.* Mais n'allez pas vous imaginer qu'il faille, pour le savoir, faire violence à notre esprit, et le mettre à la torture pour connoître *le genre le plus proche*, et *la différence essentielle*, et en composer une définition en règle. Il faut laisser tout cela à celui qui veut faire le professeur, ou disputer dans les écoles. Mais quiconque veut examiner les choses par lui-même, et en juger selon qu'il les conçoit, ne peut être assez privé d'esprit pour ne pas voir clairement, toutes les fois qu'il voudra y faire attention, ce que c'est que le doute, la pensée, l'existence, et pour avoir besoin d'en apprendre les distinctions. En outre, il est des choses que nous rendons plus obscures, en voulant les définir, parceque, comme elles sont très simples et très claires, nous ne pouvons pas les savoir et les comprendre mieux que par elles-mêmes. Il y a plus, il faut mettre au nombre des principales erreurs qui peuvent être commises dans les sciences, l'opinion de ceux qui veulent définir ce qu'on ne peut que concevoir, et distinguer ce qui est clair d'avec ce qui est obscur, et qui en même temps ne peuvent discerner ce qui pour être connu exige et mérite d'être défini de ce qui peut être parfaitement connu par soi-même. Or, au nombre des choses qui sont en elles-mêmes aussi claires, et peuvent être connues par elles-mêmes, il faut mettre le doute, la pensée, l'existence.

Je ne pense pas qu'il ait jamais existé quelqu'un d'assez stupide pour avoir eu besoin d'apprendre ce que c'est que l'existence avant de pouvoir conclure et affirmer qu'il est; il en est de même de la pensée et du doute. J'ajoute même qu'il ne peut se faire qu'on apprenne ces choses autrement que de soi-même, et qu'on en soit persuadé autrement que par sa propre expérience, et par cette conscience et ce témoignage intérieur que chacun trouve en lui-même quand il examine les choses. En vain nous définirions ce que c'est que le blanc pour le faire comprendre à celui qui ne verroit absolument rien, tandis que pour le connoître il ne faut qu'ouvrir les yeux et voir du blanc; de même, pour connoître ce qu'est le doute et ce qu'est la pensée, il faut seulement douter et penser. Cela nous apprend tout ce que nous pouvons en savoir, et nous en dit plus que les définitions même les plus exactes. Il est donc vrai que Polyandre a dû connoître ces choses avant de pouvoir tirer les conclusions qu'il a avancées ; mais, puisque nous l'avons choisi pour juge, demandons-lui s'il a jamais ignoré ce que c'est.

Polyandre. Certes j'avoue que c'est avec le plus grand plaisir que je vous ai entendu discuter sur une chose que vous n'avez pu savoir que de moi, et ce n'est pas sans quelque joie que je vois, du moins en cette occasion, qu'il faut, moi, me reconnoître pour votre maître, et vous, vous reconnoître pour mes disciples. Aussi, pour vous ôter tous deux de peine, et résoudre promptement votre difficulté (on dit en effet d'une chose qu'elle est promptement faite lorsqu'elle arrive avant d'être espérée et attendue), je puis affirmer pour certain que je n'ai jamais douté de ce qu'est le doute, quoique je n'aie commencé à le connoître, ou plutôt à y penser, qu'au moment où Épistémon a voulu le mettre en doute. Vous ne m'avez pas plus tôt montré le peu de certitude que nous avons de l'existence des choses qui ne nous sont connues que par le témoignage des sens, que j'ai commencé d'en douter, et cela m'a suffi pour me faire connoître le doute et en même temps la certitude, de telle sorte que je puis affirmer qu'aussitôt que j'ai commencé à douter, j'ai commencé à connoître avec certitude ; mais mon doute et ma certitude ne se rapportoient pas aux mêmes objets : mon doute ne regardoit que les choses qui existoient hors de moi, ma certitude regardoit moi et mon doute. Eudoxe disoit donc vrai quand il avançoit qu'il est des choses que nous ne pouvons apprendre sans les voir; de même, pour apprendre ce qu'est le doute, ce qu'est la pensée, il ne faut que penser et douter soi-même. Il en est ainsi de l'existence : il ne faut que savoir ce qu'on entend par ce mot; on sait tout aussitôt ce que c'est, autant du moins qu'on peut le savoir, et il n'est pas ici besoin d'une définition qui embrouilleroit plutôt qu'elle n'éclairciroit la chose.

ÉPISTÉMON. Puisque Polyandre est content, je donne aussi mon assentiment, et je ne pousserai pas la dispute plus loin. Cependant je ne vois pas que depuis deux heures que nous sommes ici et que nous raisonnons, il ait beaucoup avancé. Tout ce que Polyandre a appris à l'aide de cette belle méthode que vous vantez tant, consiste tout simplement en ce qu'il doute, en ce qu'il pense, et en ce qu'il est quelque chose de pensant. Belle connoissance, en vérité! Voilà bien des paroles pour peu de choses! on eût pu en dire autant en quatre mots, et nous y eussions donné tous notre assentiment. Quant à moi, s'il me falloit employer autant de paroles et de temps pour apprendre une chose d'une aussi petite importance, j'avoue que je ne m'y résignerois qu'avec peine. Nos maîtres nous en disent beaucoup plus; ils sont bien plus confiants : il n'est rien qui les arrête; ils prennent tout sur eux et décident de tout. Rien ne les détourne de leur dessein, rien ne les étonne, quoi qu'il arrive; lorsqu'ils se sentent trop pressés, une équivoque ou le *distinguo* les sauvent de tout embarras. Bien plus, soyez certain que leur méthode sera toujours préférée à la vôtre, qui doute de tout, et qui craint tellement de broncher, qu'en piétinant sans cesse elle n'avance jamais.

EUDOXE. Je n'ai jamais eu dessein de prescrire à quelque homme que ce fût la méthode qu'il doit suivre dans la recherche de la vérité, mais seulement d'exposer celle dont je me suis servi, afin que, si on la trouve mauvaise, on la repousse; si on la trouve bonne et utile, d'autres s'en servent aussi; et j'ai toujours laissé au jugement de chacun liberté entière de la rejeter ou de l'admettre. Si l'on dit maintenant qu'elle m'a peu avancé, c'est à l'expérience d'en décider; et je suis certain, pour peu que vous continuiez de me prêter votre attention, que vous avouerez vous-mêmes que nous ne pouvons pas prendre trop de précautions pour établir nos bases, et qu'une fois qu'elles seront bien fixées nous pousserons les conséquences plus loin et avec beaucoup plus de facilité que nous n'eussions osé nous le promettre; de telle sorte que je pense que toutes les erreurs qui arrivent dans les sciences viennent de ce que nous avons en commençant porté des jugements trop précipités, en admettant comme principes des choses obscures, et dont nous n'avions aucune notion claire et distincte. C'est là une vérité qui prouve le peu de progrès que nous avons faits dans les sciences dont les principes sont certains et connus de tous; car au contraire, dans les autres, dont les principes sont obscurs ou incertains, ceux qui voudront sincèrement énoncer leur pensée seront forcés d'avouer qu'après y avoir employé beaucoup de temps et lu beaucoup de gros volumes, ils reconnoissent qu'ils ne savent rien et n'ont rien appris. Qu'il ne vous paroisse donc pas étonnant, mon cher Épistémon, si, voulant conduire Polyandre dans la voie plus sûre qui m'a mené à la connoissance, je sois tellement soigneux et tellement exact que je ne tienne pour vrai que ce dont je suis certain, savoir les propositions suivantes, *Je suis, Je pense, Je suis une chose pensante.*

ÉPISTÉMON. Vous me paroissez ressembler à ces sauteurs qui retombent toujours sur leurs pieds, tant vous revenez sans cesse à votre principe. Cependant si vous allez de ce pas vous n'irez ni loin, ni vite. Comment, en effet, trouverez-vous toujours des vérités dont vous soyez aussi certain que de votre existence?

Eudoxe. Cela n'est pas si difficile que vous le pensez; car toutes les vérités se suivent l'une l'autre, et sont unies par un lien commun; tout le secret consiste seulement à commencer par les premières et les plus simples, et à s'élever peu à peu, et comme par degrés, aux plus éloignées et aux plus composées. Maintenant, qui doutera que ce que j'ai posé comme principe ne soit la première des choses que nous puissions connoître avec quelque méthode? Il est constant que nous ne pouvons en douter, quand même nous douterions de toutes les autres choses qui sont dans le monde. Comme donc nous sommes certains d'avoir bien commencé, pour ne pas nous tromper dans la suite, il faut donner tous nos soins, et c'est en effet ce que nous faisons, à n'admettre comme vrai que ce qui n'est pas sujet au moindre doute. Dans ce dessein, selon moi, il faut que nous laissions parler Polyandre; comme il ne suit en effet d'autre marche que le sens commun, et que sa raison n'est corrompue par aucun préjugé, il est difficile qu'il soit trompé, ou au moins il s'en apercevroit facilement, et reviendroit sans peine dans le droit chemin. Écoutons-le donc parler, et développer les choses qu'il dit lui-même être contenues dans notre principe.

Polyandre. Il y a tant de choses contenues dans l'idée d'un être pensant, qu'il nous faudroit des jours entiers pour les développer. Nous ne traiterons que des principales, et de celles qui peuvent en rendre la notion plus claire, et qui empêchent qu'on ne la confonde avec ce qui n'a pas de rapport avec elle. J'entends par être pensant.... (*Le reste manque.*)

PREMIÈRES PENSÉES

SUR LA

GÉNÉRATION DES ANIMAUX.

PREMIÈRES PENSÉES

SUR LA

GÉNÉRATION DES ANIMAUX.

Il y a deux sortes de générations: celle qui a lieu sans semence ni matrice, et celle qui est produite par la semence.

Nous examinerons, 1° les propriétés communes à tous les animaux, par exemple la mobilité spontanée, la nutrition, etc.; 2° celles qui sont communes à presque tous, comme la vue, l'ouïe, etc., en recherchant pourquoi elles n'appartiennent pas à tous; 3° les propriétés subalternes qui appartiennent à toute une espèce, par exemple celles qui font que les uns sont bipèdes, les autres quadrupèdes; que ceux-ci ont des nageoires, et que ceux-là sont multipèdes, etc.; 4° enfin, nous parcourrons les espèces inférieures.

Tout animal qui naît sans matrice suppose seulement cette condition, que deux sujets peu éloignés l'un de l'autre soient excités de diverses manières par un même degré de chaleur qui dégage de l'un des parties subtiles, que j'appellerai esprits vitaux, et de l'autre des parties plus grossières, auxquelles je donnerai le nom de sang ou d'humeur vitale. Le concours de ces parties produit la vie d'abord dans le cœur, où règne un combat perpétuel du sang et des esprits animaux; ensuite, lorsque le sang et les esprits se sont réciproquement assez domptés pour se combiner en une seule nature, ils engendrent le cerveau. Puisqu'un si petit nombre de conditions suffisent pour former un animal, il ne faut pas sans doute s'étonner de voir tant d'animaux, tant de vers, tant d'insectes, se former spontanément dans toute matière en putréfaction. Et remarquons ici que le poumon et le foie sont les deux sujets dont nous avons annoncé la nécessité; ils émettent, l'un par la veine cave, l'autre par l'artère veineuse, les matières dont le concours produit une agitation dans le cœur, et le mélange de ces émissions engendre la substance même du cœur: alors l'animal commence à exister; car avant la formation du cœur l'animal n'existe pas.

Voici la marche que suit la formation de l'animal dans la matrice lorsque la semence entre dans la vulve : la partie la plus pure et la mieux mélangée pénètre la première et occupe le fond de la matrice, parceque, étant plus subtile, et par conséquent plus mobile, elle se sépare plus facilement du corps des parents; vient ensuite la partie plus grossière, qui s'arrête plus près de l'orifice. En effet, soit D l'entrée de la vulve, la semence la plus pure occupe le fond A, la plus grossière est vers l'orifice B; mais si la semence ne vient que de l'un des deux parents, elle retombe aisément par la voie qu'elle a suivie pour s'introduire. En effet elle ne trouve rien qui la retienne, et par conséquent la semence d'un seul des deux parents ne suffit pas à la génération; mais si les semences de l'un et de l'autre se combinent ensemble, comme elles ne peuvent s'amalgamer sans se raréfier, à mesure qu'elles s'échauffent dans la vulve, elles augmentent de volume. Or telle est la constitution de la vulve, que plus elle se dilate, plus l'orifice se referme, et que plus elle se resserre, plus il s'élargit. C'est pourquoi il s'ouvre dans le coït, et lorsque après la conception la semence se développe, il se referme étroitement.

Maintenant le temps fait fermenter la semence contenue dans la vulve, la chaleur de la mère la mûrit, c'est-à-dire que ses parties s'unissent étroitement; et alors étant parfaitement mêlées et combinées, elles se réunissent au centre du lieu qui les contient: ainsi la plus grande partie se réunit en C, et forme le cerveau. En allant du point A au point B elle produit la moelle épinière, et celle-ci porte au cerveau les parties subtiles qui peuvent se trouver mêlées aux parties grossières du sang, situées vers l'entrée de la vulve. Quant aux autres parties de la semence, qui s'unissent moins parfaitement, quoiqu'à un degré suffisant, et sans une grande répugnance, elles deviennent l'élément de la peau; aussi se trouvent-elles en général vers B : elles entreront ensuite dans la composition de l'abdomen, des jambes et des pieds; cependant A et B demeurent, pour ainsi dire, centres, A des parties subtiles, B des parties grossières.

Pendant ces opérations, si la semence de l'un des deux parents est assez faible pour s'unir facilement à celle de l'autre, et pour lui céder sans beaucoup de résistance, il ne se forme pas un animal, mais une môle; si au contraire la semence est forte des deux côtés, ses particules ne peuvent se mêler toutes en même temps, et les plus rebelles se séparent des autres. Or celles-ci se divisent en deux espèces, les plus subtiles partent du point A, les autres du point B; si, au lieu de rester séparées, elles se réunissent, il se forme encore une môle. En effet, c'est une preuve que le cerveau A n'est pas bien dégagé des chairs B, et peut-être une telle môle peut-elle être nourrie longtemps et avoir un nombril. Mais si les deux espèces de particules se sont isolées, les plus subtiles produisent vers A le poumon, en tant qu'il est la racine de l'artère veineuse; les plus grossières forment le foie, en tant qu'il est la racine de la veine cave: en d'autres termes, les unes sont les esprits animaux, les autres sont le sang. On comprend par là pourquoi le poumon et le foie occupent toujours la place où nous voyons qu'ils se trouvent. En effet, il est impossible qu'ils se forment ailleurs; mais le poumon doit être placé au-dessous du cou, près l'épine du dos, et le foie au-dessus des fesses, et de même auprès de l'épine. Après tout cela l'animal n'existe pas encore; mais après qu'une certaine quantité d'esprits, partis des différents points du cerveau, s'est rassemblée dans le poumon, elle s'y accumule, et est conduite vers le foie par l'unique canal de l'artère veineuse; car elle ne peut se porter vers d'autres parties, parceque venant du cerveau elle doit passer à des points opposés; au contraire le sang provenu de la masse des parties postérieures, s'étant amassé dans le foie, est porté vers le poumon par le canal commun de la veine cave : ainsi se rencontrent la veine cave et l'artère veineuse, et d'abord leurs fibres s'entremêlent; et, se repliant en quelque sorte sur elles-mêmes, forment la substance du cœur; ensuite les esprits et le sang se combinent dans le cœur, et comme l'action des esprits est plus rapide et plus subtile, ils descendent davantage vers le foie, et le cœur se termine de ce côté en forme de pointe; au contraire l'action du sang étant plus lente, et se développant dans une masse plus considérable, il s'arrête dans la partie supérieure du cœur et la rend plus large que l'extrémité opposée. C'est dans le cœur qu'a lieu le mélange du sang et des esprits, c'est là qu'ils commencent cette lutte dont dépend la vie de l'animal, comme l'existence du feu dépend du flambeau; dispersés ensuite dans toute l'étendue du cœur, et cherchant une issue pour faire place à de nouveau sang et à de nouveaux esprits, ils ne peuvent nulle part s'ouvrir plus facilement un passage que vers les endroits dans lesquels ils sont introduits, parceque tout le reste de la chair, qui pendant sa formation étoit frappé par le sang et par les esprits, est plus compacte. Ils s'ouvrent donc d'un côté la veine artérieuse, et de l'autre la grande artère, qui se réunissent à cause de leur proximité, mais qui se séparent bientôt; en effet, les parties grossières et sanguines reviennent alimenter le poumon déjà épuisé par l'émission de l'air, tandis que les esprits purs se répandent par l'aorte dans toutes les parties du corps.

Ici commence l'existence de l'animal, puisque le feu de la vie est allumé dans le cœur. Tous ces faits sont le produit de la semence seule, enflée par la force de la chaleur, comme les châtaignes s'enflent au feu; mais elle ne peut pas toujours se dilater, et ce développement s'accomplit en peu de temps, peut-être en un ou deux jours, peut-être en une heure; ceci est une question de fait, et le raisonnement ne peut la décider. Lors donc que la semence cesse de s'enfler, le sang et les esprits n'en continuent pas moins d'abonder vers le cœur; le mouvement qui les y porte est commencé et les canaux sont ouverts: il arrive de là que le foie s'épuise, et doit, par une conséquence nécessaire, s'alimenter extérieurement; il perce donc le nombril, qui avoisine sa partie inférieure, par où ce viscère s'alimente principalement. Au contraire le poumon ne peut s'épuiser par la durée de ses fonctions, parceque le sang le nourrit, que la chaleur qui règne dans la matrice peut former avec le sang seul des esprits très subtils, et que par conséquent il nuiroit plutôt à l'embryon par excès que par défaut; c'est pourquoi il s'ouvre la trachée-artère [1]. Celle-ci est annelée, peut-être parceque chaque fois, c'est-à-dire chaque jour ou à chaque mouvement de diastole, elle est augmentée d'un anneau par l'air qui s'élance du poumon, et qui la remplit jusqu'à ce qu'elle atteigne le palais. Comme elle ne peut le percer à cause du cerveau, elle cherche une issue

---

[1] *Au bas de la page étaient écrits ces mots :* Je croirais plutôt que la trachée-artère se produit tout entière par un acte unique, mais qu'elle se divise en anneaux à cause du mouvement de l'air qu'elle contient, et qui se meut continuellement pendant sa formation, comme l'exigent les commencements de la respiration.

par la bouche et par les oreilles, peut-être même par les narines; ceci est indiqué par la forme annelée que présente également le palais, et confirmé par la figure oblongue de la bouche qui s'étend sous le palais; cependant elle ne peut d'abord se faire jour.

La vie étant allumée dans le cœur, aussitôt la grande artère et la veine cave étendent leurs rameaux par tout le corps, et comme elles ne s'avancent que par les voies qu'elles trouvent le plus ouvertes, il arrive qu'elles poussent toutes deux des rameaux semblables, sans cependant se confondre; car ce qu'elles contiennent, c'est-à-dire le sang et les esprits, est d'une nature trop différente. Lorsque l'une d'elles a divisé la matière pour s'ouvrir une route, l'autre y passe plus facilement; parmi ces rameaux quelques uns montent au cerveau et s'y unissent dans le pressoir d'Hérophile, parceque la matière élaborée dans le trajet se combine plus facilement, et ensuite nourrit et augmente le cerveau. Le cerveau s'augmentant produit les conjugaisons des nerfs, et tous les membres commencent alors à se former des sécrétions que produisent d'abord la substance du foie, de la rate, le fiel et la veine porte. Le foie attire par le nombril le sang de la mère; avec ce sang s'introduisent de l'eau et des esprits, sécrétions du nombril. Le foie n'attire pas un sang pur: c'est pourquoi l'eau descend par l'uraque, et forme la vessie: enfin elle perce le pénis, par lequel l'enfant urine dans la matrice, malgré l'opinion contraire des médecins. Les esprits passent par les artères ombilicales, et forment, si je ne me trompe, la substance du pénis.... En effet ce sont de véritables artères implantées sur les iliaques, lesquelles augmentent la grande artère, le cœur étant encore trop petit et trop peu vivace[1].... *Troisièmement*, les sécrétions de la veine cave s'écoulent dans les reins, et de là dans la vessie par les uretères, mais seulement lorsque le fœtus est déjà assez développé: aussi ne percent-elles pas la vessie. A une époque antérieure, la matière attirée par les organes émulgents est plus épaisse que l'urine, et sert à la composition des reins. *Quatrièmement*, les sécrétions des poumons enflent, comme on l'a dit, la trachée-artère, et celles du cœur passent par la veine artérieuse. *Cinquièmement*, les sécrétions du cerveau sont de diverses natures. 1° De sa substance totale s'exhale une vapeur très humide à travers le palais, qui d'abord enfle les joues, mais sans les percer; qui ensuite, s'échappant par l'œsophage, dilate le ventricule. Avec cette vapeur descendent les nerfs de la sixième et de la septième paire; et il faut remarquer que toute la substance dont se

[1] Le texte paroît offrir ici une lacune.

composent l'œsophage et le ventricule, est la matière émanée du palais ou plutôt des sécrétions du cerveau. De là vient que le ventricule, malgré son volume, a cependant des membranes épaisses. Après que cette humeur cérébrale est parvenue à l'endroit situé au-dessous du foie, elle y devient stagnante et se gonfle : en effet la matière des parties inférieures l'empêche de descendre plus bas; mais, comme l'air qu'elle contient cherche toujours à sortir, peu à peu il s'ouvre une issue par le pylore ; et dans ces mouvements fréquents il engendre le duodénum et les autres intestins; enfin il sort en perçant l'anus. C'est le pylore qui est percé et non une autre portion du ventricule, parceque les fibres de cet organe sont tellement disposées qu'aucune des parties qui le composent n'est pas plus susceptible d'extension que celle dont la formation est le plus récente; or le pylore est la partie du ventricule qui se forme la dernière. Tous ces effets sont produits par les sécrétions du ventricule moyen du cerveau. 2° Du ventricule postérieur ou cervelet il sort de chaque côté une exhalaison qui perce les oreilles; comme elle n'est pas très considérable et qu'elle ne rencontre qu'une matière solide et compacte, elle s'ouvre un chemin tortueux. 3° Du ventricule moyen et intérieur du cerveau il sort de chaque côté deux sortes de liqueurs à la fois visqueuses et transparentes ; elles distillent comme la gomme des arbres, et composent les yeux. Et il ne faut pas s'étonner qu'ensuite ils soient contenus dans des cavités osseuses : en effet cette liqueur s'engendre avant qu'aucune partie des os se soit durcie. Une autre sécrétion qui émane des parties antérieures du cerveau est plus sèche; l'humidité a passé dans les yeux, et cette dernière sécrétion n'est qu'un souffle qui perce les deux narines. Tous ces développements ont lieu, soit dès les premiers temps, avant que la peau soit distincte de la chair, la chair des os, les os des membranes, du cerveau et de la moelle, soit du moins simultanément; mais aucune partie des os ne se durcit que postérieurement, avant que l'enfant ait uriné par le pénis et qu'il ait émis aucune flatuosité par l'anus, lorsque les ouvertures des paupières et des lèvres sont formées; mais comme il n'urine que par intervalles, vu la capacité de la vessie, le muscle qui en resserre l'entrée se forme de lui-même.

La séparation des paupières s'effectue peu à peu par une humeur très subtile qui s'écoule de chaque côté par les angles des yeux et qui s'exhale insensiblement par le milieu des paupières; en sorte que, pendant la formation des tuniques des yeux, cette fente s'ouvre par degrés tout entière; la même chose a lieu pour les lèvres et l'hymen. La séparation s'accomplit surtout avec force pour l'ouverture de la bouche. Quant à l'hymen, il s'ouvre plus tôt ou plus tard, selon les individus ; dans quelques sujets il ne s'ouvre jamais entièrement que par le coït ou quelquefois même par la main du chirurgien.

Les valvules des vaisseaux du cœur confirment ce que j'ai dit : dans l'artère veineuse et dans la veine cave, elles ne s'opposent pas à la descente des humeurs, mais à leur retour ; au contraire, dans la grande artère et dans la veine artérieuse, elles ne les empêchent pas de sortir du cœur, mais d'y revenir. En effet, telle est la formation première des valvules : l'humeur qui se trouve dans le cœur a voulu en sortir, et la membrane, pressée entre l'humeur qui cherche à entrer et celle qui cherche à sortir, s'est repliée en valvule ; de même, en pressant la peau entre deux doigts, elle formera un pli double. Ainsi se forment les valvules dans les autres vaisseaux.

La principale valvule du corps humain c'est l'épiglotte, dont l'origine est facile à concevoir. Nous avons vu que l'air monte et ne descend jamais par la trachée-artère ; qu'une matière molle, mêlée de flatuosité, descend du cerveau dans l'œsophage par la même voie : il est arrivé nécessairement que la membrane, pressée entre ces deux courants opposés, a formé la valvule épiglotte, et que le cartilage est scutiforme ; en effet, la matière qui se précipite dans l'œsophage agite l'air que contient la trachée-artère, en sorte qu'il ne se divise plus en bulles formant chacune un anneau de l'artère, mais plusieurs bulles s'unissent ensemble et passent insensiblement par la fente qui est au-dessous de l'épiglotte; cependant l'épiglotte en vibrant acquiert les premières habitudes du chant.

La rencontre de la veine cave et de l'artère veineuse n'a pas lieu au-dessous du diaphragme, mais au-dessus, par deux raisons : d'abord, le foie contenant plus de solide que de fluide, toute la matière prend aussitôt de la consistance, et il n'en a laissé échapper que les parties les plus nobles par la veine cave, qui dans cette vue a traversé le diaphragme; au contraire, le poumon contenant plus de fluide que de solide, les esprits ne s'en sont pas d'abord échappés par l'artère veineuse, mais ils ont gonflé la substance du poumon lui-même, et jamais peut-être ils n'eussent formé l'artère veineuse, s'ils n'eussent été provoqués par la veine cave: mais celle-ci entr'ouvre par son choc la membrane qui enveloppe les poumons, et les esprits commencent à en sortir, et de tous côtés prennent leur cours vers la voie qui leur est ouverte[1]. Je suis aussi porté à croire que les oreillettes du cœur n'ont point d'autre origine,

---

[1] Le texte porte: eò conflu cerunt, undè vita facta est ; j'ai lu undè via facta est.

sinon que ces deux vaisseaux, en se rencontrant, se rident en quelque sorte ; et c'est cette partie contractée à laquelle on donne le nom d'oreillettes du cœur ; mais il faut examiner ces parties pour savoir si ma conjecture est juste.

Le mésentère se forme parceque les intestins se creusent une place au-dessous du ventricule, qui atteignoit déjà aux chairs des parties postérieures ; c'est pourquoi ils ont dû recevoir le mélange d'une portion de chair, qui est le mésentère.

Il faut remarquer que les os se composent d'une substance plus subtile, qui se rapproche plus de la nature du cerveau que de celle de la chair : c'est pourquoi il y a plus d'os dans le thorax, où sont les côtes, que dans l'abdomen.

[1] Le fœtus, à cause de la sympathie de ses mouvements avec la mère, produit le pénis en le faisant comme sortir du dos de la mère, c'est-à-dire qu'il prend sa racine du côté du dos de celle-ci, et se termine vers son nombril ; de là il arrive que, si la tête de l'embryon est tournée du côté du nombril de la femme, et les fesses du côté de l'épine du dos, l'enfant est du sexe masculin, et le pénis se produit au dehors ; au contraire, si la tête de l'embryon est tournée du côté de l'épine du dos, et les fesses vers l'abdomen, l'enfant est du sexe féminin ;

---

[1] *Hic paragraphus iterum deletus erat.*

en effet, le pénis se replie vers le nombril de la mère, et rentre dans l'intérieur de l'embryon. On peut de là inférer par conjecture que si les mâles sont plus ingénieux, c'est que la partie la plus pure de la semence a pu pénétrer plus avant, et par conséquent acquérir plus de force ; que s'ils sont plus robustes, c'est que l'épine du fœtus se nourrit près de l'épine de la mère ; enfin, que si les femmes ont les parties postérieures plus développées, c'est qu'étant situées vers l'abdomen de la mère, qui oppose moins de résistance que l'épine du dos, elles trouvent plus de facilité à s'accroître.

Il y a trois périodes à remarquer dans la génération du fœtus. Pendant la première, la semence se gonfle, et c'est alors que se forment le poumon, le foie et le cœur ; pendant la seconde période, la masse de la semence cesse de se raréfier, et alors [1].... le nombril, et la matière dont se forme la cervelle, celle des os, des membranes, des chairs et de la peau, commencent à se distinguer ; pendant la troisième, l'enfant commence à se nourrir par le nombril, et alors se forment les excréments, parceque la nourriture est surabondante ; la veine porte s'engendre d'abord, ensuite la rate et le fiel.

Le foie n'a qu'un petit nombre d'artères et de nerfs, répandus sur sa surface, parcequ'il étoit

---

[1] Lacune dans le texte. Suppléez : *se forme*.

formé avant que les artères et les nerfs se distribuassent dans les diverses parties du corps.

La rate, formée plus tard, bien qu'elle ne soit, comme on dit, qu'un viscère bas, a cependant plus d'artères que le foie; il en est de même de la poche du fiel: en effet, la rate et le fiel se sont formés après que la grande artère eut étendu ses rapports à la place qu'ils doivent occuper, mais avant que les nerfs, issus du cerveau, c'est-à-dire d'un point de départ plus éloigné, atteignissent le même endroit; en conséquence ils n'ont point de nerfs, si ce n'est à l'extérieur.

Au contraire, les intestins et le ventricule, qui sont produits plus tard par les sécrétions du cerveau lui-même, ont des nerfs remarquables, ou plutôt ne sont presque entièrement composés que de nerfs. Les poumons sont aussi privés de nerfs: en effet, ils se produisent dans la première période; ils ne reçoivent aucun rameau de la veine cave ou de la grande artère, ayant été formés avant elle, et étant toujours en mouvement, malgré les présomptions contraires des médecins.

Il faut observer que, tandis que les rameaux des veines et des artères se déployoient par tout le corps, l'artère a occupé le lieu qui laissoit le plus de liberté à ses mouvements. C'est pourquoi, au-dessous des reins, l'artère passe par-dessus la veine, parceque la dureté du dos gêneroit son mouvement; voilà pourquoi encore dans toutes les parties du corps les veines sous-cutanées passent pardessus les artères; en effet, la peau du fœtus est toujours tendue, parcequ'il croît continuellement, et le mouvement de l'artère est plus libre dans les cavités des os, et entre les chairs et les muscles.

Il faut encore observer que, par le mouvement de l'artère ascendante, la veine pousse des rameaux qui se produisent en cet endroit, pour s'étendre ensuite, par le progrès du temps, soit plus haut, soit plus bas. C'est de la même partie du tronc que sont sorties, dans le fœtus, les veines émulgentes; cependant le mouvement de l'artère qui monte du côté gauche forme peu à peu la veine cave, de manière qu'elle sort elle-même de la veine émulgente, et non du tronc de la veine cave comme l'artère gauche [1].

Il est certain que le mouvement du cœur produit la sympathie dans le corps entier; en sorte que s'il envoie quelque chose à un pied, il envoie autre chose proportionnellement à l'autre jambe; si à la tête, il envoie de même autre chose aux parties génitales; car les testicules répondant au cerveau, le pénis ou la vulve aux méninges, la queue dans les animaux qui en ont une [2] . . . . et aux chairs, et enfin le scrotum à la peau; mais jamais

---

[1] On dit cependant que le rein droit est plus élevé.

[2] Lacune.

aussi le mouvement du cœur de la mère ne gouverne celui du fœtus par les artères ombilicales, et cependant c'est elle qui détermine la forme de toutes les parties extérieures : de là vient que si l'imagination de la mère est blessée par quelque impression, les membres de l'enfant sont monstrueux.

Quant aux mouvements des animaux, il faut remarquer que les esprits animaux se meuvent toujours avec une vitesse égale, bien qu'ils n'excitent dans le corps aucun mouvement; mais que tous les mouvements du corps sont déterminés, parceque les esprits se meuvent d'un côté plutôt que de l'autre : or, la moindre force suffit pour imprimer aux esprits tel ou tel mouvement. Par exemple, si le poids E est en équilibre sur le centre A, la moindre force détermine ce poids à tomber en B ou en C; supposez qu'à ce poids est attaché le muscle D, la moindre force suffira pour lui donner une forte impulsion, tantôt en un sens, tantôt dans le sens opposé; et cette comparaison n'est pas prise trop loin, car la pesanteur est aussi une commotion des parties de la matière des corps, comme les esprits animaux.

Il ne faut pas s'étonner qu'il y ait dans le cerveau des bêtes un certain nombre de dispositions diverses, puisque nous voyons qu'elles se meuvent de tant de manières différentes. Tous leurs mouvements n'ont que deux principes, le plaisir et la douleur, soit partiels, soit universels. Ainsi, lorsque les sens offrent un plaisir qui affecte tout l'animal, aussitôt le mouvement qui produit la sensation produit en même temps dans les autres membres tous les mouvements nécessaires pour jouir de ce plaisir; mais lorsque les sens offrent un plaisir à une seule partie, et ne présentent à une autre que la douleur, la sensation détermine les esprits animaux à produire tous les mouvements possibles dans la première, afin de jouir du plaisir qui se présente, et dans la seconde afin d'éviter la douleur.

Voilà pourquoi les bêtes ne peuvent commettre le mal; voilà pourquoi encore elles exécutent plusieurs ouvrages avec plus de perfection que nous-mêmes, comme les abeilles leurs ruches, et les oiseaux leurs nids; tandis qu'en beaucoup de choses qui nous sont faciles, leur instinct est insuffisant, parcequ'elles ne sont portées à ce qu'il faudroit faire par aucune impulsion qui leur vienne des sens ou de la nature, qui produit en elles le même effet que les sens.

Elles ont, comme nous, la mémoire des objets matériels; mais elles n'ont ni la pensée, ni l'intelligence, qui produisent dans le corps des mouvements contraires à l'impulsion des sens.

Dans les zoophytes, comme les huitres, les

éponges, etc., la pierre tient lieu du foie, et l'eau ou l'air tient lieu du poumon pour allumer le feu de la vie; c'est pourquoi ils n'ont que le cœur et les chairs, et peut-être aussi le cerveau, qui est dans les huîtres ce nerf au moyen duquel elles se ferment; ils ne peuvent avoir de mouvement progressif, car ils laisseroient leur foie et leur poumon, et par là devroient nécessairement mourir, mais ils peuvent être transportés par les flots, par exemple les huîtres avec leur coquille, qui est la pierre à laquelle elles sont attachées; en quelque lieu qu'elles soient portées, elles retrouvent l'eau partout.

Les bêtes n'ont aucune notion du plaisir et de la douleur, mais durant le temps qu'elles ont passé dans la matrice, elles ont reçu certaines impressions qui les ont fait croître et qui les ont portées à faire certains mouvements; de là, toutes les fois qu'elles éprouvent quelque chose de semblable, elles exécutent toujours les mêmes mouvements. Il est certain que le mouvement des artères porte également aux parties contraires, par exemple, à la tête et aux parties naturelles. C'est pour cette raison que les femmes sont bien plus que les hommes affectées par ce mouvement, et elles ont des menstrues, parceque les [1].... des mamelles

---

[1] Lacune.

sont plus près du principe de ce mouvement, ce qui est surtout vrai du fond de la vulve, auquel se rattachent des veines courtes qui partent du tronc de la veine cave ou plutôt des hypogastriques. Je suis porté à croire que les mâles ont plus de semence que les femelles, parceque la route qu'elle parcourt étant plus longue, elle s'y prépare mieux ; et que les femmes ont au contraire plus de sang menstruel, parceque le trajet à parcourir est moins long.

Après avoir conçu la raison de la situation du cœur à gauche, on comprend facilement pourquoi la rate est aussi à gauche et le fiel à droite : en effet, le sang s'aigrit davantage dans la partie la plus chaude, comme le vinaigre exposé au soleil, et dans la partie la plus froide, c'est-à-dire la plus éloignée du cœur, il s'aigrit en bile ; par la même raison le fiel sort de la partie inférieure du foie.

La veine porte se forme après les chairs, parcequ'elle ne pénètre pas jusqu'à leurs parties solides ; de même que la veine cave a été engendrée en même temps que le fiel, la rate, le mésentère et les intestins.

L'aorte, du moment qu'elle commence à croître, s'avance au-dessous du foie, vers l'endroit par où le foie attire le nombril, et là, comme le foie n'attire que le sang, les esprits entrent dans l'aorte ; car elle n'est point encore revêtue d'une tunique épaisse, mais seulement d'une enveloppe très mince, comme les bulbes qui se forment à la surface de l'eau. De l'aorte naissent les artères ombilicales; d'abord il n'y en a qu'une, mais à mesure que l'aorte prend de l'accroissement, l'endroit où est implantée l'artère ombilicale descend et entraîne celle-ci jusqu'aux îles; là, comme l'aorte entière se partage en deux, l'artère ombilicale se double aussi nécessairement. Or l'aorte suit le foie, parceque, augmentant alors de volume, elle s'empare du lieu qu'elle trouve le plus à sa portée; d'un autre côté le foie s'amollit et fait place à l'aorte et aux tuniques qui l'enveloppent; celles-ci se replient un peu en dedans jusqu'à ce qu'elles forment le nombril.

Il est à croire aussi qu'une humeur séreuse est attirée de la partie inférieure de toute la masse par le foie. Cette humeur, après avoir percé le nombril, attire les sérosités mêlées au sang et aux esprits qui arrivent par cette ouverture, et l'humidité ainsi amassée forme la vessie.

Les reins se forment avant que le nombril ait été attiré par le foie, au moment où le sang passant par la veine cave et les esprits par l'aorte, commencent à se calmer par l'amollissement du foie, et où par cette raison le sang n'arrive plus si vif à cette partie de la veine cave, mais chargé de sérosité; celle-ci s'amasse en ce lieu au-dessous du foie, s'étend des deux côtés et forme les deux reins; une artère y est implantée, et ils se confondent tous deux intérieurement : voilà ce qui fait que la chair des reins est moins rouge que celle du foie, qu'elle est solide, et n'est traversée que par les parties séreuses et non par le sang. Après que la veine cave et l'aorte, étendues en cet endroit de chaque côté, y ont séjourné quelque temps, et ont ainsi gonflé les reins, ce qu'il y a en elles de plus vif s'avance par le milieu vers la partie antérieure. Là l'artère ayant plus de vivacité s'élève au-dessus de la veine. Peu après le nombril est attiré, l'eau coule par l'uraque, la vessie se gonfle, et comme elle touche aux reins, elle s'y joint, à cause de l'homogénéité de l'humeur qu'ils contiennent, par les vaisseaux urinaires.

Les sarcômes et les excroissances de chair non naturelles, qui ne laissent pas de se produire des veines et des artères, démontrent que la vertu formatrice du corps n'est pas autre que nous ne la présentons.

Le flanc le plus éloigné du cœur est naturellement plus fort et plus robuste, parceque les artères battent moins là où il peut se rassembler plus de sang et de nerfs, et c'est pourquoi nous nous servons avec plus d'adresse de la main droite que de la main gauche. Il est certain que le fœtus mange, qu'il urine et qu'il jette son excrément, et que ces matières, mêlées à la sueur, se représentent à sa bouche, et servent à le nourrir tant qu'il est dans la matrice. Comment en effet seroit-il possible qu'un fœtus de trois jours se nourrît seulement du sang épais de la mère, et ne rejetât point d'excréments? Comment un fœtus de huit mois auroit-il la bouche ouverte sans que rien s'y introduisît? Comment auroit-il quelque chose dans la bouche sans l'avaler, lorsqu'on trouve dans la bouche de l'enfant nouveau-né des muscles disposés de telle manière qu'il ne peut pas ne pas avaler ce qui s'y introduit? Pourquoi enfin l'anus et le pénis seroient-ils percés? Disons donc que d'abord le fœtus se forme de la seule semence; qu'ensuite (je dirai même que dès le principe il avale tout ce qui s'approche de sa bouche, car celle-ci se forme avant tout le reste) le nombril attire une part du sang de la mère, mêlé d'esprits et de sérosités; que lorsqu'un aliment un peu plus fort lui devient nécessaire, l'uraque et les artères se séparent du nombril; et qu'enfin, lorsqu'il lui faut une nourriture encore plus forte, il avale tout ce qui se rencontre près de sa bouche.

Ceci explique très bien pourquoi une fente s'étend de l'anus aux aines, et pourquoi les cuisses se séparent l'une de l'autre; pourquoi la peau est moins tendue au scrotum, pourquoi il y a une suture entre le fondement et le pénis, etc. En effet, lorsque l'urine et les autres déjections commençoient à se porter en grande quantité vers l'os pubis, elles y firent une large ouverture, et gonflèrent la peau de cette partie avant de pouvoir la percer; lorsqu'elles l'eurent percée au fondement et aux parties naturelles, toutes ces déjections s'évacuèrent, la peau resta flasque et plissée, et forma cette suture et le scrotum; les cuisses demeurèrent séparées, et l'os pubis garda son ouverture.

A remarquer[1] : Ces déjections sont les vents et l'urine, et non les autres excréments (les vents rendent le fœtus aussi robuste et même plus robuste que toutes les autres déjections). Si le fœtus est d'une nature plus forte et plus robuste, il évacue plus d'urine que d'excréments solides (le gland seul à cette époque est sorti hors du corps, et il se couvre ensuite du prépuce lorsque la peau devient flasque), et par cette raison le pénis est percé le premier et devient proéminent, et le fœtus est du sexe masculin; si au contraire il produit plus d'excréments solides et qu'il retienne en lui les humeurs aqueuses, il devient d'une nature plus molle, avant que le fondement soit percé, et lorsque les déjections ont pris cette voie, elles resserrent les aines, empêchent que les parties sexuelles

---

[1] Ce passage, depuis cette note jusqu'à la suivante, étoit effacé dans le manuscrit.

se produisent au dehors, les repoussent en dedans, et l'enfant est du sexe féminin; si au contraire il y a un tel équilibre entre les deux sortes de déjections que le pénis et le fondement se percent au même instant (chose fort rare), il se forme un hermaphrodite; au contraire, si c'est la vessie qui se vide d'abord, la peau des aines se relâche, et les flatuosités en arrivant la poussent en dehors; et d'un autre côté, si ce sont les flatuosités qui se déchargent avant la vessie, le scrotum et les testicules sont poussés en dehors par la vessie, la peau lâche du fondement s'étendant vers le scrotum. Tout ceci est évident [1].

Quelqu'un dira avec dédain qu'il est ridicule d'attribuer un phénomène aussi important que la formation de l'homme à de si petites causes; mais quelles plus grandes causes faut-il donc que les lois éternelles de la nature? Veut-on l'intervention immédiate d'une intelligence? De quelle intelligence? De Dieu lui-même? Pourquoi donc naît-il des monstres? Veut-on y voir l'opération de cette sage déesse de la nature qui ne doit son origine qu'à la folie de l'esprit humain?

Le mouvement du cœur vient manifestement de ce que, aussitôt qu'un peu de sang et une certaine quantité d'esprits s'y sont introduits par la veine cave et l'artère veineuse, le sang et les esprits

---

[1] Ici l'auteur reprend.

s'y échauffent à la fois et se raréfient, et en même temps le cœur se dilate ainsi que toutes les artères et la veine artérieuse. Or tandis qu'il se dilate ainsi par le mouvement de diastole, rien ne s'y introduit à cause des valvules; mais dès qu'il se resserre, les valvules des artères se ferment à leur tour, et la veine cave et l'artère veineuse s'ouvrent de nouveau; c'est ainsi que, goutte à goutte et par intervalles, le sang et les esprits pénètrent dans les ventricules du cœur; de même, si l'on jetoit de l'eau sur une brique chaude, elle s'évaporeroit par ébullition, etc.

Les oreillettes du cœur se remplissent lorsque les valvules de la veine cave et de l'artère veineuse se ferment; elles se vident lorsqu'elles sont ouvertes; ainsi leur mouvement est en raison inverse de celui du cœur; lorsqu'il se gonfle, il y a diastole au même moment dans le cœur et les artères, et ensuite lorsqu'il se contracte et que le fluide s'y introduit de nouveau il y a systole.

Si l'on veut savoir comment les testicules contribuent à produire la barbe, pourquoi les eunuques n'ont point de barbe, sont plus foibles que les autres hommes et ont une voix plus aiguë, il faut observer que les testicules sont alimentés par des veines et des artères qui répondent à celles qui alimentent le cerveau, en sorte qu'il s'y forme incessamment une grande quantité d'esprits qui s'exhalent dans l'air par le scrotum; que les testicules des femmes, renfermés dans l'intérieur du corps, et ne laissant échapper aucune émanation, n'ont pas tant besoin d'un aliment humide. Or ces émanations échappées des testicules dessèchent le corps, car ce sont des fluides; en effet la sécheresse augmente beaucoup la chaleur, et c'est là la disposition propre à faire pousser la barbe, disposition qui n'existe ni chez les femmes, ni chez les eunuques; car si elle s'y rencontroit ils auroient aussi de la barbe : j'ai vu une femme qui en avoit autant que les hommes; et ordinairement les filles, lorsque leur tempérament est devenu sec par l'âge, ont aussi de la barbe.

Les intestins sont toujours rapprochés de l'épine du dos, et la vessie plus près du bas-ventre; c'est que les flatuosités sont plus sèches que l'urine et pénètrent plus facilement vers la partie la plus osseuse.

Dans les premiers temps de la conception le foie occupe toute la cavité inférieure du fœtus, mais après la formation du cœur, après que la veine cave, sortant du milieu du foie, s'élève par le côté droit, le foie commence à se retirer de ce côté; ensuite, après avoir attiré le nombril, et s'être abondamment rempli du sang de la mère, il produit le rameau splénique, qui s'élance dans la cavité vide du côté gauche, et qui pénètre la rate comme un appendice du foie. Elle est cependant d'une substance bien différente, car elle ne se forme que du sang de la mère ; le foie se forme de la semence ; de plus elle reçoit des artères, parcequ'elle s'engendre après celles-ci ; et comme la force du sang qu'elle contient est attirée par leur chaleur, et en quelque sorte énervée, parcequ'elle n'est point sans cesse irritée, comme le foie, par la résistance du chyle, l'humeur qu'elle renferme s'aigrit.

Tandis que le foie se retire du milieu du corps vers le côté droit, et que, peu après y avoir attiré le nombril, il s'accroît très rapidement, on ne sauroit trouver étonnant que dans une élaboration si prompte la bile se forme et se rassemble dans la poche du fiel.

La rate est plane et oblongue, parcequ'aussitôt après sa formation (bien qu'elle ait alors une forme différente, afin de remplir du moins la place abandonnée par le foie) elle se trouve pressée vers les côtes par l'arrivée du ventricule, et s'alonge pour prendre alors cette nouvelle figure ; peut-être aussi s'engendre-t-elle après le ventricule.

Si le foie n'existoit pas avant d'être alimenté par le nombril, la chair qui le compose ne s'élèveroit pas en excroissance au-dessus du nombril dans le fœtus, ou plutôt cette surabondance même témoigne que le foie a attiré le nombril, en étendant au moins ses extrémités le long de la peau de celui-ci; lesquelles s'en étant séparées ont ensuite produit cette surabondance. Ceci est rendu encore plus manifeste par le ligament suspensoire, qui s'attache à la veine ombilicale comme au milieu du foie. Le foie et le nombril n'ont deux cavités que parcequ'ils ont reçu cette figure, dans l'embryon, de l'intestin rectum et de la vessie; la même cause fait que la fente qu'on appelle *os uteri* est en sens contraire de celle qui se trouve aux parties naturelles; celle-ci, resserrée entre les cuisses, se dirige du fondement vers le nombril; l'autre, resserrée par le rectum et la vessie, se dirige transversalement d'un côté à l'autre. Ces fentes sont percées par l'humeur qui y forme ensuite les menstrues, en s'épaississant, et qui, dans les hommes, s'écoule par une transpiration insensible des testicules et du pénis, parcequ'ils se produisent aux dehors, et parceque ces fentes sont en sens opposé. De l'épaisseur du col de la matrice sortent, par les plis qui s'y forment, ces caroncules nommées spondyles. Le clitoris est cette partie du pénis qui étoit déjà sortie lorsque le fœtus a uriné pour la première fois; les nymphes sont peut-être formées de la peau qui répond au prépuce de l'homme; les lèvres répondent au scrotum. Dans les mâles le prépuce et le gland se forment, parcequ'avant que le fœtus urine pour la première fois le gland tout entier se dégage ou plutôt s'engendre de la peau, et le pénis lui-même prend une grande extension; mais après la première évacuation de la vessie, le pénis se contracte, et c'est pourquoi la peau étant plissée recouvre le gland, et par sa contraction forme le prépuce, parceque dans le fœtus le gland ne sort plus de cette peau; car la vessie ne se remplit plus de même, et au contraire l'enfant urine fréquemment dans la matrice : c'est ce qu'on peut conclure évidemment de ce que les nouveau-nés ne retiennent point leur urine, et n'ont point, relativement aux autres membres, le sphincter aussi fort que les adultes; une nouvelle preuve de cette explication, c'est que l'érection du pénis a lieu sans aucune incitation amoureuse, lorsque la vessie est pleine d'urine.

Ce que nous avons dit plus haut de l'artère veineuse doit s'entendre de la trachée-artère, qui, sans aucun doute, s'est formée avant le cœur ou du moins en même temps. Mais voici comment je soupçonne que tout s'est passé : d'abord la matière des poumons étoit au milieu du thorax sous la forme d'un globe, et le foie étoit dans l'abdomen, également semblable à un globe; ces globes, raréfiés par la chaleur de la mère, se sont touchés l'un l'autre, et, par leur contact [1], ils ont allumé un

---

[1] Le texte : *ignemque excitarunt id cor in mutuo illorum contactu* : lisez ou *id est cor*; ou *in corde mutuo*, etc.

feu dans le cœur; et d'abord le feu a poussé ses sécrétions de chaleur, c'est-à-dire les esprits, non dans le foie, mais dans la veine artérieuse par les poumons; le foie et les poumons s'unirent entre eux par le contact, comme étant des corps visqueux; éloignés ensuite l'un de l'autre par le mouvement du cœur, ils restèrent cependant unis d'un côté par la veine cave et de l'autre par la veine artérieuse; ces deux veines n'eurent certainement pas d'autre origine. Le sang très subtil du foie montoit aussi aux poumons par l'artère veineuse; de là, il refluoit continuellement dans le cœur. Les poumons, agités par les mouvements qui leur sont communiqués par les esprits qui viennent du cœur et par le sang qu'apporte la veine cave, sécrètent certaines parties subtiles d'eux-mêmes, c'est-à-dire une grande quantité d'air qui s'arrête au milieu de la poitrine, et remplit la trachée-artère. Ensuite toutes les parties de matière solide se sont réunies de tous côtés, et ont formé en se roulant la trachée-artère elle-même; celle-ci, occupant le milieu du thorax, l'a partagé en deux cavités, et la membrane de séparation s'est formée soit pour enfermer la trachée-artère, soit qu'elle ait été produite par la plèvre qui s'attache à l'épine et au sternum. De là sont venus les deux lobes des poumons.

Le cou est plus étroit que le thorax, à cause de

l'inclinaison de la tête, laquelle vient de ce que le corps s'étend plus en longueur qu'en largeur. Or le corps et particulièrement le cou s'étendent en longueur, pendant que s'accroît la trachée-artère et que l'œsophage descend; celui-ci, traversant le cou avec plus de difficulté que le thorax, parce-qu'il est plus charnu et plus osseux, l'alonge davantage.

La poche du fiel doit se former après le ventricule, car autrement elle y enverroit quelques vaisseaux; mais, tandis que le ventricule s'arrête au-dessus de la tunique des intestins, et se gonfle, le fiel se forme lui-même ; et c'est pourquoi il envoie un vaisseau à l'orifice inférieur du ventricule, c'est-à-dire au duodénum, et ce vaisseau sert au ventricule à se décharger entièrement dans quelques intestins. La veine porte et le rameau cœliaque de l'aorte descendent avec le ventricule, c'est pourquoi il en reçoit des vaisseaux ; peut-être aussi la descente du ventricule n'a-t-elle lieu qu'à cause de cette veine et de ce rameau : car, en descendant, il ouvre l'aorte, et la veine cœliaque, pressant le foie par sa masse, en exprime du sang. D'où il résulte que la veine porte et les nerfs de la sixième paire descendent aussi de la tête avec le ventricule.

La rate se forme après le ventricule, et la petitesse de ce vaisseau ne s'oppose pas à ce qu'il ait été formé après : car c'est par lui que le rameau splénique atteint le ventricule, avant que ce rameau lui-même se soit ramassé pour composer la rate ; si cela n'étoit, un plus grand nombre de vaisseaux sans doute se rendroient de la rate au ventricule, dont elle est si voisine.

Par le retour des nerfs qui se replient sur eux-mêmes, on voit clairement que la trachée-artère s'est élevée des poumons au gosier après la[1].... du ventricule : car les nerfs de la sixième paire sont descendus d'abord avec le ventricule ; leurs rameaux se sont attachés à la trachée-artère, et sont remontés avec elle. Cependant ceci doit être vérifié *de visu;* car il est possible que ces nerfs se soient repliés le long des poumons, après la formation de la trachée-artère, et se soient alongés par une croissance spontanée jusqu'au larynx. Il faut encore observer si ces nerfs dans leur retour aident à élever les vapeurs du ventricule vers la bouche et la tête. (N. B. Cette dernière observation est superflue, car il est certain que les nerfs servent aux esprits autant à monter qu'à descendre.)

Au-dessous des clavicules la trachée-artère est formée d'anneaux entiers ; au-dessus les anneaux n'ont que la partie antérieure ; par le côté opposé la trachée se, joint et s'unit à l'œsophage ; ce qui prouve qu'elle n'a été formée qu'après lui.

Il est évident que le diaphragme, ou cloison

---

[1] Lacune : peut-être la *formation*

transversale, ne s'est formé qu'après l'œsophage, etc., lorsque, après le percement de la bouche, la poitrine a acquis un mouvement propre et indépendant du reste du corps. Alors, en effet, toutes les parties grossières ont été par ce mouvement précipitées des clavicules vers l'abdomen, et de là s'est formé le diaphragme : ceci est prouvé, 1° parcequ'il n'a d'autres nerfs que ceux qui lui viennent des vertèbres du cou, caractère qui lui est propre parmi toutes les parties situées au-dessous des clavicules; 2° parcequ'il a deux membranes, l'une issue de la plèvre, l'autre du péritoine; 3° parcequ'il est charnu dans son contour ; or cette chair ne peut venir que de la matière adhérente aux côtes; 4° parcequ'il ne reçoit aucun nerf de la sixième paire, d'où descendent au moins des fibres vers les poumons, le cœur et le foie; 5° enfin parcequ'il a des ouvertures si convenablement disposées pour laisser passer l'œsophage et la veine cave, précision qui n'auroit pas lieu s'il eût été formé antérieurement, mais ses membranes seroient beaucoup plus minces entre ses ouvertures que partout ailleurs. Une nouvelle preuve, ce sont les prolongements qui accompagnent l'aorte de chaque côté auprès de l'épine du dos, prolongements formés par un double écoulement qui se portoit en cet endroit, provenant des matières que l'aorte empêchoit de tomber ; ces prolongements ont gardé la forme oblongue, parceque le mouvement étoit moins vif le long de l'épine que dans les côtes; elles sont cependant grêles à cause du battement de l'artère.

Je trouve dans les livres des opinions monstrueuses, dont l'origine remonte, je crois, à Balanus; savoir, que le fœtus se débarrasse de son urine par un suintement de l'uraque; qu'aucune déjection n'a lieu par le fondement; que tous les mouvements de l'enfant sont suspendus; que sa bouche, quoique ouverte, n'admet rien dans l'intérieur de son corps; que chacune de ses parties n'exerce ses fonctions qu'isolément, sans concert et sans coopération (comme si leur action individuelle pouvoit se séparer de leur action commune). Ce ne sont point des politiques qui soutiennent ce système : que le cœur ne bat point, mais qu'il aspire des esprits par le nombril, etc., propositions contraires à l'expérience la plus certaine et à l'observation anatomique; et, comme Hippocrate les a très bien contredites dans ses livres sur les chairs, ils aiment mieux nier l'authenticité de cet ouvrage, que de reconnoître que telle a été l'opinion d'Hippocrate.

Cependant je suis porté à croire que les matières une fois entrées par la bouche de l'enfant et digérées par son estomac, lorsqu'elles atteignent le muscle sphincter du fondement, s'y arrêtent comme trop épaisses, que le muscle ne se contracte qu'à l'heure de l'enfantement, et que rien ne s'échappe plus par le fondement (quant à l'urine, on ne sauroit en dire la même chose); cependant, jusqu'au moment de la naissance, l'enfant s'est nourri des excréments rejetés une première fois dans l'amnios, comme l'oiseau se nourrit du blanc de l'œuf; or ces excréments provenoient de la pituite du cerveau, que les enfants absorbent tout entière, car ils ne crachent pas.

Les veines, les artères et les nerfs s'étendent de tous côtés dans le corps, comme les rameaux dans les arbres; il n'est donc pas étonnant que jamais plusieurs rameaux ne se rassemblent dans la même partie du corps; que quelques unes même n'en reçoivent aucun, parcequ'ils s'empêchent en quelque sorte mutuellement: c'est pourquoi plusieurs rameaux ne se réunissent point ensemble, et ils se propagent partout où ils trouvent un espace libre; c'est encore pourquoi aucune partie n'en est privée, comme on voit les branches des arbres, quoique en apparence étendues au hasard, remplir cependant assez également toutes les parties du circuit où elles se développent. Les branches principales sont entièrement semblables dans tous les corps, parcequ'elles correspondent aux membres et aux os principaux, qui sont semblables dans tous les individus, en vertu de certaines raisons. Les artères sont moins nombreuses que les veines, parceque les premières, par leurs battements, se font obstacle les unes aux autres plus que les veines; aussi sont-elles plus disséminées.

Des mouvements alternatifs du pouls se forment des rameaux semblables dans les parties supérieure et inférieure; c'est là l'origine des parties de la génération, car les vaisseaux spermatiques répondent à la tête et aux carotides; ils ne prennent pas naissance comme celles-ci dans la bifurcation de l'aorte, mais plus haut, parcequ'ils se sont formés avant que l'aorte se partageât par sa partie inférieure, vers les jambes. Les parties hypogastriques répondent à la région du cou, les parties naturelles au système vasculaire [1], les épigastriques à la région des mamelles, les testicules aux yeux, comme on le voit clairement dans le fœtus des serpents; le mamelon et la vulve à la région de l'odorat [2], ce qui fait que la vulve est excitée par les odeurs; et à la glande cérébrale correspond l'utérus, d'où la conception de l'enfant et l'appétit vénérien.

Les valvules se forment aux endroits où un liquide coule dans un sens, en faisant effort dans le sens contraire, mais sans retourner sur lui-même. La cavité des valvules s'y forme nécessai-

---

[1] Le texte : *musculæ*; je conjecture *vasculæ*.

[2] Le texte: *sed et forte processus mamillares, dein et vulva, unde odoribus etiam hæc movetur, glandi cerebrum et uterus...* Je conjecture *dein et vulva nasali* ou *odorativæ, unde.... et glandi cerebri uterus...*

rement aux endroits d'où le liquide ne rétrograde point; telles sont toutes les valvules du cœur.

Le tissu des veines et des artères a intérieurement les fibres disposées en lignes droites, parceque c'est le cours que suit le liquide qu'elles conduisent. Extérieurement les fibres sont transversales, parceque le lieu qu'elles occupent s'opposoit absolument à un mouvement direct; autrement il eût été lui-même changé en veine ou en artère, car leur largeur n'a d'autre terme que celui où la matière qui les environne leur a opposé plus de résistance transversalement qu'elles n'ont eu de force en ligne directe. Enfin les fibres intermédiaires sont disposées obliquement, comme participant des deux tissus extrêmes; il faut en dire autant des intestins.

Les femmes ont les uretères plus courts et plus larges que les hommes; c'est ce qui confirme ce que j'ai dit plus haut, qu'elles urinent dans la matrice plus tôt que les mâles. — En effet, ils sont plus larges, parceque leur urine est plus abondante; dans les mâles, ils sont plus longs, parceque l'émission antérieure de l'air leur laisse dans la capacité de l'abdomen assez d'espace pour se replier, et par conséquent pour prendre plus de longueur qu'il ne faut.

La formation première des végétaux et des animaux a ceci de commun, qu'ils se composent de parties de matières rapprochées entre elles circulairement par la force de la chaleur; elle diffère en ce que les parties de matières qui composent les végétaux ne se rapprochent qu'en cercle, et que celles d'où proviennent les animaux s'amassent sphériquement et dans tous les sens. Par exemple, les parties de matière A roulent vers B, et par elles passent d'autres parties, se dirigeant de CF vers DEG; GHF, CF forment les racines, GD les rameaux et les feuilles, AB le tronc de la plante. Mais si les parties de matière s'amassent sphériquement, elles formeront une tunique ronde qui enveloppe tout le fœtus, et par conséquent ce fœtus ne peut s'attacher à la terre comme les végétaux; mais voici la marche de sa formation : la matière contenue dans cette tunique sphérique, dans son mouvement circulaire, passant de C vers K, et ensuite se roulant toujours circulairement en K, L, C, F, forme le tube CK, qui représente l'œsophage; de plus, les parties les plus subtiles de cette matière ne pouvant passer toujours aussi facilement par ce canal CK, se retirent en M, où elles représentent la cervelle; les parties les plus grossières, agitées avec plus de violence, se retirent en N, où elles forment le foie et la rate. Ensuite les esprits qui abondent du cerveau forment la trachée-artère, et ensuite la veine artérieuse, qui lui est alors continue; d'un autre côté, les esprits

SUR LA GÉNÉRATION DES ANIMAUX. 419

qui s'exhalent du foie forment la veine cave, et du concours de celle-ci et de la veine artérieuse s'engendre le cœur en O au milieu du corps de l'animal. De là on peut facilement déduire la conformation des trois régions intestinales dans les animaux et celle des membres extérieurs.

Dans l'état de santé, nous éprouvons après nos repas une sensation de froid, parcequ'alors le suc des aliments, pénétrant immédiatement dans les veines, refroidit toute la masse du sang; et celle-ci occupant alors moins d'espace, se rassemble vers le cœur, et abandonne les extrémités, qui par conséquent se refroidissent; la même chose a lieu dans la fièvre, parceque l'humeur qui en est le principe se mêle au sang, et pénétrant le cœur, en diminue d'abord le feu; ensuite cependant elle l'augmente et échauffe tous les membres, comme l'eau jetée sur des charbons les éteint d'abord, mais les rend ensuite plus ardents. Cependant nous n'éprouvons pas toujours cette sensation de froid aussitôt après nos repas, parceque les sucs des aliments ne pénétrent pas toujours les veines avec tant de rapidité, ou bien parceque ces sucs ne refroidissent pas le sang; bien plus, quelques uns excitent la sueur, surtout au front, comme le vinaigre, parcequ'en entrant dans le cœur il s'y enflamme plus vivement et vole aussitôt à la tête; et il ne peut arriver qu'au même instant les aliments produisent la sueur sur le front et le froid aux extrémités.

Il y a dans le sang quatre sortes de parties principales: les parties subtiles et légères, comme l'esprit-de-vin; les parties subtiles et filandreuses, comme l'huile; les parties épaisses et légères, comme les eaux et la salive; les parties épaisses et filandreuses, comme la terre et les cendres. Les parties subtiles et légères produisent la *fièvre éphémère*, lorsqu'elles sont retenues et qu'elles se corrompent aux extrémités des vaisseaux, faute d'une transpiration insensible. Les parties épaisses et légères, en se corrompant dans l'estomac et les intestins, produisent la *fièvre quotidienne*. Les parties subtiles et filandreuses, en se corrompant dans la poche du fiel, causent la *fièvre tierce*. Les parties épaisses et filandreuses, en se corrompant dans la rate, causent la *fièvre quarte*. Il y a corruption, adhésion et réaction des parties sur les parties peu éloignées; cette corruption dissipe la chaleur du cœur, et l'humeur parvient ainsi aux veines; elle y pénètre, et peu à peu se dissipe; la poche du fiel se décharge dans le ventricule et les intestins, et ensuite dans les veines de deux jours l'un; mais la rate seulement après un intervalle franc de deux jours.

Il est certain que la formation première du fœtus provient uniquement de la semence, avant que le sang coule par le nombril; autrement toutes les parties solides manqueroient de symétrie, parceque le sang se porte plus à gauche qu'à droite.

Les artères se portent partout où les dirigent les lois du mouvement, sans se régler sur la distribution des veines; les veines suivent la direction que leur permettent les artères, d'où vient que celles-ci passent au-dessous des veines dans la peau, parcequ'au commencement elles trouvoient moins de résistance dans les parties intérieures qu'en cherchant à pénétrer de certaines parties extérieures.

La veine adipeuse se trouve à la droite de l'émulgente, et à gauche du tronc de la veine cave, à cause de l'inclinaison du foie vers la gauche.

Pour concevoir le rayonnement qui reproduit dans le fœtus les idées qui fixent l'attention de la mère, il faut supposer que la situation du fœtus dans la matrice est telle, que sa tête est tournée vers la tête, son dos vers le dos, son flanc droit vers le flanc droit de la mère, et que le sang de la mère se distribue également de la tête à toute la circonférence de l'utérus, qu'ensuite il se réunit au nombril comme dans un centre, pour se répandre encore de la même manière de tous les côtés.

Trois foyers s'allument dans l'homme : le premier au cœur, alimenté par l'air et le sang; le second au cerveau, entretenu par les mêmes moyens, mais plus tempéré; le troisième dans l'estomac, par les aliments et la substance même du ventricule. Dans le cœur c'est comme un feu de matières sèches et denses; au cerveau, c'est comme une flamme d'esprit-de-vin; au ventricule, c'est comme un feu de bois vert. Dans le ventricule, les aliments peuvent aussi, sans qu'il y contribue, se dénaturer spontanément, et s'échauffer comme le foin humide, etc.

DES SAVEURS.

Il y a autant de saveurs différentes qu'il y a d'espèces de particules, affectant de diverses manières les nerfs de la langue; elles sont au nombre de neuf, savoir, les saveurs *insipides* ou *foibles*, *grasses*, *douces*, *amères*, *brûlantes*, *acides*, *salées*, *âcres* et *âpres*.

Par *insipide* je n'entends pas ce qui est privé absolument de toute saveur, autrement ce n'en seroit plus une; mais j'entends ce qui déplaît au goût, en causant aux nerfs de la langue une excitation trop foible ou trop molle. En effet, tous les corps entiers, assez durs ou assez compactes pour que leurs particules ne fondent pas dans la bouche, sont privés de saveur. Tels sont les métaux, le marbre, etc.; et aussi beaucoup de corps divisés en particules assez menues à l'œil, comme la farine et autres corps semblables. Ce genre des *saveurs insipides* peut renfermer des poisons, des purgatifs et toutes sortes de qualités; car il y a dans la farine des parties acides, des esprits ardents, comme on peut le découvrir par la fermentation, la distillation et la cuisson. Dans l'arsenic sont renfermées des parties douces, âcres, amères; de même dans la scammonée et la gomme gutte[1]; mais celles-ci ne sont pas de même nature. Il y a aussi certaines particules insipides, parcequ'elles sont parvenues au dernier terme de la divisibilité, ainsi que celles de certaines cendres; attendu leur densité, elles n'affectent pas plus le goût que les corps entiers; elles atteignent, il est vrai, le sens, mais leur impression est trop foible, et c'est pourquoi elles sont désagréables et insipides. Elles se composent de parties que j'attribue à l'eau douce, et que je compare à une corde ou à une anguille; mais comme une corde peut être ou roide et difficile à plier, ou brisée et flexible, je dis que l'eau douce d'un bon goût se compose de particules de la première espèce mises en mouvement, et que l'eau insipide est formée de particules brisées, et

---

[1] Le texte : *gutta gamba*; lisez, *gutta gumma*.

telles sont la plupart des eaux distillées, et ce que dans la distillation les chimistes appellent *phlegme*.

Il n'est pas nécessaire que ces particules insipides soient d'une figure oblongue comme une corde; il suffit qu'elles soient d'une consistance molle comme une corde écrasée, ou comme la bourre et l'étoupe dont se compose la corde; pourvu toutefois qu'elles ne soient pas étendues en rameaux, car alors elles constitueroient la *saveur grasse*, parceque ces rameaux adhérant les uns aux autres affecteroient tout différemment le sens du goût. La *saveur grasse* ne consiste que dans ces particules molles et rameuses.

La *saveur douce* se prend quelquefois pour *saveur tempérée*, *agréable*, comme, par exemple, dans *eau douce*; et alors elle ne constitue pas une espèce particulière: mais le plus souvent on appelle ainsi cette saveur titillante qu'on trouve dans le miel, le sucre et les corps semblables; elle[1] consiste dans des particules qui ont à la fois un tronc et des rameaux, ou des plumes et un corps, comme les oiseaux, et qui, par leur tronc ou partie centrale, agissent assez fortement sur les pores de la langue, et par leurs rameaux ou plumes, qui seules atteignent les extrémités des nerfs, les chatouillent agréablement sans les blesser.

La saveur amère consiste dans des particules

[1] Le texte, *non consistit*; retranchez *non*.

épaisses, figurées en forme de pierres ou de cailloux, qui par conséquent pénètrent assez profondément les pores de la langue, et en affectent les nerfs d'une sensation désagréable, différente cependant des saveurs brûlantes, telles que l'esprit-de-vin, et les saveurs acides et salées que j'ai expliquées ailleurs. Ainsi l'on comprend facilement pourquoi généralement les corps doux deviennent aisément amers et se tournent en bile; en effet, lorsque le temps ou la cuisson a détaché les rameaux, le tronc reste encore.

Lorsque les particules ne sont ni molles, comme dans les saveurs grasses, ni aussi subtiles que les esprits, ou que les rameaux des saveurs douces, ni aussi denses que dans les saveurs insipides, et qu'elles ont une autre figure que dans les amers ou dans les sels, elles constituent la *saveur âcre ;* et comme des particules réunissant ces conditions peuvent affecter des figures très différentes, il peut y avoir plusieurs espèces d'âcreté. Mais ici j'appelle âcreté ce qui racle la langue, et que l'on confond souvent avec l'âpreté, par exemple, dans le vin rouge nouveau, lorsqu'il a long-temps bouilli sur son marc. Il faut remarquer qu'à ces particules âcres sont mêlés des esprits qui, pénétrant avec elles dans les pores de la langue, les y agitent avec une grande rapidité, et produisent ainsi des saveurs très âcres et très brûlantes, comme celles de pyrèthre, d'euphorbe, etc.; car ayant généralement des formes rameuses comme le corail, elles sont facilement agitées par ces esprits.

La *saveur acerbe* ou *âpre* et astringente, par exemple celle des fruits avant leur maturité, consiste en ce que les pores de ces fruits ou des corps semblables ne sont remplis que d'une matière disposée à en sortir très promptement, et sont d'ailleurs tellement ouverts, que les particules de la langue peuvent s'y insinuer et s'y insinuent en effet à la place de la matière qui en sort. Et comme ces pores peuvent présenter de très grandes différences, la saveur acerbe est aussi très diverse.

Nous ne parlons ici que des *saveurs* simples; de celles-ci se forment les saveurs composées à l'infini, etc.

EXTRAIT
DES MANUSCRITS
DE
RENÉ DESCARTES.

EXTRAIT
DES MANUSCRITS
DE
RENÉ DESCARTES.

Connoissant la valeur de la corde dans un cercle, trouver la valeur de l'arc qu'elle sous-tend.

Je prends en général un cercle dont le rayon soit $= 1$, et j'y considère toutes les cordes qui soustendent des arcs dont la valeur, en parties, de la circonférence, est connue, de cette manière :

La corde de la moitié de la demi-circonférence
est . . . . $= \sqrt{2}$

La corde du $\frac{1}{4}$ est. . . . $\sqrt{2-\sqrt{2}}$

des $\frac{3}{4}$ . . . . $= \sqrt{2+\sqrt{2}}$

du $\frac{1}{8}$ . . . . $= \sqrt{2-\sqrt{2+\sqrt{2}}}$

des $\frac{3}{8}$ . . . . $= \sqrt{2-\sqrt{2-\sqrt{2}}}$

des $\frac{5}{8}$ . . . . $= \sqrt{2+\sqrt{2-\sqrt{2}}}$

des $\frac{7}{8}$ . . . . $= \sqrt{2+\sqrt{2+\sqrt{2}}}$

du $\frac{1}{16}$ . . . . = $\sqrt{2-\sqrt{2+\sqrt{2+\sqrt{2}}}}$

des $\frac{3}{16}$ . . . . = $\sqrt{2-\sqrt{2+\sqrt{2-\sqrt{2}}}}$

des $\frac{5}{16}$ . . . . = $\sqrt{2-\sqrt{2-\sqrt{2-\sqrt{2}}}}$

des $\frac{7}{16}$ . . . . = $\sqrt{2-\sqrt{2-\sqrt{2+\sqrt{2}}}}$

des $\frac{9}{16}$ . . . . = $\sqrt{2+\sqrt{2-\sqrt{2+\sqrt{2}}}}$

des $\frac{11}{16}$ . . . . = $\sqrt{2+\sqrt{2-\sqrt{2-\sqrt{2}}}}$

des $\frac{13}{16}$ . . . . = $\sqrt{2+\sqrt{2+\sqrt{2-\sqrt{2}}}}$

des $\frac{15}{16}$ . . . . = $\sqrt{2+\sqrt{2+\sqrt{2+\sqrt{2}}}}$

et ainsi de suite; $\frac{1}{32}+--++;\frac{3}{32}+-++-;\frac{5}{32}+-+-+;\frac{9}{32}+----+;\frac{11}{32}+-----;\frac{13}{32}+--+-;\frac{15}{32}+--++;\frac{17}{32}++-++$; et ainsi de suite.

La corde du tiers de la demi-circonférence est l'unité.

des $\frac{2}{3}$ elle est. . = $\sqrt{3}$

du $\frac{1}{6}$ . . . . . . = $\sqrt{2-\sqrt{3}}$, ou $\sqrt{\frac{3}{2}}-\sqrt{\frac{1}{2}}$

des $\frac{5}{6}$ . . . . . . = $\sqrt{2+\sqrt{3}}$, ou $\sqrt{\frac{3}{2}}+\sqrt{\frac{1}{2}}$

du $\tfrac{1}{12}$ . . . . $= \sqrt{2-\sqrt{2+\sqrt{3}}}$, ou $\sqrt{2-\sqrt{\tfrac{7}{2}}-\sqrt{\tfrac{1}{2}}}$

des $\tfrac{5}{12}$ . . . . $= \sqrt{2-\sqrt{2-\sqrt{3}}}$

des $\tfrac{7}{12}$ . . . . $= \sqrt{2+\sqrt{2-\sqrt{3}}}$

des $\tfrac{11}{12}$ . . . . $= \sqrt{2+\sqrt{2+\sqrt{3}}}$, etc. ;

les signes $+$ et $-$ dans le même ordre que ci-dessus.

La corde de la cinquième partie du demi-cercle est. . . . . . . $= \sqrt{\tfrac{3}{2}-\sqrt{\tfrac{5}{4}}}$, ou $\sqrt{\tfrac{3}{2}-\tfrac{1}{2}}$

des $\tfrac{2}{5}$ . . . . . . $= \sqrt{\tfrac{3}{2}-\sqrt{\tfrac{1}{4}}}$

des $\tfrac{3}{5}$ . . . . . . $= \sqrt{\tfrac{3}{2}+\sqrt{\tfrac{1}{4}}}$, ou $\sqrt{\tfrac{3}{2}+\tfrac{1}{2}}$

des $\tfrac{4}{5}$ . . . . $= \sqrt{\tfrac{3}{2}+\sqrt{\tfrac{5}{4}}}$

de $\tfrac{1}{10}$ . . . . . $= \sqrt{2-\sqrt{\tfrac{3}{2}+\sqrt{\tfrac{5}{4}}}}$

des $\tfrac{3}{10}$ . . . . . $= \sqrt{2-\sqrt{\tfrac{3}{2}-\sqrt{\tfrac{1}{4}}}}$

des $\tfrac{7}{10}$ . . . . . $= \sqrt{2+\sqrt{\tfrac{3}{2}+\sqrt{\tfrac{1}{4}}}}$

des $\tfrac{9}{10}$ . . . . . $= \sqrt{2+\sqrt{\tfrac{3}{2}+\sqrt{\tfrac{5}{4}}}}$ (1)

du $\tfrac{1}{10}$ . . . . . $= \sqrt{2-\sqrt{2+\sqrt{\tfrac{3}{2}+\sqrt{\tfrac{5}{4}}}}}$

---

(1) Ces deux expressions sont les mêmes : par conséquent l'une d'elles est fautive. On peut faire la même remarque sur d'autres expressions des deux pages suivantes. La première édition est pleine de fautes, dont on n'a pu corriger que les plus légères.

des $\frac{3}{12}$...... $= \sqrt{2-\sqrt{2+\sqrt{\frac{1}{2}}-\sqrt{\frac{1}{2}}}}$

des $\frac{5}{12}$...... $= \sqrt{2-\sqrt{2-\sqrt{\frac{1}{2}}-\sqrt{\frac{1}{2}}}}$

des $\frac{7}{12}$...... $= \sqrt{2-\sqrt{2-\sqrt{\frac{1}{2}}+\sqrt{\frac{1}{2}}}}$

des $\frac{9}{12}$...... $= \sqrt{2+\sqrt{2-\sqrt{\frac{1}{2}}+\sqrt{\frac{1}{2}}}}$

des $\frac{11}{12}$...... $= \sqrt{2+\sqrt{2-\sqrt{\frac{1}{2}}-\sqrt{\frac{1}{2}}}}$

et ainsi des autres à l'infini.

De la même manière la corde de la 15ᵉ partie de la demi-circonférence

est.......... $= \sqrt{\frac{1}{2}-\frac{1}{2}\sqrt{5}-\sqrt{\frac{11}{2}+\frac{1}{2}\sqrt{5}}}$

des $\frac{2}{15}$...... $= \sqrt{\frac{1}{2}(1)\frac{1}{2}\sqrt{5}-\sqrt{\frac{11}{2}-\frac{1}{2}\sqrt{5}}}$

des $\frac{4}{15}$...... $= \sqrt{\frac{1}{2}+\frac{1}{2}\sqrt{5}-\sqrt{\frac{11}{2}+\frac{1}{2}\sqrt{5}}}$

des $\frac{6}{15}$...... $= \sqrt{\frac{1}{2}+\frac{1}{2}\sqrt{5}-\sqrt{\frac{11}{2}-\frac{1}{2}\sqrt{5}}}$

des $\frac{8}{15}$...... $= \sqrt{\frac{1}{2}-\frac{1}{2}\sqrt{5}+\sqrt{\frac{11}{2}-\frac{1}{2}\sqrt{5}}}$

des $\frac{14}{15}$...... $= \sqrt{\frac{1}{2}-\frac{1}{2}\sqrt{5}+\sqrt{\frac{11}{2}-\frac{1}{2}\sqrt{5}}}$

(1) Manque ici le signe.

des $\frac{13}{15}$... . . . $= \sqrt{\frac{1}{2}-\frac{1}{2}\sqrt{5+\sqrt{\frac{11}{2}-\frac{1}{2}\sqrt{5}}}}$

des $\frac{14}{15}$... . . . $= \sqrt{\frac{1}{2}+\frac{1}{2}\sqrt{5+\sqrt{\frac{11}{2}+\frac{1}{2}\sqrt{5}}}}$

du $\frac{1}{15}$... . . . $= \sqrt{2-\sqrt{\frac{1}{2}+\frac{1}{2}\sqrt{5+\sqrt{\frac{11}{2}+\frac{1}{2}\sqrt{5}}}}}$

Mais peut-être ces expressions peuvent-elles être simplifiées, comme par exemple la valeur de $\frac{13}{15}$ peut se réduire à $\frac{1}{2}\sqrt{5+\sqrt{\frac{11}{2}-\frac{1}{2}\sqrt{5}}}$

Et cette table peut être continuée à l'infini, si l'on continue à chercher la valeur de la corde de la moitié de chaque arc, d'après la valeur de la corde de l'arc entier, de la manière suivante:

Soit a la corde d'une partie de la circonférence, la corde de la moitié de cette partie sera

$$= \sqrt{2-\sqrt{4-a^2}},$$

et la corde du supplément sera

$$= \sqrt{2+\sqrt{4-a^2}}.$$

Au moyen de cette seule règle on exprime en nombres tous les sinus que la géométrie peut trouver.

Cette table étant donc formée, si un triangle est donné dont on veuille trouver les angles, je décris un triangle qui lui soit semblable dans le cercle dont le rayon est $= 1$, et ensuite je regarde à quels nombres correspondent, dans notre table, les côtés de celui-ci; et s'ils ne correspondent à aucun des nombres de notre table, alors nous affirmerons démonstrativement que nul des angles du triangle donné ne peut se trouver par la géométrie simple. Ou bien, d'une autre manière, je cherche la différence entre le carré de la base et la somme des carrés des côtés, et si je ne trouve qu'elle soit au rectangle compris entre les deux côtés du triangle donné, dans le même rapport que l'un des nombres de notre table est à l'unité, nous prononcerons affirmativement que cet angle (c'est-à-dire l'angle compris entre les deux côtés) ne peut se trouver par la géométrie simple : ou bien $\overline{bd}^2 + \overline{dc}^2 = \overline{bc}^2 +$ le produit du rectangle $\overline{bd} \times \overline{dc}$ par la ligne $\overline{be}$; $\overline{ae}$ étant supposé $= 1$.

De là nous pouvons déduire la progression de la table de Pythagore à tous les angles : car comme dans le triangle rectangle le carré de la base est égal à la somme des carrés des côtés, ainsi dans le triangle où l'angle au sommet est de 60°, le carré de la base est égal à la somme des carrés des côtés, moins le rectangle compris entre ceux-ci; et dans le triangle où l'angle au sommet est le supplément de l'angle de 60°, c'est-à-dire est de 120°, le carré de la base excède la somme des carrés des côtés d'une quantité égale à ce même rectangle;

car la corde du supplément est dans notre table
= 1.

De la même manière dans le triangle dont l'angle au sommet est de 45°, le carré de la base est égal à la somme des carrés des côtés, moins une quantité moyenne proportionnelle entre le rectangle compris entre les deux côtés et un rectangle double; et dans le triangle dont l'angle au sommet est le supplément de l'angle de 45°, c'est-à-dire est de 135°, le carré de la base excède de cette même quantité la somme des carrés des côtés; car la corde du supplément est $= \sqrt{2}$.

De la même manière dans le triangle dont l'angle au sommet est de 30°, le carré de la base est égal à la somme des carrés des côtés, moins une moyenne proportionnelle entre le rectangle compris entre les côtés et un rectangle triple, et dans le triangle ayant pour angle au sommet le supplément de l'angle de 30, le carré de la base surpasse la somme des carrés des côtés de la même quantité; car la corde du supplément est $= \sqrt{3}$.

Et généralement dans tout triangle aigu le carré de la base est égal à la somme des carrés des côtés, moins le rectangle compris entre les côtés, multiplié par le nombre qui exprime, dans notre table, la corde du supplément.

Et plus généralement encore, dans tout triangle bdc, le carré de la base bc est excédé par la somme des carrés des côtés d'une quantité qui doit être au rectangle compris entre ceux-ci, comme le rectangle compris entre les lignes *be* et *ea* (dont l'une, c'est-à-dire *be*, est la corde du supplément, et l'autre, c'est-à-dire *ea*, est le rayon du cercle circonscrit au triangle donné) est au carré de la ligne *ea* ; ou bien comme *be* est à *ea* ; c'est-à-dire, soit *ea* à *be* comme le rectangle *bdc* à un quatrième terme que nous nommerons A, je dis que $\overline{bd}^2 + \overline{dc}^2 = \overline{bc}^2 +$ la quantité A. Au contraire, dans le triangle obtus *bfc*, le carré de la base surpasse la somme des carrés des côtés de cette même quantité.

Un triangle étant donné, on trouve aisément le diamètre du cercle circonscrit au moyen de la proportion suivante : *comme la perpendiculaire bd est à l'un des côtés, ainsi l'autre côté est au diamètre cherché.*

N. B. *ac* est la base, *ab* et *bc* les côtés.

On tire de ce qui a été dit ci-dessus le théorème suivant : si, deux triangles inégaux et dissemblables étant donnés, la différence entre le carré de la base et la somme des carrés des côtés est au rectangle compris entre les côtés dans le même rapport dans l'un que dans l'autre, les angles opposés à la base sont égaux dans les deux triangles (pourvu que la somme des carrés excède dans tous les deux le carré de la base, ou en soit excédée dans tous les deux; mais si elle excède dans l'un et est excédée dans l'autre, alors les angles opposés à la base sont le supplément l'un de l'autre).

Dans les triangles dont on peut exprimer tous les côtés en nombres rationnels, on peut aussi exprimer en nombres rationnels tous les angles, en prenant pour quantité de l'angle le rapport entre le rectangle compris entre les côtés et la différence dont le carré de la base opposée à l'angle surpasse la somme des carrés des côtés, ou en est surpassé. Elle la surpasse, si l'angle cherché est plus grand qu'un droit; elle en est surpassée, s'il est moindre; et il faut indiquer cela par quelque marque : comme, par exemple, dans le triangle dont les côtés sont 3, 8, 9, l'angle abc est $\frac{2}{7}$; l'angle cab est $\frac{27}{12}$; l'angle acb est $\frac{1}{7} + o$. Où il faut remarquer que je mets toujours au-dessus le nombre qui résulte de la multiplication des côtés, et au-dessous celui qui résulte de la différence entre le carré de la base et ceux des côtés; et lorsque le carré de la base surpasse ceux des côtés, j'ajoute $+ o$, pour faire voir que l'angle est plus grand qu'un droit, car cet o est le *nombre exposant de l'angle droit*.

Tout nombre se compose ou d'un, ou de deux, ou de trois nombres triangulaires; et encore il se compose ou d'un, ou de deux, ou de trois, ou de quatre nombres carrés; et encore ou d'un, ou de deux, ou de trois, ou de quatre, ou de cinq pentagones; et encore, ou d'un, ou de deux, ou de trois, ou de quatre, ou de cinq, ou de six nombres hexagones; et ainsi à l'infini.

Si l'on multiplie par 8 un nombre triangulaire quelconque, et qu'on ajoute une unité au produit, le résultat est un nombre carré. Ce qui se démontre aisément. Car tout nombre triangulaire est exprimé par $\dfrac{x+x^2}{2}$ ce qui multiplié par 8 devient $\dfrac{8x+8x^2}{2}$ ou $4x+4x^2$, à quoi si l'on ajoute 1, l'on a $1+4x+4x^2$, dont la racine est $1+2x$.

DES PARTIES ALIQUOTES DES NOMBRES.

Pour résoudre les questions sur les parties aliquotes des nombres, nous les imaginons composés ou de nombres premiers ou de puissances de nombres premiers, ou du produit de celles-ci par ceux-là. D'abord, nul nombre premier n'a de parties aliquotes, sinon l'unité. Les parties aliquotes d'une puissance quelconque d'un nombre premier, comme a^n, sont $\dfrac{a^n-1}{a-1}$, c'est-à-dire cette puissance moins l'unité, divisée par sa racine moins l'unité. Si nous voulons trouver les parties aliquotes d'un nombre premier, multiplié par un autre nombre dont on connoisse déjà les parties aliquotes; par exemple, si les parties aliquotes de a sont b, et que x soit un nombre premier, les parties aliquotes de ax sont $bx+a+b$.

Si maintenant nous voulons trouver les parties aliquotes d'une puissance d'un nombre premier multipliée par une autre puissance d'un autre nombre (premier aussi), et que l'une de ces deux quantités soit a^n et l'autre c^v, les parties aliquotes de $a^n c^v$ seront

$$\frac{aa^n c^v + a^n c c^v - c c^v - a a^n - a^n c^v + 1}{ac - a - c + 1}$$

Si nous cherchons les parties aliquotes d'une puissance quelconque d'un nombre premier multipliée par un autre nombre dont on connoît les parties aliquotes, et qui, bien qu'il ne soit premier en lui-même, est néanmoins premier à l'égard de la puissance qu'il multiplie, soit la première quantité x^n et la seconde a dont les parties aliquotes sont b, les parties aliquotes de la quantité ax^n seront

$$\frac{bxx^n + ax^n - a - b}{x - 1}.$$

Si nous avons deux nombres premiers entre eux, et leurs parties aliquotes, nous avons aussi les parties aliquotes de leur produit ; comme si l'un des nombres est a et ses parties aliquotes b, l'autre nombre c, et ses parties aliquotes d, les parties aliquotes de ac seront $ad + bc + bd$.

Et il n'y a rien de neuf en cette matière qu'on ne puisse trouver à l'aide des théorèmes que je mets ici.

Si nous cherchons un cube et un carré égaux à un carré, nous avons 13824, 100, et 13924, dont les racines sont 24, 10, 118 ; et encore 27, 9, 36 ; et d'autres, à l'infini. N. B. J'ai trouvé une solution très aisée : $x^3 + x^2 = a'^2 x^2$. Partant, $x + 1 = a'^2$, et $x = a'^2 - 1$. D'où l'on tire une infinité de valeurs pour x.

~~~~~~

Pour extraire la racine cubique du binôme $a + \sqrt{b}$, je cherche la racine de cette équation :

$$x^3 = 3a'x + 2a'^3$$
$$- 3bx - 2ab,$$

si a^3 est plus grand que b; l'ayant trouvée, je la multiplie par 3, j'y ajoute $2a$, et la moitié de la racine cubique de cette somme est le premier terme de la racine cherchée. Si a^3 est moindre que b, je cherche la racine de cette équation :

$$x^3 = 3a^2x - 2a^3 \\ - 3bx + 2ab,$$

je la multiplie par 3 et je soustrais ce produit de $2a$; la moitié de la racine cubique de cette différence est le premier terme que je cherche. Ensuite je soustrais de a le cube de ce premier terme, et je divise la différence par le triple de ce même premier terme: la racine carrée du quotient est le second terme cherché.

Ainsi, ayant à trouver la racine cubique de $10 + \sqrt{98}$, j'ai $x^3 = 6x + 40$, dont la racine est 4, qui, multipliée par 3, devient 12; ajoutant 20, j'ai 32, dont la racine cubique est $\sqrt[3]{32}$; divisant par 2, j'obtiens $\sqrt[3]{4}$ pour premier terme. Ensuite 4 étant soustrait de 10, reste 6, que je divise par $3\sqrt[3]{4}$; le quotient est $\sqrt[3]{2}$, dont la racine carrée est $\sqrt{\sqrt[3]{2}}$, pour second terme. Et voulant trouver la racine cubique de $2 + \sqrt{5}$, j'ai $x^3 = -3x + 4$, dont la racine est 1. Je la multiplie par 3 et soustrais de 4 le produit; reste

1, dont la racine cubique est 1, et la moitié de celle-ci, $\frac{1}{2}$, pour premier terme. Ensuite je soustrais le cube de $\frac{1}{2}$, qui est $\frac{1}{8}$, de 2, et j'ai $\frac{15}{8}$, que je divise par $\frac{3}{2}$, et le quotient est $\frac{5}{4}$, dont la racine est $\sqrt{\frac{5}{4}}$, pour second terme. Et ainsi des autres.

En général, pour trouver la racine cubique d'un binôme, j'appelle c le plus grand des deux termes qui le composent, et d le moindre, et j'extrais la racine de l'équation

$$x^3 = 3c^2x + 2c^3 \\ - 3d^2x - 2cd^2.$$

Je multiplie cette racine par 3, j'y ajoute $2c$, et la moitié de la racine cubique de cette somme est une des parties de la racine cherchée. Je divise c par cette première partie, je soustrais du quotient le carré de cette même première partie, et le tiers de la différence qui en résulte est l'autre partie de la racine.

~~~~~~

Pour carrer le cercle, je ne trouve rien de meilleur que d'ajouter au carré donné bf le rectangle cg compris entre les lignes ac, cb, et égal à la quatrième partie du carré bf; puis, le rectangle dh, compris entre les lignes da, dc, et égal à la quatrième partie du rectangle précédent; puis, de la même manière, le rectangle *ei*, et ainsi à l'infini jusqu'à *x*; rectangles qui tous, pris ensemble, équivaudront au tiers du carré *bf*, et la ligne *ax* sera le diamètre du cercle dont la circonférence est égale au périmètre de ce carré *bf*; *ac* est le diamètre du cercle inscrit dans l'octogone isopérimètre au carré *bf*; *ad*, le diamètre du cercle inscrit dans le polygone régulier de seize côtés isopérimètre au même carré *bf*; *ae* le diamètre du cercle inscrit dans le polygone de 32 côtés, et ainsi à l'infini.

Les courbes dont nous cherchons les tangentes ont leurs propriétés exprimées par des rapports ou de lignes droites seulement, ou de lignes courbes avec des droites ou d'autres courbes. Soit, par exemple, la courbe HRIC, dont C soit le sommet, CF l'axe; et ayant décrit le demi-cercle COMG, soit pris un point quelconque dans la courbe, comme R, duquel il faut tirer la tangente RB. Du point R abaissons une perpendiculaire RMD sur la droite CDF, qui coupera le demi-cercle en M. Soit donc la propriété spécifique de la courbe, que la droite RD soit égale à la portion CM du cercle, plus l'ordonnée DM.

Du point M soit tirée la droite MA tangente au cercle, et du point E la droite EOVIN parallèle à la droite RMD. Supposons trouvé ce que nous cherchons, et soit la droite DB, que l'on cherche, $= a$; DA, trouvée par construction, b; MA $= d$; MD $= r$; RD $= z$; la portion de cercle CM $= n$; et DE $= e$.

Établissons la proportion

$$DB : BE :: RD : NE,$$

c'est-à-dire $\quad a : a-e :: z : \dfrac{az-ez}{a}$;

la droite $\dfrac{az-ez}{a}$ doit donc être égalée à OE $+$ CM $-$ MO; mais si nous voulons transformer ces termes en expressions analytiques pour la ligne OE, pour éviter l'asymétrie (les radicaux), considérons la droite EV comme ordonnée à la tangente, et pour la courbe MO prenons la portion de tangente MV qui est adjacente à cette même MO. Et pour trouver l'expression analytique de EV, faisons $\quad$ DA : AE :: MD : EV,

c'est-à-dire $\quad b : b - e :: r : \dfrac{br-er}{b}$;

pour trouver ensuite l'expression de MV, faisons

$$DA : MA :: DE \text{ (ou bien KV)} : MV,$$

c'est-à-dire $\quad b : d :: e : \dfrac{ed}{b}$.

La portion de cercle CM, que nous avons nommée n, est égale à $z-r$; nous avons donc l'équation

$$z - \frac{ez}{a} = z - \frac{er}{b} - \frac{ed}{b}$$

et $bz = ar + ad$; c'est-à-dire

$$r + d \;:\; b \;::\; z \;:\; a$$

ou bien $\quad$ PD $\;:\;$ DA $\;::\;$ RD $\;:\;$ DB,

et la droite RB est tangente.

Soit le quart de cercle AIB, et la quadratrice AMC, à laquelle il faut tirer une tangente au point M; ayant joint MI, du point I comme centre, avec le rayon IM, que l'on décrive le quart du cercle ZMD, que l'on abaisse la perpendiculaire MN, et qu'on fasse la proportion, la droite IM à la droite MN, comme la portion de cercle MD à la droite NO : la droite MO sera tangente à la quadratrice.

~~~~~~~~~~~~~~~~~~~~~~~~~~~~~~~~

Si l'on donne l'équation $\sqrt{a} + \sqrt{b} + \sqrt{c} = \sqrt{d}$, ou bien $\sqrt{a} + \sqrt{b} = \sqrt{c} + \sqrt{d}$, qu'il faille délivrer de l'asymétrie et réduire à une équation ordonnée, on peut faire cela aisément au moyen de trois multiplications, et le résultat prend la forme suivante :

$$a^4 - 4a^3b + 6a^2b^2 + 4a^2bc - 40abcd = 0$$
$$\; 1 \quad\;\; 12 \quad\;\; 6 \quad\;\;\; 12 \quad\;\;\; 1$$

où l'on a mis seulement un terme de chaque espèce, pour abréger, et au-dessous de chacun d'eux le nombre des individus de son espèce.

Mais si l'on propose de délivrer de l'asymétrie l'équation $\sqrt{a} + \sqrt{b} + \sqrt{c} = \sqrt{d} + \sqrt{e}$, cela paroît difficile à quelques uns qui ne font pas attention que le nombre des asymétries n'augmente pas par la multiplication, et que, par conséquent, on peut les faire disparoître toutes, en multipliant; mais on en viendra à bout plus aisément au moyen de la formule précédente, en y substituant $d + 2\sqrt{de} + e$ à la place de d, et le carré et le cube de cette même expression, à la place de d^2 et de d^3; rassemblant ensuite dans un seul membre tous les termes affectés de $\sqrt{de}$, de manière que, en élevant au carré toute l'équation, l'asymétrie $\sqrt{de}$ disparoisse. Ou même on peut se contenter de chercher l'un des termes de chaque espèce pour avoir la forme générale de l'équation, qui est celle-ci :

$a^8 - 8a^7b + 28a^6b^2 + 10a^6bc - 56a^5b^3 - 72a^5b^2c$
$\quad\; 5 \qquad\quad 20 \qquad\quad 20 \qquad\quad 30 \qquad\quad 10 \qquad\quad 60$
$- 76a^5bcd + 70a^4b^4 + 40a^4b^3c + 36a^4b^2c^2$
$\quad 20 \qquad\quad 10 \qquad\quad 60 \qquad\quad 40$
$+ 344a^4b^2cd - 752a^4bcde + 16a^3b^3c^3 + 416a^3b^3cd$
$\quad 60 \qquad\quad 5 \qquad\quad\; 30 \qquad\quad 30$
$- 272a^3b^2c^2 + 928a^3b^2cde + 2008a^3b^2c^2d^2$
$\quad 60 \qquad\quad\; 30 \qquad\quad\; 1$
$- 1520a^3b^2c^2de = 0.$
$\quad\;\; 10$

Ainsi ce sont 18 espèces de termes, et le

nombre des termes est 495. Et n'importe quels qu'aient été les signes des termes dans l'équation donnée, car celle-ci contient tous les cas possibles.

Étant donnés les points A, B, C, sur une ligne droite, trouver la courbe dont le sommet soit en A, dont l'axe soit B, et dont la courbure soit telle que les rayons qui y arrivent du point B, et qui s'y réfractent, continuent leur chemin comme s'ils venoient du point C; ou au contraire.

Soit N le milieu entre B et C : faisons $NA = a$, $NB = b$, $CE + BE = 2a - 2y$, et $DA = x$, entendant par x et y deux quantités indéterminées, dont l'une, restant indéterminée, désignera tous les points de la courbe, et l'autre sera déterminée par la manière dont la courbe doit être décrite. Pour trouver cette manière, je cherche d'abord un point F, duquel, comme centre, j'imagine que soit décrit un cercle *tangent* à la courbe au point E; ensuite je dis : la droite BE multipliée par FG est à CE multipliée par HF comme l'*inclinaison* du rayon réfracté dans l'un des milieux transparents est à l'*inclinaison* de ce même rayon dans l'autre.

$$BD = a - b - x,$$

ou bien $= \sqrt{x^2 + a^2 + b^2 - 2ax + 2bx - 2ab}$

$$CD = a + b - x,$$

ou bien $= \sqrt{x^2 + a^2 + b^2 - 2ax - 2bx + 2ab}$

$$BE = \frac{a^2 - 2yy + a^2 + bx - ab}{a - y},$$

$$CE = \frac{y^2 - 2ay + a^2 - bx + ab}{a - y},$$

et $DE = \sqrt{\dfrac{\begin{array}{l} y^4 - 4ay^3 + 5a^2 \\ - b^2 \\ - x^2 \end{array} \left|\begin{array}{l} y^2 + 2ax^2 \\ - 4a^2x \\ + 2ab^2 \\ - 2a^3 \end{array}\right| \begin{array}{l} y - a^2x^2 \\ + b^2x^2 \\ - 2ab^2x \\ + 2a^3x \end{array}}{y^2 - 2ay + a^2}}$

(1)

Faisons maintenant $NF = c$, $FE = d$, deux quantités qu'il faudra trouver de ce que l'équation que donne le triangle rectangle FDE, dont les côtés sont déterminés, doit être égalée à celle-ci $x^2 - 2ex + e^2$, faisant seulement la différence $= x$, et en même temps $e = x^2$, $FD = a - c - x$, ou bien

$$\sqrt{x^2 + a^2 + c^2 - 2ax + 2cx - 2ac}.$$

Étant donnés les points $ca = 5$, $ba = n$ (2), et $ar = 5$, imaginons que soit décrite la courbe ae par le fil af fixé au foyer c, de là passant à e et à b, pour revenir ensuite à e et de là s'étendre à l'infini vers h, de manière qu'elle devienne plus lon-

---

(1) Le terme $2ax$ est oublié dans le texte.
(2) Il faut ici un chiffre, et non une lettre.

gue à mesure que l'angle *erc* s'ouvre davantage, on aura toujours

$$er = 5 + 7y$$
$$eb = 1 + 5y$$
$$cc = 5 - 3y$$
$$du = 2y^2 + 5y$$
$$de = \sqrt{-49y^4 - 20y^3 + 4y^2 + 20y}$$

et ensuite si l'on fait $fa = \dfrac{29y + 10}{4y + 5}$, le cercle décrit du centre f avec le rayon fe sera tangent à la courbe, et le produit de $fc = \dfrac{-9y + 15}{4y + 5}$ par $er = 5 + 7y$, sera au produit de $fr = \dfrac{49y + 35}{4y + 5}$ par $ec = 5 - 3y$, comme 3 est à 7. Si donc la courbe *ea* contient un corps solide transparent dans lequel la réfraction se fasse : : 3 : 7, tous les rayons venant du point r se dirigeront vers c après s'être réfractés.

Soit maintenant $ac = a$, $ar = a$, $ab = b$, $be = b + y$, nous aurons $er = \dfrac{2by}{a} + y + a$,

et $ec = \dfrac{2by}{a} - y + a$, $ad = \dfrac{2by^2}{c-a} + y$,

$$de = \sqrt{-\dfrac{4b^2}{a^4}y^4 - \dfrac{4by^3}{a^3} + \dfrac{4b}{a^2}y^2 + 4by},$$

$$fa = \frac{4b^2y + 2ba^2 + a^2y}{4by + a^2},$$

et $\quad cf \times er : fr \times ce : : a - 2b : a + 2b.$

Soit maintenant $ar = a$, $ab = b$, $ac = c$, $be = by$,

$$er = \frac{3ay - cy + 4by + a^2 + ac}{a + c},$$

$$ce = \frac{ay - 3cy + 4by + ac + c^2}{a + c},$$

$$da = \frac{4ay^2 - 4cy^2 + 8by^2 + 3a^2y + 3c^2y - 2acy + 4aby - 4cby}{a^2 + 2ac + c^2},$$

$$fa = \frac{4a^2b + 4ab^2 - 4b^2c + 4bc^2 + a^2y + 8aby + 16b^2y + 2acy + xy - 8bcy}{3a^2 + 3c^2 - 2ac + 4ab - 4bc + 8ay + 16by - 8cy}.$$

Étant donnés les trois points a, b, c, on cherche la ligne au moyen de laquelle tous les rayons qui, dans le verre, paroissent venir du point a, se disposent, au sortir de la surface du verre, dont le sommet est en c, comme s'ils venoient du point b, ou comme s'ils tendoient vers b; ou encore, telle que les rayons qui dans l'air paroissent venir du point a se disposent dans le verre comme s'ils venoient du point b.

Supposons que le point b tombe entre a et c, et que le centre f du cercle tangent à la courbe tombe entre a et b; si l'on fait $ae = a - y$, $be = cy + b$, il y aura la proportion

$$fa : fl : : y + a : ccy + bc,$$

c'est-à-dire, l'inclinaison du rayon ae dans le verre

à l'inclinaison du rayon *be* dans l'air comme x à c; et la même chose auroit lieu lorsque le rayon passe de l'air dans le verre, si l'on faisoit 1 plus grand que *b*. Mais cette supposition est erronée, et la ligne (que nous considérons) sert seulement pour la *réflexion inégale,* et non pour la réflexion, le point *f* tombant entre *a* et *b*.

Supposons que le point *a* tombe entre *b* et *c*, ce sera encore la même espèce de courbe, car les points *a* et *b* sont réciproques, et toujours le point *f* tombera entre *a* et *b*, lorsque l'on fera $ae = a - y$, et $be = b + cy$. Mais que l'on fasse $ae = a + y$, et $be = b - cy$, le point *f* tombera entre *b* et *c*. Mais il ne paroît pas que cela puisse se faire, et par conséquent cette ligne ne sert point aux réfractions, mais seulement aux réflexions; et il faut revenir à l'autre déjà trouvée, qui a trois foyers. Et même le point *f* peut alors tomber au-delà du point *a* vers *g*, dans lequel cas assurément la ligne ainsi décrite fait que les rayon qui dans le verre paroissent venir du point *a*, paroissent, dans l'air, venir du point B, après la réfraction faite dans la surface dont le sommet est en *c*; ou au contraire, que les rayons qui, dans l'air, viennent du point *b*, se réfractent dans la surface concave du verre ayant le sommet en *c*, de manière qu'ils paroissent venir du point *a*.

Supposons maintenant $ae = a - y$, et $be = b - cy$,

le point f tombe entre b et c, et alors assurément tous les rayons qui viennent de a prennent des directions divergentes dans le verre, comme s'ils venoient de b, ou au contraire les rayons qui dans le verre paroissent venir de b prennent des directions convergentes dans l'air comme s'ils venoient de a.

$$ac = a, \quad ae = a - y$$
$$bc = b, \quad be = b + cy$$
$$dc = ay^2 - y^3 + 2ay + 2ay$$

$$de = \sqrt{\frac{\begin{array}{|c|c|c|c|c|} -c^4 & y^4 & -4bc^2 & y^3 & -4a^2 & y^2 & -4ab & y^2 & +8a^2b & y \\ +2c^2 & & -4ac^2 & & +4b^2 & & -4abc^2 & & -8ab^2 & \\ -1 & & +4bc & & +4a^2c^2 & & -8abc & & +8a^2bc & \\ & & +4a & & -4b^2c^2 & & & & -8ab^2c & \end{array}}{4a^2 - 8ab + 4b^2}}$$

Cherchons maintenant le point f, centre du cercle tangent à la courbe au point e, et faisons $fc = f$

$$fd = \frac{y^2 - cy^2 - 2bcy - 2ay + 2af - 2bf}{2a - 2b}.$$

Ajoutant le carré de fd au carré de ed, nous aurons

$$fe = \sqrt{\frac{\begin{array}{|c|c|c|c|c|} -4ab & y^2 & +4af & y^2 & +8a^2b & y & -8abcf & y & +4a^2f^2 \\ +4b^2 & & +4bfc^2 & & -8ab^2 & & +8b^2zf & & -8abf^2 \\ +4a^2c^2 & & -4afc^2 & & +8a^2bc & & -8a^2f & & +4b^2f^2 \\ +4abc^2 & & -4bf & & -8ab^2c & & +8abf & & \end{array}}{4a^2 - 8ab + 4b^2}}$$

D'où, par le théorème général pour trouver les lignes tangentes, je tire

$$\begin{array}{|c|c|c|}\hline -ab & +af & =-a^2b+abcf \\ +bb & +bfc^2 & +ab^2-b^2cf \\ +a^2c^2 & -afc & -a^2bc+a^2f \\ -abc^2 & -bf & +ab^2c-abf \\ \hline\end{array} \Big| y \Big| y$$

et par conséquent la valeur de la droite $cf = f$ sera

$$cf = \frac{-aby+b^2y+a^2c^2y-abc^2y+a^2b-a^2b+a^2bc-ab^2c}{-ay-bc^2y+ac^2y+by+a^2-ab+abc-b^2c},$$

$fa = -a^2y + 2aby - b^2y + a^3 - 2a^2b + a^2b^2$, à diviser comme ci-dessus.

$fb = a^2c^2y - 2abc^2y + b^2c^2y + a^2bc - 2ab^2c + b^3$, à diviser de la même manière ; ou bien, en divisant l'un et l'autre par $a^2 - 2ab + b^2$, on a $fa = -y+a$, et $fb = c^2y + bc$; multipliant fa par be on a $-cy^2 + acy - by + ab$; et multipliant fb par ae on a $-c^2y^2 + ac^2y - bcy + abc$.

Donc $fb \times ae : fa \times be :: c : 1$, c'est-à-dire, $:: fk : fh$.

Supposons maintenant que le point c tombe entre a et b, et le point d entre a et c, il pourra se faire que ae soit $= a + y$, ou qu'il soit $= a - y$, et que a' soit $= a - y$; dans ce second cas, la courbe est une de celles que nous cherchons. Mais si l'on fait $ae = a + y$, le point f tombera au-delà du point a, et la courbe, inutile pour notre but, ne pourra servir qu'aux réflexions inégales.

Dans la seconde figure, soit g le sommet de la courbe, de manière que bg soit plus grand que bd ; en supposant $ae = a + y$, et $be = b + cy$, nous aurons $dg = \dfrac{c^2y^2 + 2bcy - y^2 - 2ay}{2a - 2b}$; faisons, pour abréger, le carré de cette quantité, $= x^2$, et nous aurons

$$de = \sqrt{-x^2 + \dfrac{c^2ay^2 - by^2 + 2abcy - 2aby}{a - b}};$$

soit h le centre du cercle tangent à la courbe au point e, hg sera $= \dfrac{ac^2y - by + abc - ab}{c^2y - y + bc - a}$.

Maintenant, dans la figure première, je cherche deux autres foyers de la courbe trouvée, que je suppose être en g et en h, et je prends

$$ge = g + cy - dy,$$
$$he = h + y + dy,$$
$$gd = g - x,$$
$$hd = h - x;$$

d'où je tire la valeur de x ou de dc, et j'ai

$$dc = \dfrac{2dy^2 + y^2 + 2cdy^2 - c^2y^2 + 2gdy - 2gcy + 2hdy + 2hy}{2g - 2h},$$

qui doit être identique à la valeur précédente de

$$dc = \dfrac{c^2y^2 - y^2 + 2ay + 2bcy}{2a + 2b} \quad (d = c - n, \text{c'est-}$$

à-dire, à la différence entre les termes du rapport); j'égale donc les deux diviseurs, c'est-à-dire $g = a + b + h$; ensuite les termes affectés de y^2, et ensuite les termes affectés de y; d'où je tire

$$d = \dfrac{c^2 - 1}{c + 1},$$ si c est plus grand que l'unité, et

ensuite $g = \dfrac{ac^2 + 2bc^2 + 2ac + 2bc + a}{c^2 - 1}$, ou bien

la droite cg, et $h = \dfrac{bc^2 + 2ac + 2bc + 2a + b}{c^2 - 1}$,

ou bien la droite ch, et la droite

$he = \dfrac{bc^2 + 2ac + 2bc + 2a + b}{c^2 - 1} + cy$, et la droite

$ge = \dfrac{ac^2 + 2bc^2 + 2ac + 2bc + a}{c^2 - 1} + y$.

N. B. $cg = \dfrac{ac + a + 2bc}{c - 1}$, $ch = \dfrac{2a + bc + b}{c - 1}$,

et alors gh devient $= a + b$, si a et b sont égaux; soit

$g = \dfrac{ac - a}{2c + 2}$, $ac = a$, $ae = a + y$, $bc = b$, $be = b + cy$,

$dc = \dfrac{c^2y^2 - y^2 + 2ay + 2bcy}{2a + 2b}$;

$de = \sqrt{\dfrac{\begin{array}{|c|c|c|c|c|c}-c^4 & y^4-4ac^3 & y^3-4a^2 & y^2\,(1)\,4ab & y^2-8a^2b & y \\ +2c^2 & -4bc^3 & -8abc & 4b^2 & -8ab^2 & \\ -1 & +4a & +4abc^2 & 4a^2c^2 & +8abc & \\ & +4bc & -4b^2c^2 & & +8a^2bc & \end{array}}{4a^2 + 8ab + 4b^2}}$

Et soit f dans la droite acb, entre a et c, le centre du cercle tangent à la courbe au point e; on a

$fc = \dfrac{abc^2y + aby + b^2y + a^2c^2y - a^2b - ab^2 + ab^2c + a^2bc}{ac^2y + bc^2y - ay - by + a^2 + ab + abc + b^2c}$,

d'où il est démontré clairement que tous les rayons venant du point b tendent vers a après s'être réfractés dans la courbe ec, ou au contraire, lorsque

(1) Ici manquent les signes.

la courbe est convexe comme lorsqu'elle est concave, pourvu que la réfraction vers a soit à la réfraction vers b comme l'unité est à c.

Faisons maintenant

$$ae = a+y, be = b+cy, cd = \frac{y^2 - c^2y^2 + 2ay + 2bcy}{2a-2b},$$

$$de = \sqrt{\frac{\begin{vmatrix} -c^4 \\ +c^2 \\ -1 \end{vmatrix} \begin{vmatrix} y^4 - 4bc^3 \\ +4ac^2 \\ +4bc \\ -4a \end{vmatrix} \begin{vmatrix} y^3 + 4b^2c \\ +8bc \\ -4a^2 \end{vmatrix} \begin{vmatrix} y^2 + 4a^2c^2 \\ -4abc^2 \\ -4ab \\ +4b^2 \end{vmatrix} \begin{vmatrix} y\,(?)\,8a^2bc \\ -8ab^2c \\ -8a^2b \\ +8ab^2 \end{vmatrix} y}{4a^2 - 8ab + 4b^2}}$$

Ici nécessairement le point d tombe entre f et c ou b, et j'ai $fc = \dfrac{ac^2y - by + abc - ab}{y - c^2y + a - bc}$,

$$bf = \frac{ac^2 - bc^2y + abc - b^2c}{y - c^2y + a - bc},$$

$af = \dfrac{ay - by + a^2 - ab}{y - c^2y + a - bc}$, deux quantités qui sont entre elles comme $c^2d + bc : y + a$.

Maintenant, pour énumérer toutes les espèces de courbes qui changent les réfractions d'un point à un autre, je suppose que a soit toujours plus grand que b, et c plus grand que d, et je fais $E = b + {}^1cy$, ou $b - {}^2cy$. Ensuite $AE = a + cy$, et $BE = b + {}^3 dy$ ou $b - {}^4 dy$. Et encore $AE = a + dy$ et $BE = b + {}^5 cy$ ou $b - {}^6 cy$. Enfin $E = b + {}^7 dy$ ou $b - {}^8 dy$. Ce sont donc huit chefs, pour chacun desquels il faut voir si le sommet de la courbe est en C.

_(¹ Ici manque le signe)

ou en B entre A et C, et encore si la concavité de la courbe regarde vers A, ou vers le côté opposé.

C entre A et B. Pour le premier chef D tombe entre A et C, et l'on a

$$DC = \frac{c^2y^2 - d^2y^2 + 2bcy + 2ady}{2a + 2b},$$

dont le carré soit nommé x^2, et l'on aura

$$DE = \frac{x^2 + ac^2y^2 + bd^2y^2 + 2abcy + 2abdy}{a + b},$$

et $$FC = \frac{ac^2y + bd^2y + abc - abd}{c^2y - bdy + ad + bc}.$$

Pour le second et le troisième chef on ne trouve rien ici, ni pour le sixième et le huitième non plus, lorsqu'il coïncide avec le premier; mais a et b ont été échangées entre elles.

Pour le cinquième chef la courbe est une *spirale*, et d'abord elle tourne la concavité vers A, et ensuite vers B; elle n'est d'aucune utilité pour les réfractions, mais seulement pour les réflexions irrégulières, et même elle est fermée.

Enfin, pour le septième chef, la courbe est bien en forme d'ovale; mais parceque le point F ne tombe point entre A et B, elle ne sert point aux réfractions, mais aux réflexions inégales seulement, et l'on a

$$CD = \frac{c^2y^2 - d^2y^2 + 2acy - 2bdy}{2a + 2b}$$

$$ED = \sqrt{-x^2 + \frac{ad^2y^2 + bc^2y^2 + 2abcy + 2abdy}{a+b}}$$

$$CF = \frac{ad^2y + bc^2y + abd + abc}{c^2y - dy + ac - db}$$

$$AF = \frac{ac^2y + bc^2y + ac^2 + abc}{c^2y - d^2y + ac - bd}$$

$$BF = \frac{ad^2y + bd^2y + abd + b^2d}{c^2y - d^2y + ac - bd}$$

$$FC = \frac{bc^2y + ad^2y + abc - abd}{c^2y - d^2y + bd + ac}.$$

Pour le cinquième chef, si D tombe entre A et C, on a

$$CD = \frac{c^2y^2 - d^2y^2 + 2bcy - 2ady}{2a + 2b},$$

et s'il tombe entre B et C,

$$CD = \frac{d^2y^2 - c^2y^2 + 2ady - 2bcy}{2a + 2b},$$

et dans tous les deux cas,

$$DE = \sqrt{-x^2 + \frac{ac^2y^2 + bd^2y^2 + 2abcy + 2abdy}{a+b}},$$

comme dans le septième chef.

Pour le huitième chef, on a

$$CD = \frac{c^2y^2 - d^2y^2 + 2acy + 2bdy}{2a + 2b}$$

$$DE = \sqrt{x^2 + \frac{bc^2y^2 + ad^2y^2 + 2abcy - 2abdy}{a+b}}$$

Supposons maintenant que B tombe entre A et C. Pour le premier chef D tombera entre B et C, et l'on aura $CD = \dfrac{c^2y^2 - d^2y^2 + 2ady + 2bcy}{2a - 2b}$

$DE = \sqrt{-x^2 + \dfrac{ac^2y^2 - bd^2y^2 + 2abcy + 2abdy}{a-b}}$

$FC = \dfrac{ac^2y - bd^2y + abd + abc}{c^2y - d^2y + ad + bc},$

et le point F peut se trouver entre A et B, ou le point A entre F et B.

Dans le premier cas on fait

$$AF = \dfrac{-ad^2y + bd^2y + a^2d - abd}{c^2y - d^2y + ad + bc};$$

cette courbe ne peut servir qu'aux réflexions.

Dans le second cas, on fait

$$AF = \dfrac{ad^2y - bd^2y - a^2d + abd}{c^2y - d^2y + ad + bc}$$

et l'on a toujours

$$BF = \dfrac{ac^2y - bc^2y - b^2c + abc}{c^2y - d^2y + ad + bc}.$$

Pour le troisième chef, toutes choses sont semblables à celui-ci, si ce n'est que les quantités c et d ont été échangées entre elles.

Le second manque, comme le sixième, le septième et le huitième.

Pour le quatrième chef, D est entre B et C, et l'on fait $CD = \dfrac{d^2y^2 - c^2y^2 + 2acy - 2bdy}{2a - 2b}$

$DE = \sqrt{-x^2 + \dfrac{ad^2y^2 - bc^2y^2 + 2abcy - 2abdy}{a - b}}$;

F peut tomber entre B et C,

et $FC = \dfrac{bc^2y - ad^2y + abd - abc}{c^2y - d^2y - ac + bd}$

et $BF = \dfrac{-bd^2y + ad^2y + b^2d - abd}{c^2y - d^2y - ac + bd}$

$AF = \dfrac{ac^2y - bc^2y - a^2c + abc}{c^2y - d^2y - ac + bd}$;

ou A et B tombent entre F et C, et l'on a

$FC = \dfrac{-bc^2y + ad^2y - abd + abc}{-c^2y + d^2y + ac - bd}$,

$BF = \dfrac{ad^2y - bd^2y + b^2d - abd}{-c^2y + d^2y + ac - bd}$,

$AF = \dfrac{ac^2y - bc^2y - a^2c + abc}{-c^2y + d^2y + ac + bd}$.

FIN.

TABLE

DES MATIÈRES CONTENUES DANS LE TOME ONZIÈME.

Avant-propos. 1
Lettre de René Descartes a Gisbert Voet. 3
Règles pour la direction de l'esprit. 199
Recherche de la vérité par les lumières naturelles. 331
Premières pensées sur la génération des animaux. . . 377
Extrait des manuscrits de Descartes. 427

www.ingramcontent.com/pod-product-compliance
Lightning Source LLC
Chambersburg PA
CBHW072127220426
43664CB00013B/2158